Rahmentrainingsplan für das Aufbautraining Sprung

Dieses Buch entstand mit Unterstützung von
MONDO WEINBERGER SPORTBODENBAU

Erstellt von:
Herbert CZINGON

In Zusammenarbeit mit:

Horst Adamczewski, Hartmut Dickwach, Jörg Elbe, Klaus Gehrke, Eckhard Hutt,
Gerhard Jeitner, Wolfgang Killing, Dieter Kruber, Udo Metzler, Bernd Simon,
Bernd Veldmann

Redaktion:
Herbert Czingon

Fotos/Bildreihen:
Helmar und Gabriele Hommel (Hommel AVS)

Zeichnungen/Grafiken:
Herbert Czingon, Horst Adamczewski

3. Auflage 1995

EDITION LEICHTATHLETIK BAND 4

Deutscher Leichtathletik-Verband (Hrsg.)

Rahmentrainingsplan
für das Aufbautraining
Sprung

Meyer & Meyer Verlag

Die Deutsche Bibliothek – CIP-Einheitsaufnahme

Rahmentrainingsplan für das Aufbautraining / Deutscher Leichtathletik-Verband
(DLV, Hrsg.). - Aachen : Meyer und Meyer.
Teilw. hrsg. von Winfried Joch
NE: Joch, Winfried [Hrsg.]; Deutscher Leichtathletik-Verband
Sprung / erstellt von: Herbert Czingon. In Zusammenarbeit mit:
Horst Adamczewski... Red.: Herbert Czingon.
Zeichn./Grafiken/Fotos: Herbert Czingon. – 3. Aufl. 1995
(Edition Leichtathletik ; Bd. 4)
ISBN 3-89124-142-9
NE: Czingon, Herbert; GT

Alle Rechte, insbesondere das Recht der Vervielfältigung und Verbreitung sowie das Recht der Übersetzungen, vorbehalten. Kein Teil des Werkes darf in irgendeiner Form – durch Fotokopie, Mikrofilm oder ein anderes Verfahren – ohne schriftliche Genehmigung des Verlages reproduziert oder unter Verwendung elektronischer Systeme verarbeitet, gespeichert, vervielfältigt oder verbreitet werden.

© 1993 by Meyer & Meyer Verlag, Aachen
3. Auflage 1995
Titelfoto: Hanns Krebs, Marktoberdorf
Umschlaggestaltung: Walter Neumann, N&N Design, Aachen
Zeichnungen: Herbert Czingon, Rottenburg
Redaktion: Helmar Hommel
Druck: Druckerei Queck, Jüchen
Printed in Germany
ISBN 3-89124-142-9

Inhaltsverzeichnis

Vorwort *1*

Einleitung *3*

An wen wendet sich dieses Buch? *5*

Inhaltsübersicht *7*

Teil 1: Disziplinübergreifender Teil **8**

1.1 *Leistungsstand und Entwicklungstendenzen der Sprungdisziplinen in der Leichtathletik* *9*
    1.1.1 Internationale und nationale Leistungsentwicklung 9
    1.1.2 Individuelle Leistungsentwicklung von Spitzenathleten 11
    1.1.3 Neue Disziplinen für die Frauen 14
    1.1.4 Zur Doping-Problematik 15

1.2 *Gemeinsamkeiten der Sprungdisziplinen* *17*
    1.2.1 Individuelle Problemlösung im Aufbautraining 17
    1.2.2 Zur Bewegungsstruktur der leichtathletischen Sprünge 19
    1.2.3 Zur Entwicklung der Struktur der konditionellen Voraussetzungen 28

1.3 *Besonderheiten des Aufbautrainings in den Sprungdisziplinen* *30*
    1.3.1 Talentkriterien für Springer 30
    1.3.2 Hauptaufgaben bei der Trainingsgestaltung 32
    1.3.3 Einordnung des Aufbautrainings zwischen Grundlagen- und Hochleistungstraining 33

1.4 *Gemeinsame Ziele und Inhalte des Trainings in den Sprungdisziplinen* *38*
    1.4.1 Allgemeine athletische Ausbildung 39
    1.4.2 Vervollkommnung der Technik 46
    1.4.3 Entwicklung der Schnelligkeit 54
    1.4.4 Entwicklung der Kraft 59

Teil 2: Die Sprungdisziplinen in der Leichtathletik 70

2.1   *Hochsprung* *71*

    2.1.1   Biomechanische Grundlagen des Hochsprungs 72

    2.1.2   Das Technikmodell im Hochsprung - Der Flop 74

    2.1.3   Trainingsmethodische Hauptaufgaben im Hochsprung 82

    2.1.4   Übungskatalog für Hochspringer 86

2.2   *Stabhochsprung* *93*

    2.2.1   Technikmodell Stabhochsprung 94

    2.2.2   Trainingsmethodische Hauptaufgaben im Stabhochsprung 110

    2.2.3   Psychologische Vorbereitung 118

    2.2.4   Athletische Entwicklung 122

    2.2.5   Geräte und Anlagen 123

2.3   *Weitsprung* *128*

    2.3.1   Biomechanische Grundlagen des Weitsprungs 129

    2.3.2   Technikmodell Weitsprung 136

    2.3.3   Trainingsmethodische Hauptaufgaben und Lösungswege 139

2.4   *Dreisprung* *153*

    2.4.1   Biomechanische Grundlagen des Dreisprungs 153

    2.4.2   Technikmodell Dreisprung 156

    2.4.3   Trainingsmethodische Hauptaufgaben im Dreisprung 160

    2.4.4   Zum Trainingsaufbau 169

Teil 3 Planung und Kontrolle des Trainingsprozesses 171

3.1 Trainingsplanung 171
- 3.1.1 Der Mehrjahresaufbau 171
- 3.1.2 Der Jahresaufbau 174
- 3.1.3 Der Aufbau eines Mesozyklus 175
- 3.1.4 Der Aufbau der Trainingswoche 177
- 3.1.5 Der Aufbau einer Trainingseinheit 179
- 3.1.6 Diagnosebogen zur Vorbereitung der individuellen Trainingsplanung 180

3.2 Trainingsempfehlungen 182
- 3.2.1 Belastungsempfehlungen 1. Phase des Aufbautrainings ... 183
- 3.2.2 Belastungsempfehlungen 2. Phase des Aufbautrainings ... 191

3.3 Trainingsdokumentation 199

3.4 Zuordnung der Übungen zu Trainingsinhalten und Haupttrainingsbereichen 202

3.5 Trainingsbausteine 204
- 1. Abschnitt des Aufbautrainings 206
- 2. Abschnitt des Aufbautrainings 211
- Wochenraster 217

Literatur 218

Laufbahn- und Sportbodenbeläge für die Leichtathletik aus der Sicht der Sportwissenschaften

Vorwort

Von den ersten Vorarbeiten bis zur Herausgabe eines „Gesamtwerkes" vergehen gewöhnlich mehrere Jahre. Mitte der 80iger Jahre haben die DLV-Trainer mit der Veröffentlichung von Arbeitspapieren begonnen, ihre Lehrmeinung allen Trainern, Übungsleitern und weiteren Leichtathletikinteressenten bekannt zu machen.

Die Buchreihe „Edition Leichtathletik" des Deutschen Leichtathletik-Verbandes (DLV), von meinem Amtsvorgänger Prof. JOCH initiiert, startete 1991 mit dem „Rahmentrainingsplan für das Grundlagentraining". Es folgten die Rahmentrainingspläne für das Aufbautraining im Lauf (1991), Sprint (1992), Mehrkampf und Wurf (1993), außerdem 1992 ein Band über die „Grundprinzipien", in dem theoretische Ausgangspunkte zur Planung und Durchführung von Training in der Ausbildungsetappe des Aufbautrainings dargelegt worden sind.

Mit dem nunmehr erschienenen „Rahmentrainingsplan für das Aufbautraining – Sprung" findet diese Reihe einen vorläufigen Abschluß.

Damit stehen umfangreich, ausführlich genug begründet und übersichtlich geordnet die Erfahrungen von fast 50 Trainern des DLV einer breiten Leichtathletik- und Sportöffentlichkeit zur Verfügung. Diese DLV-Trainingskonzeption, die aus den Erfahrungen des ehemaligen Deutschen Verbandes für Leichtathletik (DVfL) und dem Deutschen Leichtathletik-Verband zu einer Einheit zusammengewachsen ist, hat bereits mit dem Erscheinen der bisherigen fünf Bände eine breite Anerkennung gefunden.

Die Rahmentrainingspläne für das Aufbautraining sind verbindlicher Lehr- und Prüfungsstoff für die Aus- und Fortbildung von Trainern. Der „Rahmentrainingsplan für das Grundlagentraining" wird vor allem bei der Aus- und Fortbildung der F-Übungsleiter genutzt.

Die hiermit geschaffenen Grundlagen müssen aber zukünftig noch wirksamer für die Praxis gestaltet werden. Sie sollten uns Ansporn sein, handhabbare Studien-, Lehr- und Prüfungsmaterialien herzustellen oder die bisher noch wenig bedachte Kinderleichtathletik so darzustellen, daß auch die in Bedrängnis geratene Schulsportart Leichtathletik daraus Nutzen ziehen kann; in jedem Fall sind die Rahmen unter bestimmten Sichtweisen auszufüllen und immer wieder zu aktualisieren.

Schließlich bedankt sich der Deutsche Leichtathletik-Verband bei allen, die am Zustandekommen der sieben Bände mitgewirkt haben.

Der Verlag MEYER & MEYER (Aachen) hat mit seiner neuen Reihe „Edition Leichtathletik" einen wichtigen Beitrag zur Verbreitung der modernen Trainingskonzeption der Leichtathletik geleistet.

In gleicher Weise danken wir der Firma MONDO WEINBERGER Sportbodenbau für die großzügige finanzielle Unterstützung.

Nicht zuletzt gebührt Dank allen Trainern als Mitautoren, in besonderem Maße den Bundestrainern Herbert CZINGON und Helmar HOMMEL, die die redaktionelle Bearbeitung – auch die mühevolle Kleinarbeit – besorgten.

Darmstadt   Prof. Dr. Herbert Hopf
im September 1993   Lehrwart des DLV

Einleitung

Die Antwort auf die Frage, ob ein „Talent" den Weg in die internationale Spitzenleichtathletik findet, ist von vielen Bedingungen abhängig: Zu Fragen der physiologischen Voraussetzungen kommen Fragen nach den Trainingsmöglichkeiten, nach der Anleitung und der Unterstützung. Einer der wenigen Faktoren, der vergleichsweise leicht zu beeinflussen ist, besteht in der *Qualität des Trainings* – darin, wie „gut" dieses Talent Tag für Tag trainiert.

Das Ziel dieses Buches ist es, möglichst vielen Trainern dabei zu helfen, ein „besseres" Training zu gestalten und so den Traum von Leistung und Erfolg ihrer Athleten wahr werden zu lassen.

Dieser „Rahmentrainingsplan Sprung" des DLV stellt, ebenfalls wie die anderen Rahmentrainingspläne, die erste Fassung nach der Vereinigung des DLV und des DVfL dar. Wegen der starken strukturellen Unterschiede der zuvor bestehenden Leistungssportsysteme sowie der erheblichen Anpassungsprobleme im Gebiet des ehemaligen DVfL ist es klar, daß keine grundlegend neue Aufarbeitung der Thematik versucht werden konnte, sondern daß „das Beste" aus den jeweils alten Verbänden gesichtet und unter Berücksichtigung der Realisierbarkeit unter den derzeit gültigen Bedingungen leistungssportlicher Betätigung aufbereitet wurde.

Der Dank für die Mitarbeit richtet sich zunächst an meine DLV-Trainer-Kollegen Wolfgang Killing, Hansjörg Thomaskamp und Bernd Simon (Hochsprung), Dieter und Helmut Kruber (Stabhochsprung), Erich Drechsler und Bernd Veldmann (Weitsprung), Jörg Elbe, Eckhard Hutt und Udo Metzler (Dreisprung). Ebenso danke ich Klaus Gehrke (ehemals Cheftrainer Sprung / Mehrkampf im DVfL) und Gerhard Jeitner (ehemals Leiter des Wissenschaftlichen Zentrums des DVfL im Bereich Sprung / Mehrkampf) sowie Hartmut Dickwach und Horst Adamczewski (Mitarbeiter im „Institut für angewandte Trainingswissenschaften" [IAT] in Leipzig, ehemals Mitarbeiter der ehemaligen Fachgruppe Sprungdisziplinen im Forschungsbereich Schnellkraftsportarten der FKS Leipzig), die bereit waren, die ehemaligen Trainingskonzeptionen des DVfL im Detail zu erläutern und zu diskutieren. Jedoch haben auch viele Vereinstrainer und Landesverbandsmitarbeiter, die im Rahmen verschiedener Fortbildungsveranstaltungen das in ersten Entwürfen vorliegende Material kritisch gesichtet, diskutiert und an seiner Verbesserung mitgewirkt haben, ihren Anteil am Gelingen dieses Projekts. Schließlich möchte ich noch dem OSP Stuttgart für die Unterstützung bei der Digitalisierung von Video-Aufnahmen der Leichtathletik-Weltmeisterschaften danken.

Gegenüber der ersten Auflage des Rahmentrainingsplans Sprung, der 1987 veröffentlicht worden war, wurden Inhalt wie Erscheinungsbild deutlich erweitert und verbessert. Kein Zweifel: Der „Stand der Kunst" hat sich verändert, die Ansprüche sind weiter gestiegen. Auch wenn dieses Buch bereits zum Zeitpunkt des Erscheinens nicht mehr den allerneuesten Erkenntnisstand widerspiegeln kann, so bildet es doch ein solides Fundament für die Fachdiskussion. Weitere Veröffentlichungen in der „Lehre der Leichtathletik" werden das hier gebotene abrunden und spezielle Fortbildungsveranstaltungen werden eine direkte Diskussion zwischen den Autoren und den Zielgruppen ermöglichen.

Alle Kräfte müssen sich nun darauf richten, die praktische Anwendung des hier gesammelten Fachwissens zu optimieren. Erst dann wird es möglich sein, Rahmentrainingspläne anzubieten, die in allen Bereichen den Ansprüchen und Erfordernissen *unseres* Leistungssportsystems genügen.

Herbert Czingon

An wen wendet sich dieses Buch?

Die Rahmentrainingspläne für das Aufbautraining des DLV und damit auch dieses Buch, wenden sich insbesondere an drei Zielgruppen:

Die primäre Zielgruppe besteht aus den Heimtrainern, Vereinstrainern und verantwortlichen Verbandstrainern von Nachwuchs-Athleten in Landesverbands- oder DLV-Kadern (D-, D/C- und C-Kader), die als „Talente" erkannt wurden und entsprechend gefördert werden sollen. Unser Anliegen ist es, daß die hier dargelegten fachlichen Ausführungen Eingang in die Planung und Gestaltung der praktischen täglichen Trainingsarbeit und die Wettkampfbetreuung finden. Ziel ist es, möglichst vielen jungen Athleten dabei zu helfen, ihre persönliche Bestleistung so weit zu steigern, daß sie im internationalen Vergleich der Besten erfolgreich bestehen können.

Gemäß der Ausbildungsordnung des DLV sind die Rahmentrainingspläne die Hauptinhalte der Übungsleiter- und Traineraus- und -fortbildung. Dieses Buch wendet sich insbesondere an die aus- und fortzubildenden B- und A-Trainer – und damit hoffentlich an zukünftige Betreuer und Trainer von „hochkarätigen" Talenten.

Darüber hinaus wendet sich dieses Buch an alle Sportlehrer, Sportstudenten und Dozenten an Ausbildungsstätten, in denen das Nachwuchstraining in der Leichtathletik in Schule und/oder Verein systematisch vermittelt wird. Hier geht es uns insbesondere darum, ein günstiges Umfeld für die Leichtathletik als Sportart zu schaffen.

Die Wiedervereinigung der beiden deutschen Staaten war zunächst ein Akt der politischen Willensbildung und dann erst ein Verwaltungsakt. Ob eine echte Einheit in der Leichtathletik entsteht, hängt auch davon ab, ob Bücher wie dieses es schaffen, eine Brücke in den Köpfen zu schlagen. Gestatten Sie uns daher an dieser Stelle einige – hoffentlich bald unnötige – Hinweise.

Unterschiede im Vergleich zum „alten" RTP Sprung des DLV

Diese Rahmentrainingspläne sind erheblich detaillierter und umfangreicher als die erste Auflage aus den Jahren 1986 bis 1988. Viele neue Informationen, Inhalte und Darstellungen entstammen dem Wissenspool, der im professionell arbeitenden Förderungssystem des ehemaligen DDR-Sports erarbeitet worden war. Ob dieses Wissen unter „Westbedingungen" nutzbar sein wird, hängt auch von den Erfahrungen bei der Anwendung dieses Rahmentrainingsplans ab. Insofern können wir nur dazu raten, zunächst unvoreingenommen alles Neue zur Kenntnis zu nehmen und kritisch zusammen mit den eigenen Erfahrungen zu bewerten.

Unterschiede im Vergleich zu den früheren Rahmentrainingsplänen im DVfL

Manches an dem, was hier dargestellt wird, scheint auf den ersten Blick ein Rückschritt im Vergleich zu früheren Darstellungen zu sein. Insbesondere das Fehlen verbindlicher Belastungsnormative mag zunächst als Defizit erscheinen. Man sollte jedoch berücksichtigen, daß es kein „geschlossenes" Leistungssportsystem mehr gibt, in dem z.B. Belastungsnormative ein verbindliches Steuerungsinstrument in der Zusammenarbeit der Förderebenen (Verein, Landesverband, DLV) sein könnten. Vielmehr erhalten diese Materialien oft einen „empfehlenden" Charakter, in dem die Qualität der Darstellungen und die Realisierbarkeit der Anforderungen über den Grad der Akzeptanz durch die Trainingspraktiker bestimmt. Der Gewinn einer Lektüre dieses Buchs für Sie könnte darin liegen, daß insbesondere im Bereich der Darstellung der Technikmodelle und der methodischen Vorgehensweisen neue Varianten sichtbar werden.

Der weitere, gemeinsame Weg

Unser gemeinsames Ziel muß es sein, daß wir in den kommenden Jahren „unsere" Trainingskonzeption unter Verarbeitung unserer konkreten Erfahrungen im Nachwuchstraining neu entwickeln. Erst dann können wir von einem *systemgerechten Konzept* von Trainingsempfehlungen reden.

Dieses Ziel ist nur dann erreichbar, wenn die folgenden Anforderungen erfüllt werden:

- In den Vereinen und Nachwuchskadern der Landesverbände und des DLV müssen die Rahmentrainingspläne zur Grundlage der Schulung und Beratung der Athletinnen und Athleten gemacht werden, wie dies im DLV-Verbandsratsbeschluß vom November 1990 festgelegt worden ist.
- Die Erfahrungen, die in diesen Ausbildungs- und Beratungsprozessen gemacht werden, müssen die Ausgangsbasis für die Überarbeitung dieser Rahmentrainingspläne ab 1995/96 werden.

Diese Zielsetzungen verlangen ein hohes Maß an Bereitschaft zur Zusammenarbeit gleichermaßen bei den DLV-Trainern, den Landesverbandstrainern und den Vereinstrainern.

Inhaltsübersicht

Dieses Buch gliedert sich in drei große Hauptteile. In einem ersten „disziplinübergreifenden" Teil und einem „disziplinspezifischen" zweiten Teil werden die neuesten Erkenntnisse aus der Trainingslehre und der Methodik dargestellt, während im dritten Teil die Planung, Dokumentation und Kontrolle des Trainingsprozesses im Mittelpunkt stehen.

Dieses Buch wurde von einem Autorenkollektiv erarbeitet. Diese Tatsache und die oben aufgezeigte Grundeinteilung birgt die Gefahr von inneren Widersprüchen und Mißverständnissen in sich. Daher folgende Klarstellungen vorweg:

1. Im Falle widersprüchlicher Aussagen haben die Darstellung und Erläuterung konkreter Trainingsvorschläge im Rahmen des disziplinspezifischen Teils Vorrang vor entsprechenden Darstellungen im disziplinübergreifenden Teil.
2. Der disziplinübergreifende Teil bildet die „große fachliche Klammer" und ergänzt die disziplinspezifischen Ausführungen in den Bereichen, in denen dort nichts ausgesagt wird.

Teil 1: Disziplinübergreifender Teil

1.1 Leistungsstand und Entwicklungstendenzen der Sprungdisziplinen in der Leichtathletik

Als Ausgangspunkt für alle folgenden fachlichen Aussagen soll ein Überblick über den Leistungsstand und die Entwicklungstendenz in den leichtathletischen Sprüngen auf nationaler und internationaler Ebene gegeben werden. Darüber hinaus sollen für die beiden „neuen" Sprungdisziplinen im Frauenbereich, den Dreisprung und den Stabhochsprung, einige grundlegende Einschätzungen dargelegt werden.

1.1.1 Internationale und nationale Leistungsentwicklung

Die in diesem Buch dargestellten Trainingskonzeptionen wenden sich an die Trainer von Athleten, die gegen Ende dieses Jahrzehnts ihr persönliches Höchstleistungsalter erreichen werden. Es ist daher nützlich, sich einmal vor Augen zu führen, welches Leistungsniveau im internationalen Top-Leistungsbereich im Verlauf der kommenden Jahre zu erwarten sein wird und wie die bisherige Entwicklung in der Nachwuchsleichtathletik des DLV unsere jungen Talente auf diese Konkurrenzsituation vorbereitet.

Betrachtet man die langfristige Leistungsentwicklung in der Leichtathletik, so zeigen sich charakteristische Entwicklungslinien. Die folgenden Abbildungen zeigen für die Jahre 1964 bis 1992 die jeweiligen Leistungen des Weltjahresbesten sowie als dünne durchgezogene Linie den Trend der Durchschnittsleistungen auf den Plätzen 1 - 10 und als dicke durchgezogene Linie der jeweiligen Jahresweltbestenlisten. Die folgenden Trends sind ablesbar:

- Alle drei Indikatoren der Leistungsentwicklung zeigen ähnliche Entwicklungsverläufe,
- Einem ersten steilen Anstieg Ende der Sechziger und Anfang der Siebziger Jahre folgt ein zweiter Schub, der Mitte der Achtziger Jahre einen Höhepunkt erreicht.
- Seit Ende der Achtziger Jahre ist ein Leistungsplateau erreicht, das in mehreren Disziplinen sogar absteigende Tendenz aufweist.

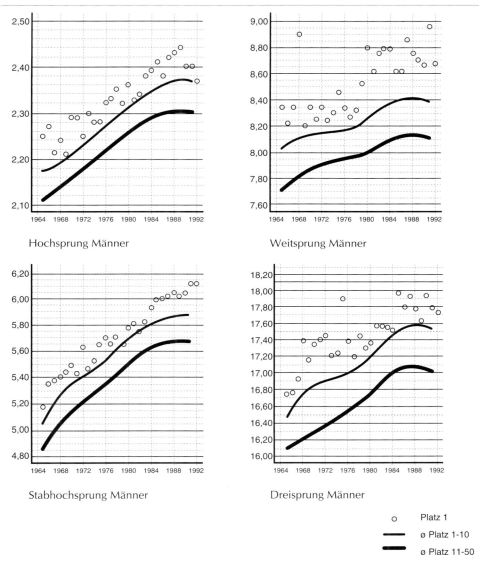

Abb. 1: Leistungsentwicklung in den Sprungdisziplinen der Männer (Jahres-Weltbestenliste)

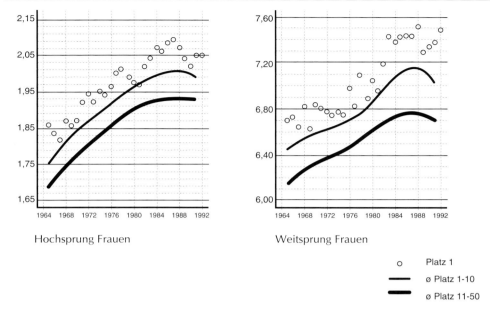

Abb. 2: Leistungsentwicklung in den Sprungdisziplinen der Frauen (Jahres-Weltbestenliste)

Für diese bemerkenswerte Entwicklung dürften in erster Linie zwei teilweise zusammenhängende *Gründe* verantwortlich sein:

1. Die Umgestaltung der Länder, in denen der Sport gesellschaftlichen und staatlich definierten Zielsetzungen unterworfen wurde, führt zu einer Schwächung der früher den Leistungssport tragenden Strukturen;
2. Vermehrte Dopingkontrollen auch im Trainingsprozeß.

Der allgemeine Leistungstrend zeigt also eine Tendenz zur Stabilisierung. Die Frage, wo die „absoluten Grenzen" der Leistung in den Sprungdisziplinen der Leichtathletik liegen, scheint durch diese Entwicklung in den Hintergrund gedrängt zu werden. Im Vordergrund steht die neue Frage, welche Leistungen möglich sind, wenn keine verbotenen Manipulationen vorgenommen werden – und so betrachtet scheinen wir tatsächlich sehr weit „oben" angelangt zu sein.

1.1.2 Individuelle Leistungsentwicklung von Spitzenathleten

Wie stellen sich nun aber individuelle Karriereverläufe dar? Auf welchem Weg sind die Athletinnen und Athleten, die den Weg an die Weltspitze erfolgreich beschritten haben, dorthin gekommen?

Ein Blick auf die individuelle Leistungsentwicklung der Olympia-Finalisten von Barcelona 1992 in den Sprungdisziplinen zeigt ein überraschendes Bild:

Hochsprung Männer:

Name / Alter	15	16	17	18	19	20	21	22	23	24	25	26	27	28
Javier Sotomayor	200	217	233	234	236	237	243	244	236	240	236			
Patrik Sjöberg	207	221	226	233	233	238	234	242	237	240	234	234	234	
Artur Partyka	194	204	218	223	228	232	233	232	234					
Hollis Conway	188	203	208	218	229	234	236	239	238	237	235			
Tim Forsyth	216	229	231	234	235									
Ralf Sonn	175	200	206	211	216	223	225	232	231	220	232			
Troy Kemp				210	213	222	228	227	232	231	235	234		
Charles Austin					211	216	219	227	235	240	232			
Dragutin Topic	195	195	206	223	237	232	235							
Marino Drake			205	220	220	221	215	232	234	230				

Stabhochsprung Männer:

Name / Alter	15	16	17	18	19	20	21	22	23	24	25	26	27	28
Maxim Tarassov	450	500	540	560	580	585	585	590						
Igor Trandenkow				530	545	550	560	560	570	575	560	590		
Javier Garcia		351	470	515	530	543	550	555	571	575	560	575		
Kory Tarpenning				452	503	510	528	550	565	570	580	589	580	583
Philippe Collett	330	410	490	510	520	560	560	580	585	575	580	575	580	580

Weitsprung Männer:

Name / Alter	15	16	17	18	19	20	21	22	23	24	25	26	27	28
Carl Lewis	693	726	785	813	811	862	876	879	871	862	867	875	876	854
Mike Powell					748	806	814	817	804	827	849	849	866	895
Joe Greene					734	780	788	810	802	824	838			
Ivan Pedroso		743	743	806	822	853								
Jaime Jefferson					725	750	805	837	824	847	851	837	829	853
Konst. Koukodimos		726	769	778	787	774	796	826	822					
Huang Geng					788	818	817	822						

Dreisprung Männer:

Name / Alter	15	16	17	18	19	20	21	22	23	24	25	26	27	28
Mike Conley		13,00	13,99	15,13	15,80	17,01	17,37	17,50	17,71	17,69	17,87	17,59	17,57	17,56
Charlie Simpkins					15,23	16,64	16,76	17,86	17,42	17,32	17,29	17,53	16,66	16,70
Frank Rutherford						16,37	16,49	17,05	17,24	17,12	17,19	17,22	17,09	17,41
Leonid Voloshin				14,90	15,72					16,68	17,74	17,75	17,36	
Brian Wellman					16,18	16,38	16,44	16,23	17,07	17,24				
Yoelvis Quesada		16,11	16,68	17,13	17,23									
Aleks. Kovalenko	13,99	15,05	15,40	15,67	16,40	16,58	17,25	17,77	17,47	17,00	16,97	17,40	17,32	
Zou Sixin					16,08	16,03	16,50	16,77	17,31	16,95	17,07			
Ralf Jaros	13,86	14,92	15,93	16,51	16,81	17,29	-	-	-	17,08	17,66	17,28	17,34	
Peter Bouschen			14,20	14,97	16,06	15,99	16,74	16,69	17,33	17,20	-	16,69	17,26	17,43

Tab. 1: Individuelle Leistungsentwicklung der Finalteilnehmer bei den Olympischen Spielen 1992 in Barcelona (Männer)

Hochsprung Frauen:

Name / Alter	15	16	17	18	19	20	21	22	23	24	25	26	27	28
Heike Henkel	168	185	185	189	180	191	192	193	196	198	200	200	205	204
Galina Astafei	180	189	193	193	200	200	198	200						
Iomnat Quintero	172	180	189	195	193	198								
Stefka Kostadinova	184	186	190	183	200	206	208	209	207	204	203	205		
Sigrid Kirchmann	172	185	186	187	191	190	195	190	188	193	191	194		
Silvia Costa	182	190	188	195	198	199	201	199	196	202	204	182	196	195
Megumi Sato	187	183	190	187	192	189	195	194	192	195	190	192		
Alison Inverarity	172	177	183	180	190	194	196	195						

Weitsprung Frauen:

Name / Alter	15	16	17	18	19	20	21	22	23	24	25	26	27	28
Heike Drechsler	607	664	691	698	714	740	744	745	740	748	730	737	748	
Inessa Kravets		619	627	644	645	661	672	727	686	710	695	737		
J. Joyner-Kersee	569	555	628	634	639	644	674	681	724	712	745	740	712	732
Mirela Dulgheru				634	631	660	674	651	667	684	688	714		
Irina Mushailova					639	661	675	676	689					
Sheila Echols				609	579	657	669	694	688	654	677	659	691	
Susen Tiedtke			622	644	608	653	658	700	674					

Tab. 2: Individuelle Leistungsentwicklung der Finalteilnehmer bei den Olympischen Spielen 1992 in Barcelona (Frauen)

Eine eingehende Betrachtung der Entwicklungen, die hinter diesen nüchternen Zahlen stehen, bringt folgende Ergebnisse:

1. Fast alle Olympia-Finalisten der Sprungdisziplinen von 1992 zeigen als Nachwuchsathleten bis zum Alter von 19 Jahren bereits hervorragende Leistungen, die mindestens dem Endkampfniveau der internationalen Junioren-Meisterschaften entsprechen.
2. Jahre mit Leistungseinbrüchen oder -stagnation treten bei diesem Athletenkreis erst auf, nachdem bereits ein sehr hohes, international konkurrenzfähiges Leistungsniveau erreicht worden ist.
3. Auch einzelne Quereinstiege aus anderen Disziplinbereichen (Sprint, Hürden, Mehrkampf) sind zu verzeichnen. Aber auch hier handelt es sich um Athletinnen und Athleten, die bereits in der vorherigen Disziplin ein international konkurrenzfähiges Niveau erreicht haben.
4. Einzelne Ausnahmen können diese Erkenntnisse nur noch als gesicherte Erkenntnisse bestätigen.

Zusammenfassung:

Es sollte deutlich geworden sein, daß die internationale Leistungsentwicklung an der Spitze in den vergangenen Jahren zwar stagniert, daß aber allein die absolute Höhe des derzeitigen Niveaus eine große Herausforderung an jedes Konzept einer langfristigen Vorbereitung darstellt.

Für den Nachwuchsbereich muß es als feste Regel gelten, daß praktisch alle Spitzenkönner im Endkampf- und Medaillenbereich bereits im Juniorenalter (bis zu 19 Jahren) international konkurrenzfähige Leistungen erreichen.

Diese „Regel" soll nicht zum Ausdruck bringen, daß es aus biologischen oder trainingsmethodischen Gründen *notwendig* wäre, in einem frühen Alter ein hohes Leistungsniveau auszuprägen. Vielmehr sind es zwei Faktoren, die diese Entwicklungsverläufe bedingen:

1. Eine große Zahl der Endkampf- und Medaillenplazierten gehört eben zu den „Supertalenten", die so schwer zu finden sind, offensichtlich aber immer häufiger gefunden werden. Athleten aus dieser Gruppe zeichnen sich durch höchste Leistungsfähigkeit bereits nach wenigen Jahren sportlicher Betätigung aus (z.B. Drechsler, Mögenburg, Sotomayor, Forsyth, Tarassov etc).

2. Die zeitlichen Freiräume, die zur Gestaltung erfolgreicher Sportkarrieren notwendig sind, lassen sich in aller Regel eher im Verlauf der schulischen Ausbildung schaffen, noch bevor eine berufliche Tätigkeit aufgenommen wird und bevor eine eigene Familie gegründet wird.

Eine zukünftig erfolgreichere Nachwuchsförderung sollte also den Gedanken der Talentfindung zu einem ausreichend frühen Zeitpunkt wieder stärker in den Mittelpunkt der Bemühungen stellen, um genügend Zeit zu einem effektiven Ausbau des Talentpotentials zu einem hohen Leistungspotential zu haben.

1.1.3 Neue Disziplinen für die Frauen

Die Emanzipation im Sport hat nun auch die Sprungdisziplinen der Leichtathletik erreicht: Nachdem der Weitsprung und der Hochsprung seit Jahrzehnten gängige Frauendisziplinen sind, ist der Dreisprung seit zwei Jahren Bestandteil des nationalen und internationalen Meisterschaftsprogramms. Der Stabhochsprung muß sich bei den Frauen noch auf das nationale Meisterschaftsprogramm beschränken, eine Aufnahme in das internationale Programm ist in den nächsten Jahren zu erwarten.

Dreisprung

Vor drei Jahren wurde der Dreisprung in das internationale Wettkampfprogramm der Frauen aufgenommen. Die Leistungsentwicklung hat nunmehr schon in die Leistungsbereiche über 15 Meter geführt, und eine technische Analyse z.B. der Weltmeisterschaften in Stuttgart hat gezeigt, daß die Athletinnen zum größten Teil ein technisches Niveau aufweisen, das im Männerbereich vor 30 bis 40 Jahren üblich war. So gesehen sollten also noch erhebliche weitere Leistungssteigerungen möglich sein.

Besondere Probleme für die Entwicklung des Dreisprungs im DLV liegen in der Tatsache begründet, daß die allgemeine Sprungkraftarbeit in der Nachwuchsarbeit der Vereine (wie auch im männlichen Bereich, und nicht nur im Bereich der Sprungdisziplinen) vernachlässigt wird. Daraus ergeben sich Probleme der Talentfindung und -gewinnung, außerdem erhebliche Probleme des Aufbaus einer adäquaten Trainingsbelastung im Sprungbereich.

Stabhochsprung

Hier steht die Aufnahme in das internationale Meisterschaftsprogramm noch bevor. Der DLV spielt im internationalen Vergleich zur Zeit eine Vorreiter-Rolle: In keinem anderen Land (außer vielleicht der VR China) gibt es so viele junge Mädchen und Frauen, die den Stabhochsprung als ihre Disziplin ausgewählt haben, und so viele Angebote an Wettkämpfen. Besondere Probleme liegen jedoch noch darin, daß wie im männlichen Bereich ein erheblicher geräte- und anlagentechnischer Aufwand erforderlich ist, um ein langfristig angelegtes Leistungstraining im Stabhochsprung zu betreiben. Allerdings sind die ersten Erfahrungen durchaus positiv: Es sind „neue" Schwerpunkte in den Vereinen entstanden, in denen Stabhochsprung betrieben wird.

1.1.4 Zur Doping-Problematik

Die Geschichte der Leichtathletik war in den vergangenen Jahren in Deutschland, wie in der ganzen Welt, eng mit der Doping-Problematik verknüpft. Auch in der deutschen Leichtathletik, im Westen wie im Osten, ist versucht worden, durch unfaire und gesundheitsschädliche Manipulationen Wettbewerbsvorteile zu erzielen. Die Entwicklung des olympischen Sports hin zu einem prestige- wie finanzträchtigen Unternehmen hat die Anreize erhöht, auch durch Anwendung von regelwidrigen oder ethisch problematischen Praktiken Leistungssteigerungen und Siege um beinahe jeden Preis zu erzwingen.

Während die Öffentlichkeit und die Medien diese seit langem bekannten Phänomene in manchen Sportarten als Kavaliersdelikte behandelt, wird gerade die Leichtathletik als olympische Kernsportart besonders argwöhnisch daraufhin beobachtet, ob die in der Olympischen Charta und dem Regelwerk verankerte Fairness des Wettbewerbs auch in der Realität eine Entsprechung findet. Ähnlich wie z.B. im Bereich der Politik werden Diskrepanzen zwischen Ethos und Wirklichkeit konsequent aufgespürt, veröffentlicht und die Bestrafung der Sünder eingeklagt.

Allerdings ist es nicht nur eine Frage des Ansehens in der Öffentlichkeit, wie die Leichtathletik mit diesem Problem umgehen sollte. Gerade im Nachwuchstraining, in dem Fragen nach dem „optimalen Training" nur im Zusammenhang mit Fragen der Persönlichkeitsentwicklung und anderen pädagogisch-psychologischen Fragestellungen sinnvoll diskutiert werden können, ist es notwendig, hierzu eine klare Position zu beziehen.

Der DLV hat es sich zur Aufgabe gemacht, konsequent Dopingvergehen zu verfolgen und im Rahmen des Regelwerks hart zu ahnden. Diese Haltung wird getragen von der Überzeugung, daß auch ohne Doping international konkurrenzfähige Leistungen möglich sind. Die Leistungen und Erfolge von Heike Henkel, Ralf Sonn, Heike Drechsler, Ralf Jaros, Dietmar Haaf und vielen anderen Athletinnen und Athleten nicht nur in den Sprungdisziplinen, die anhand ihrer Kontrolltermine eine faire und regelgerechte Vorbereitung nachweisen können, belegen dies eindrücklich.

Auch wenn das Problem unfairer Manipulation im Sport nie endgültig gelöst werden kann, so werden kurz vor der Einsatzreife stehende langfristig wirksame Diagnose- und Kontrollverfahren (z.B. Bluttests, Steroidprofil) zumindest mittelfristig die internationale Chancengleichheit wieder herstellen. Der DLV muß zusammen mit ähnlich denkenden Partnern in anderen Ländern Wege finden, eine saubere Leichtathletik zu organisieren: Die Durchführung von internationalen Sportfesten, an denen nur Athleten teilnehmen dürfen, die sich freiwillig unangemeldeten Trainingskontrollen unterzogen haben, ist ein erster wichtiger Schritt dazu.

1.2 Gemeinsamkeiten der Sprungdisziplinen

1.2.1 Individuelle Problemlösung im Aufbautraining

Talente sollen auf einem langfristig angelegten Weg über die Zwischenetappe der internationalen Junioren-Meisterschaften zu konkurrenzfähigen Höchstleistungen geführt werden. Dieser Weg muß in einem schwierigen Umfeld zwischen vielfältigen Beanspruchungen in Schule, Beruf, Familie und Freizeit gefunden werden. Insbesondere sind dabei nicht nur sportfachliche Probleme zu lösen, sondern der gesamte Rahmen leistungssportlicher Betätigung in diesem Umfeld muß organisiert werden.

Die Beobachtung von erfolgreichen Athletenkarrieren kann dabei einige Erkenntnisse und Hinweise aufzeigen, wie dieser Weg schrittweise gestaltet werden kann. Insbesondere sind dabei die folgenden Aufgaben zu lösen:

- Aufbau von Erfolgs- und Leistungsmotivation als Triebfeder für die gesamte sportliche Betätigung;
- Aufbau einer breiten Grundlage an koordinativen, konditionellen und psychologischen Voraussetzungen für eine erfolgreiche Trainings- und Wettkampfgestaltung;
- Sicherung des hierfür erforderlichen Trainingsumfangs;
- Geplante Einbeziehung von Maßnahmen der Kompensation und Regeneration in den Trainingsprozeß;
- Balance zwischen Gruppenbetreuung und individueller Betreuung im Trainingsprozeß.

Die folgende Tabelle faßt die besonderen Schwerpunkte bei der Lösung dieser Aufgaben in der ersten (ca. 15-17 Jahre) und zweiten (ca. 17-19 Jahre) Phase des Aufbautrainings zusammen.

Insbesondere sind dabei die folgenden Schwierigkeiten zu lösen:

Problembereich	Lösungswege in der 1. Phase des Aufbautrainings	Lösungswege in der 2. Phase des Aufbautrainings
Entwicklung und Sicherung einer hohen Leistungs- und Erfolgsmotivation durch kontinuierliche Leistungssteigerungen und angemessene Erfolgsorientierung	Entwicklung aller Disziplinen innerhalb eines Blocks, bzw. verwandter Disziplinen in verschiedenen Blöcken; Erkunden möglicher Spezialisierungsrichtungen	Spezialisierung auf ein bis zwei verwandte Disziplinen Ausprägung einer fehlerfreien Feinform [1] der Zieltechnik in der Spezialdisziplin
Lösung von Zielkonflikten zwischen kurzfristiger Erfolgs- und langfristiger Leistungsmotivation	Aufbau anspruchsvoller, aber realistischer Leistungs- und Erfolgsziele	Aufbau anspruchsvoller, aber realistischer Leistungs- und Erfolgsziele Ausprägung international konkurrenzfähiger Leistungen
Sicherung eines individuell ausreichenden Trainingsumfangs trotz hoher beruflicher und schulischer Beanspruchung	Steigerung des Trainingsumfangs auf drei bis fünf Trainingseinheiten pro Woche	Konsolidierung und weitere Steigerung des Trainingsumfangs bis hin zum täglichen Training (zeitweise) Beginnende Erhöhung von Spezifik und Intensität
Sicherung einer ausgewogenen Struktur der koordinativen und konditionellen Voraussetzungen	Vorrangig Schwächen beseitigen, erst in zweiter Linie Stärken entwickeln Erlernen eines umfassenden Repertoires an „Bewegungs-Bausteinen"	Einengung der Übungsauswahl auf die zielgerichtetsten Übungen Steigerung der Trainingsintensität und der Reizdichte Steigerung der Spezifik
Lösung von Zielkonflikten zwischen der Organisation einer funktionierenden Trainingsgruppe und optimaler individueller Talent-Betreuung	Trainingsplan der Trainingsgruppe am optimalen Training für das „Talent" ausrichten	Einzeltraining oder Partnertraining sollte schrittweise realisiert werden
Sicherung von Möglichkeiten der Regeneration und Kompensation	Information über und Einübung von Möglichkeiten der Regeneration und Kompensation	Selbständige Gestaltung von Regenerations- und Kompensationsmaßnahmen
Stabilisierung der Persönlichkeitsentwicklung im langfristigen Trainingsprozeß	Aufbau von Bewußtheit und Selbständigkeit im Trainingsprozeß mit Selbstbewertung und Selbstkontrolle	Darstellung selbständiger Wettkampfführung und -Auswertung
Sicherung einer sportgerechten Lebensweise	Pädagogische Begleitung der Hinführung zum Leistungssport	Darstellung einer sportgerechten Lebensweise

Tab. 3: Probleme und Lösungen bei der Gestaltung des Trainings im Aufbautraining

---

[1] „Fehlerfreie Feinform" bedeutet, daß alle Haupt-Technikelemente der Zieltechnik im Rahmen der harmonischen Gesamtbewegung fehlerfrei realisiert werden können.

1.2.2 Zur Bewegungsstruktur der leichtathletischen Sprünge

Die Begeisterung, die von den Sprüngen in der Leichtathletik ausgeht, hängt mit der besonderen Attraktion des Springens selbst zusammen: Als Ausdruck elementarer Lebensfreude schon im Kindesalter, als spontane Äußerung des Wunsches nach Überwindung der Erdanziehung, ja als einzige natürliche Möglichkeit des Menschen zu „fliegen" ist die Faszination des Springens schon interpretiert worden. Die Sprünge bringen das artistische Element in die Leichtathletik!

Mit Anlaufgeschwindigkeiten, die denen der Sprinter kaum nachstehen, wird die Energie entwickelt, die für den schnellen Absprung erforderlich ist. Mißt man die Kräfte, die bei einem Weltklasse-Weitsprung oder -Hochsprung im Moment des Absprungs oder die beim Step-Absprung im Dreisprung auftreten, so werden Größen festgestellt, die zwischen dem Sechs- und Achtfachen des Körpergewichts liegen. Diese Kräfte entsprechen den dabei erzielten Leistungen. Sie treten zwar nur für den Bruchteil einer Sekunde auf, trotzdem müssen sie vom Athleten „erzeugt" und im einbeinigen Stütz ausgehalten werden, wenn der Sprung erfolgreich verlaufen soll.

Gleichzeitig wissen wir, daß Springer, die eine sehr gute Ausbildung ihrer Krafteigenschaften erfahren haben, z.B. bei einer *beidbeinigen halben Kniebeuge* maximal das Drei- bis Vierfache ihres Körpergewichts zur Hochstrecke bringen können. Dabei benötigen sie das Mehrfache der Zeit, die bei einem einbeinigen leichtathletischen Absprung vergeht.

Wie kann diese Diskrepanz erklärt werden? Wie kann der Springer die zu seiner Bestleistung erforderlichen hohen Kräfte entwickeln und wie bringt er es fertig, sie innerhalb von Sekundenbruchteilen für das Überwinden großer Sprungweiten oder Sprunghöhen auszunutzen? Diese Fragen werden in den folgenden Ausführungen diskutiert und beantwortet.

Wie geht „Springen"?

Abb. 3:   Absprung als Überlagerung einer Beuge-Streck-Bewegung mit einer Rotation um den Absprungpunkt

Eine Athletin oder ein Athlet soll – im Rahmen disziplinspezifischer Regeln – mit dem gesamten Körper eine maximale Weite oder Höhe überwinden. Zu dieser Verlagerung des Körpers in die Weite und/oder in die Höhe ist *Energie* notwendig. Hierzu wird zunächst im *Anlauf* „kinetische Energie" oder „Bewegungsenergie" entwickelt.

Dieses angehäufte Potential, das die Kräfte, die bei willentlicher Körperstreckung erzeugt werden können, bei weitem übersteigt, wird durch den *Absprung* so umgelenkt und in „potentielle Energie" oder „Lageenergie" umgeformt, daß eine möglichst weite oder hohe Flugkurve des KSP erzeugt werden kann.[2]

Von den Gesetzen der klassischen Mechanik her gesehen unterliegen die leichtathletischen Sprünge den Gesetzen des „schiefen Wurfs": Die Flugweite und Flughöhe sind abhängig von der Geschwindigkeit und der Richtung des KSP beim Absprung. Theoretisch wären dabei für eine *maximale Weite* (bei gegebener Abfluggeschwindigkeit) ein Abflugwinkel von 45° und für eine *maximale Höhe* ein Abflugwinkel von 90° erforderlich. Diese theoretischen Werte sind praktisch jedoch unrealistisch: die Lattenüberquerung erfordert im Stabhochsprung wie im Hochsprung ein Minimum an verbliebener Horizontalgeschwindigkeit. Auch aus biomechanischen Gründen ist dies illusorisch: die Krafteigenschaften der besten Springer ermöglichen lediglich *Vertikalgeschwindigkeiten* bis zu einer Größenordnung von ca. 5 m/sec, seine Schnelligkeitseigenschaften jedoch *Horizontalgeschwindigkeiten* von über 10 m/sec.

Im Hochsprung werden nur bis zu ca. 5 m/sec bei Männern und 4 m/sec bei Frauen zum Höhengewinn eingesetzt, der Rest von 3 - 4,5 m/sec verbleibt als Horizontalgeschwindigkeit für die Lattenüberquerung erhalten. Damit ist ein KSP-Hub um 1,34 m bzw. um 0,86 m möglich. Mit einer KSP-Höhe beim Abflug von 1,15 m bis 1,30 m lassen sich so sehr schön die Leistungen der weltbesten Hochspringerinnen und Hochspringer errechnen.

---

[2]   Dabei gelten für den Stabhochsprung (Verwendung des flexiblen Stabes) und den Dreisprung (drei aufeinanderfolgende Teilsprünge) besondere Zusatzbedingungen.

GEMEINSAMKEITEN DER SPRUNGDISZIPLINEN 21

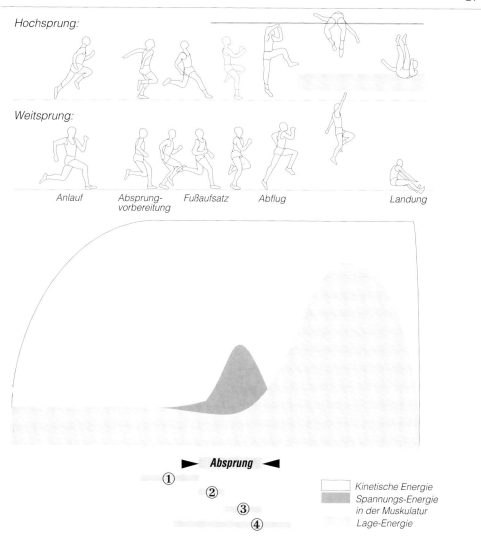

Abb. 4: Biomechanik des Absprungs im Weitsprung und Hochsprung

Dieser Prozeß der Umformung von Anlaufenergie im Absprung besteht aus vier beobachtbaren Bewegungselementen, hinter denen jeweils „unsichtbare" neuromuskuläre und biomechanische Mechanismen verborgen sind:

Sichtbare Elemente	Funktion	(Neuro-)Muskuläre Mechanismen	Biomechanische Mechanismen
① **Aktiver Fußaufsatz**	Beginnende Streckung von Hüfte, Knie und Fuß des Sprungbeins vor dem Fußaufsatz zum Absprung	Vor-Innervation sorgt für eine aktive Einleitung der Sprungbewegung	Einleitung der Vertikalbeschleunigung
② **Aufrichten**	Sofortiger Hub der Hüfte nach Fußaufsatz zum Absprung	Muskel-„Stiffness" ermöglicht sofortigen Spannungsaufbau in der Muskulatur	Verstärkung der Vertikalbeschleunigung und Abbremsung der Vorwärtsbewegung
③ **Streckbewegung**	Vertikale Beschleunigung des KSP durch Gesamt-Körper-Streckung	Reaktive Verstärkung der Muskelspannung durch Dehnungsreflex ermöglicht explosive Kraftentfaltung	Verstärkte Kraftentfaltung bei der Absprungstreckung = Höherer Impuls
④ **Einsatz der Schwungelemente**	Stabilisierung des Gleichgewichts, Verstärkung der Muskelspannung zu Beginn des Absprungs	Reflexgesteuerte Überkreuz-Koordination Sprungbein / Schwungbein und Schwungarm	Impulsübertragung Schwungelemente ⇒ Rumpf

Tab. 4: Sichtbare Elemente, ihre Funktion sowie neuromuskuläre und biomechanische Mechanismen bei Sprung-Bewegungen

Sichtbar sind der „Aktive Fußaufsatz" des Sprungbeins, das „Aufrichten" des Körpers aus der Sprungauslage, die „Streckbewegung" und der Einsatz der Schwungelemente.

Wichtig zum Verständnis dieser *vier Elemente des Springens* ist, daß sie keine voneinander unabhängigen Teilbewegungen, sondern ineinandergreifende, sich gegenseitig beeinflussende Aktionen sind. Ein „optimaler Sprung" zeichnet sich durch die nahtlose Verbindung und Nutzung dieser vier Elemente aus. Die Aufgabe des Aufbautrainings besteht darin, im Training der Sprungkoordinations- und Sprungkraftfertigkeiten alle vier Teilprozesse optimal zu schulen.

Die Abbremsung, die unmittelbar nach Aufsetzen des Sprungfußes auf den Körper übertragen wird, führt zu einer schlagartigen Dehnung der Muskulatur des Sprungbeines und -fußes. Die elastischen, viskösen und plastischen Eigenschaften des Bewegungsapparats („Muskelstiffness", siehe auch RITZDORF 1985) setzen dieser Verkürzung jedoch einen Widerstand entgegen, der drei Konsequenzen hat:

- Die Hebelwirkung, die das am Sprungfuß fixierte Sprungbein auf den Athleten ausübt, führt zum Aufrichten aus der Sprungauslage (siehe nächster Punkt), zum Hub der Hüfte und des Gesamt-KSP.
- Die Reflexe, die die reaktive Verstärkung des Absprungvorgangs bedingen, werden ausgelöst.
- Es kommt zum Aufbau „elastischer" Spannung im Bewegungsapparat, in der vorübergehend Bewegungsenergie gespeichert und im weiteren Sprungverlauf wieder an den Springer abgegeben wird.

Im Unterschied zu einer mechanischen Feder hat der aktive Bewegungsapparat des Menschen jedoch keine konstante, sondern eine sehr variable „Federkraft". Der Widerstand der Muskulatur kann durch nervale Prozesse fein reguliert und durch Training perfektioniert werden, so daß kleinste, prellende Hüpfer ebenso möglich sind wie kraftvolle Absprungbewegungen aus vollem Anlauf.

Wie oben schon ausgeführt, überträgt sich die mit dem Aufsetzen des Sprungfußes unweigerlich verbundene Abbremsung (Hebelwirkung) sofort auf die Hüfte und führt zu ihrem Anheben sowie zu einem Anheben des Gesamt-KSP.

Die Gefahr bei einer zu passiven Gestaltung dieses Vorgangs („Stemmen") besteht in einer zu langsamen Aufsatzbewegung des Sprungfußes mit der Folge einer zu starken Abbremsung, einem *zu starken Beugen des Sprungbeinknies* bis hin zum Einsacken im Absprung. Insbesondere ist dann die elastische Energiespeicherung, das „Federn" nicht mehr möglich, ebenso werden die reaktiven Prozesse gestört.

Kernstück des Absprungs ist die Streckbewegung des Springers. Nachdem der KSP im vorletzten Bodenkontakt etwas abgesenkt worden war, um den für die Streckbewegung notwendigen Beschleunigungsweg zu erzeugen, wird der KSP zum Absprung hin wieder etwas angehoben. Dies geht einher mit einer Hüftstreckung auf der Sprungbeinseite zum Absprung hin. Vom Beginn der Absprungbewegung mit dem Aufsetzen des Sprungfußes bis zum Abflug kann der Absprungvorgang in zwei Abschnitte zerlegt werden, die *exzentrische Phase* vom Aufsetzen des Sprungfußes bis zum Beugemaximum und die *konzentrische Phase* vom Beugemaximum bis zur maximalen Streckung des Sprungbeines.

Die Absprungbewegung wird durch den *Dehnungsreflex* „reaktiv verstärkt". Die „Reaktivität" wird durch die schlagartige Verkürzung der Streckmuskulatur des Springers sofort nach Aufsetzen des Sprungbeines in der exzentrischen Phase ausgelöst: Abhängig von der Geschwindigkeit, mit der diese Verkürzung zu Beginn des Bodenkontakts abläuft (also um so stärker, je schneller der Anlauf war) werden Reflexmechanismen ausgelöst, die zu einer Verstärkung der Innervation der Streckmuskulatur weit über das willentlich mögliche Maß hinaus führen.

Wichtig zum Verständnis der Schwungaktivitäten ist das Wissen um ihren Einfluß auf die anderen Teil-Körpermassen und den Gesamt-Körperschwerpunkt: Werden die Schwungelemente gehoben, hat dies eine Senkung des KSP zur Folge und umgekehrt. Im komplexen Geschehen des Sprungverlaufs führt dies zunächst zu einer Verstärkung und Optimierung der gegen die Sprungrichtung wirkenden Kräfte und am Absprungende zu einer „Impulsübertragung": Der Impuls der hier plötzlich abgebremsten Schwungelemente überträgt sich auf den Gesamtkörper.

Hinzu kommt die nervale Verschaltung des „Schwingens" mit dem „Springen": Über den „gekreuzten Beuge-Streck-Reflex" wirkt das Beugen der einen Extremität verstärkend auf das Strecken der anderen Extremität und umgekehrt. Ebenso ist die Aktivität der Beine in einem Überkreuz-Muster mit der Aktivität der Arme verschaltet:

Abb. 5: Überkreuzkoordination der Arme und Beine im Absprung

Sprungbein	wird nach hinten-unten gestreckt
Schwungbein	wird gebeugt und nach vorne gebracht
Sprungbein-Arm	wird gebeugt und nach vorne gebracht
Gegen-Arm	wird nach hinten geschwungen

Diese „Überkreuzkoordination" von Arm- und Beinaktivität hat besondere Bedeutung auch für den Anlauf, in dem hohe Schrittfrequenzen während des Laufens in annähernd maximaler Geschwindigkeit nur bei optimaler koordinativer Ausnutzung dieser Reflexe erreicht werden können.

Zusammenfassung:

1. „Springen" heißt, ein im Anlauf gewonnenes Bewegungspotential im Verlauf einer explosiven Absprungbewegung so umzuformen, daß die Flugkurve des Körperschwerpunkts eine disziplinspezifisch definierte Höhen- oder Weitenmaximierung ermöglicht.

2. Die Höhe der Anlaufgeschwindigkeit bestimmt weitestgehend das maximal verfügbare Bewegungspotential. Schnelligkeit ist also eine zentrale Voraussetzung für gute Sprungleistungen.

3. Die Höhe des Kraftstoßes, der im Absprung erfolgt, sowie seine möglichst kurze Dauer entscheiden darüber, ob die Umlenkung der Bewegungsrichtung effizient erfolgt, oder ob Energieverluste das Sprungergebnis beeinträchtigen.

4. Eine Optimierung dieser Vorgänge ist nur möglich, wenn im Verlauf des Trainingsprozesses Schritt für Schritt automatisierte und weitgehend reflexgesteuerte Bewegungen an die Stelle der willkürlich gesteuerten Grobform der Bewegungen tritt.

5. Dieser Optimierungsprozeß erfordert nicht nur eine entsprechende Gestaltung des Techniktrainings, sondern auch des Schnelligkeits-, Kraft- und Sprungkrafttrainings.

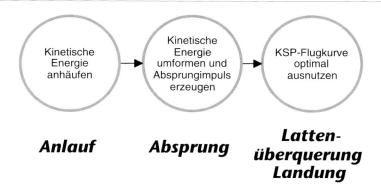

Abb. 6: *Funktionelle Grundstruktur der leichtathletischen Sprünge*

Einteilung des Sprungverlaufs in Funktionsphasen

Die biomechanische Analyse hat uns gezeigt, daß sich der Verlauf der unterschiedlichen leichtathletischen Sprünge in mindestens drei funktionelle Teilphasen zerlegen läßt, die jeweils einen unverzichtbaren Anteil am Sprungergebnis liefern:

1. Anhäufung eines verfügbaren Potentials kinetischer Energie im Anlauf,
2. Umformung dieses Potentials im Absprung,
3. Ausschöpfung des umgeformten Potentials in der Lattenüberquerung bzw. Landung.

In der folgenden Übersicht (Tab. 6) wird diese Grundstruktur der Sprungbewegungen verfeinert und mit Hilfe konkreter Bewegungsbeschreibungen erläutert.

Zunächst ist es wichtig, für die Einteilung in Sprungphasen Kriterien zu benennen, nach denen sich der sichtbare Bewegungsfluß sinnvoll einteilen läßt. Diese Suche nach sinnvollen Kriterien für die Einteilung in Sprungphasen ist aus drei Gründen wichtig, die in der Praxis des Techniktrainings eine große Rolle spielen:

1. Die *Methodik* bei der Vervollkommnung der Technik richtet sich bei der Zusammenstellung von Übungsprogrammen und der Gestaltung der Übungsbedingungen an dieser Phaseneinteilung aus.
2. Für die *Bewegungsbeobachtung* durch den Trainer müssen beobachtbare und aussagekräftige Kriterien definiert werden.
3. Bei der Formulierung wirksamer *Bewegungsanweisungen* müssen die tatsächlichen und erlebbaren Aktivitäten des Springers angesprochen werden.

In Anlehnung an die grundlegenden Arbeiten zur Funktionsphasen-Analyse von sportlichen Bewegungen durch MEINEL/SCHNABEL und GÖHNER ist es auch für die leichtathletischen Sprungdisziplinen möglich, eine grundlegende *Einteilung der*

Sprungphasen in *Ausholphase, Hauptphasen, Übergangsphasen* und *Endphase* vorzunehmen:

Drei *Hauptphasen* der Sprungbewegungen (Anlauf, Absprung und Lattenüberquerung, bzw. Landung) werden zunächst durch eine *Ausholphase* (den Auftakt) eingeleitet und durch *Übergangsphasen* oder *Hilfsfunktionsphasen* (Absprungvorbereitung zwischen Anlauf und Absprung, Flug zwischen Absprung und Lattenüberquerung bzw. Landung) verknüpft. Mit der Landung ist die *Endphase* der Bewegung erreicht.

Die entscheidenden Aktivitäten für den Sprungerfolg geschehen in den *Hauptphasen* oder *Funktionsphasen*, während in den *Übergangsphasen* oder *Hilfsfunktionsphasen* die optimale Verknüpfung von Hauptphasen angestrebt wird und in der *Endphase* die Bewegungsfolge abgeschlossen wird.

Im *Anlauf* – er besteht aus einer *zyklischen Folge* von geeignet gestalteten Anlaufschritten – wird ein „optimales", möglichst hohes Potential von Bewegungsenergie angehäuft. Dieses Potential kann in Form der *Anlaufgeschwindigkeit* relativ leicht gemessen werden. Sie ist disziplinspezifisch differenziert:

Disziplin	Anlaufgeschwindigkeit Männer	Anlaufgeschwindigkeit Frauen
Weitsprung	über 10,5 m/sec	über 9,5 m/sec
Dreisprung	über 10 m/sec	8 - 9 m/sec
Stabhochsprung	bis zu 10 m/sec	7 - 8 m/sec
Hochsprung	um 8 m/sec	um 7 m/sec

Tab. 5: *Typische Anlaufgeschwindigkeiten für Weltklasse-Springerinnen und -Springer*

Im *Absprung* – er ist nach dem zyklischen Anlauf eine azyklische Bewegung und muß durch die Absprungvorbereitung mit diesem verknüpft werden – wird dieses Potential dann im wesentlichen durch die vorhin beschriebenen Mechanismen so zu einem *Absprungstoß* (-„Impuls") umgeformt, daß eine möglichst große Sprunghöhe oder Sprungweite erzielt werden kann.

Im Stabhochsprung und im Dreisprung finden wir diese Grundstruktur etwas verändert:

Im *Stabhochsprung* ist der Absprung mit dem Verlassen des Bodens nicht beendet, sondern durch den Hang am Stab wird nach wie vor Bewegungsenergie vorübergehend elastisch gespeichert (im Stab) und umgeformt. Andererseits vollführt der Springer felgähnliche Aufroll-, Streck- und Umstützbewegungen am Stab, die diese Energie-Wechselprozesse einerseits ausnützen, andererseits unterstützen sollen. Der „Absprung" im Stabhochsprung wird so in seiner Bewegungsstruktur deutlich erweitert und ist in seinem Verlauf bereits mit einem erheblichen Höhengewinn verbunden. Die Flugphase ist im Vergleich hierzu deutlich verkürzt.

Im *Dreisprung* wird der Absprungvorgang dreimal wiederholt, so daß die Frage der dreifachen Amortisation und reaktiven Entladung von Bewegungsenergie unter besonderen ökonomischen Aspekten betrachtet werden muß.

Sprungphase	Funktionen	Bewegungsmerkmale
Auftakt	Einleitung der Gesamtbewegung	Standablauf oder Angehen
ANLAUF	Aufbau kinetischer Energie	Steigerungslauf bis zum Erreichen einer disziplinspezifisch und individuell optimalen Anlaufgeschwindigkeit
Absprungvorbereitung	Verknüpfung des zyklischen Anlaufs mit den folgenden azyklischen Sprungphasen Ausholbewegung zum Absprung	Disziplinspezifische Rhythmisierung der letzten Anlaufschritte vor dem Absprung Verlängerung des vorletzten Schrittes mit leichtem Absenken der Hüfte, leichter Rücklage und/oder Kurveninnenlage, im Weitsprung auch Sidestep Ausholbewegung der Schwungelemente und des Sprungbeines
ABSPRUNG	Umformung des vorhandenen Energiepotentials und Erzeugen des Absprungimpulses mit resultierender KSP-Flugkurve	Aufrichten aus der Sprungauslage mit reflexiv verstärkter Körperstreckung und effektivem Einsatz von Schwungelementen Stabhochsprung: Ausnutzung der elastischen Stabeigenschaften Dreisprung: Verknüpfung einer dreifachen Folge von Absprung- und Flugphase
Flug	Stabilisierung der Abflugposition und Vorbereitung der Lattenüberquerung oder Landung	Disziplinspezifische Ausprägungsformen zur Vorbereitung der Positionen der Landung bzw. Lattenüberquerung
LATTENÜBER-QUERUNG oder LANDE-VORBEREITUNG	Ökonomische Ausnutzung der KSP-Flugkurve zur Leistungsmaximierung oder: Minimierung eines Weiten- oder Höhenverlustes	Weit/Drei: Vorstrecken der Beine und Vermeiden des Zurückfallens Hoch/Stabhoch: Bogenform bei der Lattenüberquerung
Landung	Gefahrlose Amortisation der Bewegungsenergie	Abfangen der Fallenergie (disziplinspezifisch)

Tab. 6: Die Sprungphasen mit ihren Funktionen und Bewegungsmerkmalen

Bei der *Lattenüberquerung* der Vertikalsprünge sowie bei der *Landung* der Horizontalsprünge besteht die Hauptaufgabe darin, die unveränderliche Flugkurve des KSP im Sinne eines maximalen Höhen- bzw. Weitengewinns auszunutzen. Während bei den Vertikalsprüngen der Lattenüberquerung noch die Landung als Bewegungsende folgt, wird bei den Horizontalsprüngen mit der Landung der Sprung auch beendet.

1.2.3 Zur Entwicklung der Struktur der konditionellen Voraussetzungen

Untersucht man die Struktur der konditionellen Voraussetzungen von Fortgeschrittenen und Spitzenathleten, so sind vorrangig zwei Grundzusammenhänge festzuhalten:

- Die Leistungsfähigkeit entspricht dem Grad der Ausprägung der leistungsbestimmenden Eigenschaften, Fähigkeiten und Fertigkeiten.
- Diese leistungsbestimmenden Eigenschaften, Fähigkeiten und Fertigkeiten müssen in einem ausgewogenen Verhältnis zueinander entwickelt werden.

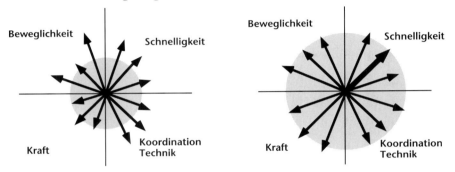

Abb. 7: *Unterschiedlicher Ausprägungsgrad verschiedener Leistungsvoraussetzungen (Pfeile) und mögliches komplexes Leistungspotential (graue Fläche)*

Wird diese Ausgewogenheit nicht gewahrt, wird die Ausprägung der komplexen Wettkampfleistung von der Ausprägung des am geringsten entwickelten Bereichs (siehe die innere dunkelgraue Fläche in untenstehender Grafik) begrenzt. Eine schwach entwickelte Leistungsvoraussetzung (dargestellt durch einen kurzen Pfeil) kann nur zum Teil durch stärker entwickelte Bereiche kompensiert werden.

Dies beobachten wir z.B. bei ausgeprägten „Kraft"-Springern oder „Schnelligkeits"-Springern: Einerseits wird zwar ihre individuelle Stärke deutlich, andererseits jedoch auch die Tatsache, daß ihre volle Ausnutzung durch zu schwach entwickelte andere Bereiche begrenzt ist. Wünschenswert ist in jedem Fall eine ausgewogene Struktur der Voraussetzungen.

Übertragen auf die Trainings- und Wettkampf-Wirklichkeit heißt das: Hervorragende Leistungsvoraussetzungen in Teilbereichen, gepaart mit schlechten Leistungsvoraussetzungen in anderen Teilbereichen können nur bis zu dem Grad auch tatsächlich in die komplexe Wettkampfleistung einfließen, wie es dem am schlechtesten Bereich entspricht.

Und damit lautet eine Hauptaufgabe des Aufbautrainings: *Schaffung einer effektiven und ausgewogenen Struktur der Leistungsvoraussetzungen.*

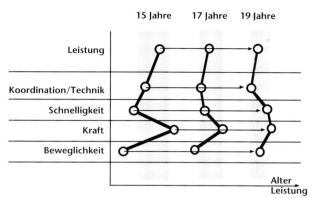

Abb. 8: Langfristiger Trainingsprozeß als Harmonisierung der Struktur der Leistungsvoraussetzungen (Beispiel)

In der Abbildung 8 wird diese Erkenntnis noch einmal als Grundregel für die Gestaltung des Aufbautrainings dargestellt und grafisch verdeutlicht:

Eine bestimmte Struktur der Leistungsvoraussetzungen soll im Verlauf des Aufbautrainings so beeinflußt werden, daß die Schwächen (in der Abbildung Schnelligkeit und Beweglichkeit) beseitigt werden, ohne daß die Stärken (z.B. Kraft) vernachlässigt wird. Nur im Aufbautraining besteht die Chance, bestehende Schwächen durch geeignete Trainingsschwerpunkte zu beseitigen. Im Hochleistungstraining muß die Trainingsstrategie dagegen so ausgerichtet sein, daß individuelle Stärken und Schwächen durch individuelle technische Varianten „kultiviert" werden.

In den disziplinspzifischen Teilen werden an verschiedenen Stellen Hinweise gegeben, welchem Alters- und Leistungsbereich welche spezifischen Zubringerleistungen im konditionellen Bereich zuzuordnen sind.

Zwar kommt es in der Weltklasse durchaus zu individuell unterschiedlichen Ausprägungen der Voraussetzungsstruktur (zum Beispiel im Weitsprung: Carl Lewis und Robert Emmiyan). Diese Individualität darf jedoch im Aufbautraining noch nicht als Entschuldigung für nicht erledigte „Hausaufgaben" im Training herangezogen werden. Und: Einzelne Ausreißer dürfen lediglich als Ausnahmen, die die Regel bestätigen, interpretiert werden.

1.3 Besonderheiten des Aufbautrainings in den Sprungdisziplinen

Ausgangsfragestellungen:
1. Welche Kriterien für die Suche und die Ausbildung von Sprung-„Talenten" können wir unserer Arbeit zugrundelegen?
2. Welche besonderen Aufgabenstellungen des Aufbautrainings müssen zwischen den Etappen des Grundlagen- und Hochleistungstraining?
3. Welche besonderen Gestaltungsakzente müssen im vier- bis fünfjährigen Prozeß des Aufbautrainings gesetzt werden?

1.3.1 Talentkriterien für Springer

Dieser Rahmentrainingsplan stellt Orientierungshilfen und Handlungsanleitungen zum Erreichen von Höchstleistungen in den Sprungdisziplinen zur Verfügung. Diese Höchstleistungen können jedoch heute auch bei bestem Training nicht mehr von „durchschnittlichen" Menschen, sondern nur noch von „Talenten" erreicht werden. Was ist ein Talent, wie können wir Talente erkennen und wie können wir Talente zum Erfolg führen?

Was ist ein „Talent"?

Im Zusammenhang mit dem Aufbau von Nachwuchs- und Leistungsförderungsstrukturen wurden vor allem in den Siebziger Jahren intensive Diskussionen über Kriterien der Talentsuche und Talentförderungen geführt. Um diese Diskussionen ist es in den achtziger Jahren etwas ruhiger geworden; wohl auch, weil die hochgesteckten Erwartungen an eine effektive Talentförderung in der ernüchternden Realität ihrer organisatorischen Umsetzung keine praktischen Angriffsflächen fand.

Erst Winfried Joch hat in seinem kürzlich erschienenen Buch „Das sportliche Talent" diese Diskussionsstränge wieder aufgegriffen und ein Fazit der Situation der bestehenden Talentförderungseinrichtungen gezogen. Er zeigt, daß mindestens drei Elemente in einem prozeßhaften Verständnis des Talentbegriffs zusammengefaßt werden müssen: erkennbare *Dispositionen*, überdurchschnittliche und entwicklungsfähige *Leistungsvoraussetzungen und Leistungen* und ein perspektivisch angelegter *Förderungsprozeß*:

> „Talent besitzt oder: ein Talent ist, wer auf der Grundlage von Dispositionen, Leistungsbereitschaft und den Möglichkeiten der realen Lebensumwelt über dem Altersdurchschnitt liegende (möglichst im Wettkampf nachgewiesene) entwicklungsfähige Leistungsresultate erzielt, die das Ergebnis eines aktiven, pädagogisch begleiteten und intentional durch Training gesteuerten Veränderungsprozesses darstellen, der auf ein später zu erreichendes hohes (sportliches) Leistungsniveau zielstrebig ausgerichtet ist." [3]

Was ist ein „Sprungtalent"?

Was hilft uns dies alles nun bei der Beantwortung von Fragen, wie Talente für die Sprungdisziplinen beschrieben, gefunden und ausgebildet werden können? Die folgende Übersicht gibt eine zusammenfassende Darstellung, wie die oben zusammengefaßten allgemeinen Talentkriterien für den leichtathletischen Sprungbereich konkretisiert werden können:

Körperbau:	*Trend zum großen und schlanken Körper bei bemerkenswerter Häufigkeit von Ausnahmen (Robert Emmiyan, Steve Smith, Dietmar Haaf...); große und kräftige Füße;*
Physiologie:	*Überdurchschnittliche Anpassungsbereitschaft und Belastungsverträglichkeit des Organismus, insbesondere bei reaktiven Sprungbelastungen; ausgeprägte koordinative Lernfähigkeit;*
Leistung:	*Überdurchschnittliche Steigerungsraten bei gegebenen Trainingsbelastungen, überdurchschnittlich gute Ausnutzung von Zubringerleistungen (insbesondere Schnelligkeits- und Kraftwerte);*
Psyche:	*Interesse für „die Sache", Bereitschaft, andere Möglichkeiten der Freizeitgestaltung zugunsten des Sports zu reduzieren, Lern- und „Arbeits"-Bereitschaft im Training, Steigerungsfähigkeit und „Kampf"-Bereitschaft im Wettkampf. Mit zunehmendem Alter zunehmende Bedeutung von Leistungs und Erfolgszielen;*
Sportliches Umfeld:	*Betreuungs- und Aubildungskompetenz im Verein, die eine langfristige Entwicklungsperspektive verfolgt;*

---

[3] Joch (1992), S. 90

Soziales Umfeld: *Sportinteressierte Familie, Schule und Freunde;*

Problem: *Unterscheidung der „wahren Talente" von biologischen „Frühentwicklern" und anderen „Teiltalenten", denen die Voraussetzungen, Bereitschaft, das Umfeld oder die Belastbarkeit für die erfolgreiche Gestaltung des Wegs hin zur Spitzenleistung fehlt.*

Die Schwierigkeiten, diese Talentfaktoren im Einzelfall zu erkennen und richtig einzuordnen liegen vor allem darin begründet, daß nicht nur die Leistung, sondern auch diese Talentfaktoren eben nicht einfach „da" sind, sondern ebenfalls ihre Zeit brauchen, um sich zu entwickeln.

Das heißt: Auch das Interesse für „die Sache" kann im Verlauf einer behutsamen Hinführung zu leistungssportlicher Betätigung geweckt und gefördert werden. Unnötige Prognosen sind daher ebenfalls zu vermeiden wie zu frühe Forderung dieser Eigenschaften im Trainings - und Wettkampf-Prozeß und in der gesamten Lebensführung. Das Training und der Wettkampf sollten nicht nur als ein „Abhaken" von Trainings-, Leistungs- und Erfolgszielen, sondern als ein pädagogischer Prozeß mit sozialen und psychischen Dimensionen erkannt und gestaltet werden.

Die Förderungsstrukturen in den Landesverbänden und im DLV müssen ihre Effektivität daran messen lassen, ob es ihnen gelingt, möglichst viele besonders geeignete „Talente" zu erfassen und zu fördern, und nicht nur die jeweils in der Bestenliste oder bei Meisterschaften vorne plazierten.

1.3.2 Hauptaufgaben bei der Trainingsgestaltung

Die Lösung der Hauptaufgaben bei der Trainingsgestaltung soll zur Entwicklung von Handlungskompetenz in Training und Wettkampf und ausgeprägten, aber auch ausgewogen zusammengesetzten motorischen Fähigkeiten und Fertigkeiten beitragen. Folgende Hauptforderungen sollten Beachtung finden:

1. Natürlich steht die *gezielte und wirkungsvolle Ausbildung* der leistungsbestimmenden Fähigkeiten und Fertigkeiten („Effektivität" des Trainings) im Mittelpunkt jedes geplanten Trainings. Alle Trainingsmaßnahmen müssen ständig daraufhin überprüft werden, ob sie auch tatsächlich näher an die mit ihnen angepeilten Zielsetzungen heranführen. Erfolgreiche Trainer und Athleten zeichnen sich durch die Fähigkeit aus, erkannte Fehler bei der Trainingsgestaltung unmittelbar abzustellen.

2. Dabei muß ein *„optimales Gleichgewicht"* zwischen den leistungsbestimmenden Fähigkeiten und Fertigkeiten („Effizienz des Trainings") gewahrt bleiben: Noch so gut ausgeprägte Kraftfähigkeiten kommen nur im Rahmen einer fehlerfreien Technik optimal zur Wirkung, hohe Anlaufgeschwindigkeiten erfordern im Ab-

sprung auch ein hohes reaktives Kraftpotential zur Entfaltung eines Absprungimpulses, der dem Geschwindigkeitsniveau entspricht.
3. Die gesamte *Persönlichkeit handelt in Training und Wettkampf*, nicht nur die „sensomotorischen" oder die „physiologischen" Organsysteme. Daher muß auch die gesamte Persönlichkeit in den Ausbildungsprozeß einbezogen werden. Insbesondere zu den Fragen der *Motivation* in Training und Wettkampf und ihrer Beeinflussung muß jeder Trainer klare Auffassungen entwickeln. Der Athlet muß lernen, in allen Situationen des Trainings und des Wettkampfs selbst handlungsfähig zu werden, zwar mit Unterstützung des Trainers, aber im Lauf der Zeit immer selbständiger.

1.3.3 Einordnung des Aufbautrainings zwischen Grundlagen- und Hochleistungstraining

Im Verlauf des langfristigen Trainingsprozesses vom Anfänger bis zum Spitzenathleten werden nacheinander die Etappen des Grundlagentrainings, des Aufbautrainings und des Hochleistungstrainings durchlaufen, die in den jeweiligen Zielstellungen und Inhalten aufeinander aufbauen sollen. In Abhängigkeit vom biologischen und persönlichen Entwicklungsstand sollen in den einzelnen Etappen Teilaufgaben gelöst werden. Die Lösung vorhergehender Teilaufgaben ist die Voraussetzung für die Lösung folgender Teilaufgaben. In der folgenden Darstellung soll gezeigt werden, wie die besondere Rolle des Aufbautrainings zwischen Grundlagen- und Hochleistungstraining in den Sprungdisziplinen eingegrenzt werden kann.

Leitfragen:

1. Welche Voraussetzungen und welcher Trainingsstand werden nach der Absolvierung des Grundlagentrainings als Voraussetzung für das Aufbautraining erwartet?
2. Welche besonderen Aufgaben ergeben sich dann für das Aufbautraining?
3. Welche Trainingsinhalte und Belastungsformen sollten dem Hochleistungstraining vorbehalten bleiben?

Etappe Haupt-Trainingsbereich	Grundlagentraining	AUFBAUTRAINING	Anschluß- und Hochleistungstraining
Allgemeine Voraussetzungem	Funktionell ausgewogene körperliche Voraussetzungen	Funktionsgymnastik zur Erhaltung und Entwicklung funktioneller körperlicher Voraussetzungen	Funktionsgymnastik zur Erhaltung und Entwicklung funktioneller körperlicher Voraussetzungen
Lauf/ Schnelligkeit	Grundschulung der Laufkoordination mit elementaren und ganzheitlichen Übungen Sprints in vielen Variationen	Tiefstarts Maximale Sprints aus dem Stand und „fliegend" Submaximale Bergan- und Bergabläufe	Maximale Sprints unter Be- oder Entlastungsbedingungen, z.B. Zugunterstützungsläufe oder Zugwiderstandsläufe
Sprungkoordination und Sprungkraft	Grobform von Schritt- und Schlußsprüngen aus dem Stand Grobform des „aktiven Fußaufsatzes" zum Absprung (auch mit dem „Nicht-Sprungbein")	Schrittsprünge aus wenigen Anlaufschritten Einbeinsprünge aus wenigen Anlaufschritten Beidbeinige Auf-, Ab- und Übersprünge mit niedriger Intensität Absprungübungen aus mittleren Anlaufgeschwindigkeiten (auch mit dem „Nicht-Sprungbein")	Horizontalsprünge mit mehr als fünf Anlaufschritten und oder mit Zusatzbelastung Einbeinsprünge mit Anlauf Einbeinige Tiefsprünge Spezielle Sprungkraftübungen in hoher Geschwindigkeit mit Zusatzbelastung
Kraft	Allgemeines Kraft- und Schnellkrafttraining	Allgemeine Kraft- und Schnellkraftübungen Erlernen und Anwendung von Übungen mit der Langhantel	Zugwiderstandsläufe oder Läufe mit Zusatzbelastung Spezielle Kraftübungen (z.B. Hutt-Maschine)
Technik	Fehlerfreie „Grobform" in mehreren Disziplinen	Feinform auf dem Niveau der jeweils vorhandenen koordinativen und konditionellen Voraussetzungen in ein bis zwei Disziplinen	Individuelle Varianten unter Berücksichtigung oder Umgehung nicht zu beseitigender Schwächen und Defizite

Tab. 7: Abgrenzung von Inhalten und Methoden für Grundlagen-, Aufbau- und Hochleistungstraining

Es ist wichtig an dieser Stelle festzuhalten, daß diese Darstellung kein Dogma ist, dessen Nichtbeachtung zwingend zum Mißerfolg und dessen Beachtung zwingend zum Erfolg führen würde. Vielmehr geht es darum, einen groben Überblick darüber zu geben, wie die Steigerung der Belastung im langfristigen Trainingsverlauf durch die schrittweise Erhöhung der Belastungsintensität und der Belastungsspezifik gesteuert werden kann: Jeder Trainingsetappe bleiben trainingsmethodische Steigerungsmöglichkeiten vorbehalten. Der erfahrene Trainer wird hier seine eigenen Erfahrungen anwenden können.

Wie oben schon einmal erläutert, stellen Leistungsorientierungen – zusammen mit anderen Faktoren – einen Rahmen dar, der die Erwartungen an eine positive Leistungsentwicklung umreißt. Dabei ist es klar, daß die Bedeutung dieses Faktors mit zunehmendem Alter größer wird, während zu Beginn des Aufbautrainings Leistungserwartungen sehr stark von anderen Faktoren relativiert werden können.

Übergang Alter Förderung	GLT/1. Phase ABT (ca. 15) ca. D-Kader-Norm	1./2. Phase ABT (ca 17) ca. D/C-Kader-Norm	2. Phase ABT/HLT 19 ca. (B-Kader-Norm)
Hoch F	1,55 - 1,70	1,75 - 1,80	1,82 - 1,86
Hoch M	1,70 - 1,90	1,95 - 2,05	2,15 - 2,20
Stab F	2,60 - 3,10	3,20 - 3,50	3,60 - 3,80
Stab M	3,60 - 4,10	4,40 - 4,80	5,10 - 5,30
Weit F	5,30 - 5,70	5,80 - 6,00	6,15 - 6,40
Weit M	6,20 - 6,70	6,80 - 7,20	7,50 - 7,70
Drei F	11,00 - 11,60	11,70 - 12,30	12,50 - 13,00
Drei M	13,30 - 13,80	14,00 - 14,60	15,60 - 16,00

Tab. 8: Leistungsorientierungen für die Übergänge zwischen den Trainingsetappen

Talentierte junge Springerinnen und Springern sollten diese Leistungsbereiche unter Anwendung der Empfehlungen in den Rahmentrainingsplänen erreichen. Dies kann auch als Indiz für weitere Steigerungsmöglichkeit im nachfolgenden Abschnitt des langfristigen Trainings- und Wettkampfprozesses herangezogen werden.

Es muß darauf hingewiesen werden, daß alle DLV-Athletinnen und -Athleten, die in den letzten zwanzig Jahren bei internationalen Meisterschaften Endkampfplätze belegen und Medaillen gewinnen konnten, die genannten Leistungserwartungen für das Ende des Aufbautrainings erreicht haben! Für Athletinnen und Athleten aus dem Gebiet des DVfL gilt dies noch in verstärktem Maß, da diese bereits ein höheres Trainings- und Leistungsniveau erreicht hatten. Beispiele für den DLV sind: Mögenburg, Sonn, Beyer, Redetzky-Henkel, Jaros, Bouschen, Kübler, Haaf, Verschl, Christian Thomas, Zintl, Winkler...

Die wenigen Ausnahmen, die hier diskutiert werden könnten, sind aus besonderen individuellen Konstellationen heraus erklärbar (meist später Einstieg in leistungsorientiertes Training und/oder in der Spezialdisziplin) und können nicht die folgende Grundthese erschüttern:

> **Der Weg zu absoluten Höchstleistungen im internationalen Top-Vergleich führt über Höchstleistungen bereits im Juniorenalter.**

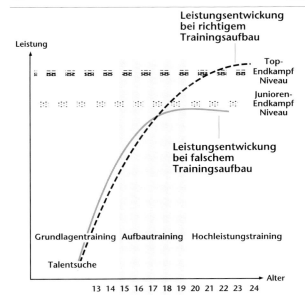

Abb. 9: Mögliche Leistungsentwicklung bei falschen oder richtigem Trainingsaufbau

Natürlich wäre es auch möglich, zu einem späteren Zeitpunkt eine ähnlich erfolgreiche Karriere zu starten – zumindest das beweisen die wenigen Ausnahmen. Vielmehr liegen die Ursachen darin, daß die Förderungsangebote in allen Ländern, in denen Leichtathletik systematisch entwickelt wird, so angelegt sind, daß die Etappen des Grundlagentrainings und des Aufbautrainings mit der Hinführung zu Top-Leistungen in dem Altersabschnitt wirken, in denen die schulische Ausbildung mit entsprechenden zeitlichen Freiräumen im Mittelpunkt steht.

Umgekehrt kommt hinzu, daß es mit zunehmendem Alter immer schwieriger wird, neben der Beanspruchung durch Ausbildung, Beruf und Familie einen profiähnlichen Trainingsaufwand zu realisieren, ohne daß ein Leistungsziel in der Weltklasse bereits durch entsprechende Erfolge bei nationalen und internationalen Wettkämpfen „belohnt" werden würde.

Dies bedeutet nicht zwingend, daß eine gute Leistung im Juniorenalter bereits die Garantie für den Anschluß an die Weltspitze im Top-Bereich beinhalten würde. Die Erfahrung hat auch gezeigt, daß eine ganze Reihe erfolgreicher Jugend- und Juniorensportler den Anschluß an das absolute Top-Niveau nicht geschafft haben. Einige Beispiele in den letzten Jahren im DLV waren z.B. Andrea Breder (Junioren-Europameisterin 1981 mit 1,93), Anke Henkel (1,85 mit 16 Jahren), Silke Harms (Silbermedaillen-Gewinnerin bei den JEM 1985 mit 6,56m), Bernhard Bensch (2,22 m im Hochsprung mit 18 Jahren), Andreas Brüssel (7,73 m im Weitsprung mit 18 Jahren), Alexander Niecke (2,16 m mit 18 Jahren). Alle diese jungen und talentierten Athletinnen und Athleten konnten das sich abzeichnende Leistungspotential nach dem Juniorenalter nicht weiter steigern.

Die Gründe waren in allen Fällen sicherlich vielfältig. Neben Problemen im Bereich der Akzeleration, Motivation und Betreuung spielen in vielen Fällen auch trainingsmethodische Fehler eine Rolle. Einige Gründe dafür könnten sein:

Trainingsmethodische Ursachen	Andere Ursachen
• Vorzeitiges Ausreizen intensiver und/oder spezieller Trainingsformen • Zu geringe Steigerung der Trainingsbelastung • Unzureichendes „Fundament" allgemeiner koordinativ-konditioneller Fähigkeiten und Fertigkeiten	• Verletzungen und Krankheiten • „Ernsthafte" leistungssportliche Betätigung wurde aus persönlichen oder beruflichen Gründen nicht gewünscht • Biologische Frühentwicklung (Akzeleration) • Inkompetente Beratung und Betreuung

Tab. 9: Trainingsmethodische und andere Ursachen für stagnierende Leistungsentwicklung

Es können also nicht alle Ursachen für fehlerhafte Leistungsentwicklung durch besseres trainingsmethodisches Vorgehen vermieden werden. Das Anliegen dieses Rahmentrainingsplans besteht darin, wenigstens die *trainingsmethodischen Fehler*, die zu unbefriedigenden Karriereverläufen führen, vermeiden zu helfen.

Die Kunst der Heranführung von erfolgreichen Nachwuchssportlern an das absolute Top-Niveau besteht darin – trainingsmethodisch gesehen –, immer nur die individuell notwendigen Steigerungsraten von Umfang, Intensität und Spezifik des Trainings einzusetzen, so daß zur Ansteuerung späterer Leistungssteigerungen auch immer Raum für erforderliche Belastungssteigerungen bleibt.

1.4 Gemeinsame Ziele und Inhalte des Trainings in den Sprungdisziplinen

Die leichtathletischen Sprünge sind von ihrer Bewegungsstruktur und von den disziplinspezifischen konditionellen Voraussetzungen her zwar durchaus als verwandt anzusehen, aber diese Verwandtschaft geht offensichtlich nicht so weit wie zwischen den Disziplinen in anderen Blöcken:

- Die Entwicklung der Ausdauerfähigkeiten ist für den Mittel- und Langstreckenlauf sowie für das Gehen der überragende gemeinsame Bereich;
- Die Entwicklung der Schnelligkeits- und Schnelligkeitsausdauerfähigkeiten verbindet die Sprint- und Hürdendisziplinen;
- Die Entwicklung der Kraftfähigkeiten ist für die Würfe das große Thema.

In den Sprungdisziplinen der Leichtathletik ist es nicht so einfach, ein einziges gemeinsames Thema zu finden:

- Die Schnelligkeitsentwicklung ist zwar für alle Sprungdisziplinen wichtig, kann für den Hochsprung aber nur mit eingeschränkter Bedeutung gesehen werden.
- Die Kraftentwicklung, insbesondere der reaktiven, plyometrischen Krafteigenschaften ist wichtig, jedoch z.B. im Stabhochsprung stark relativiert durch die besonderen turnerischen Fähigkeiten und Fertigkeiten.

Die folgende Übersicht macht deutlich, daß es vier große Themen gibt, die in allen Sprungdisziplinen eine Rolle spielen.

Ziel	Aufgaben
Allgemeine athletische Ausbildung	Wissen, wie der Springer trotz intensiven und speziellen Trainings gesund bleiben kann, oder: Sicherung eines gesunden, belastbaren und leistungsfähigen Bewegungsapparats
Vervollkommnung der Koordination und der Technik	Wissen, was „Technik" ist, wie sie fehlerfrei erlernt werden kann und wie man es schafft, sie richtig anzuwenden.
Verbesserung der Schnelligkeitseigenschaften	Wissen, was „Schnelligkeit" ist, wie man Schnelligkeitseigenschaften ausbildet und wie man sie beim Springen zur Wirkung bringt.
Verbesserung der Krafteigenschaften	Wissen, was „Kraft" für den Springer ist, wie man Krafteigenschaften ausbildet und wie man sie zur Wirkung bringt.

Tab. 10: Übersicht über die gemeinsamen Ziele und Aufgaben des Trainings in den Sprüngen

Zu diesen vier Bereichen können in diesem Buch nur die wichtigsten Problembereiche genannt werden. Wesentliche Aussagen zu diesen Themen werden insbesondere im Band 7 der Reihe „Edition Leichtathletik" in knapper Form und mit Verweisen auf weiterführende Literatur gemacht, so daß an dieser Stelle lediglich diejenigen Aspekte zur Sprache kommen, die für die Sprungdisziplinen von besonderer Bedeutung sind.

1.4.1 Allgemeine athletische Ausbildung

Sicherung eines gesunden, belastbaren und leistungsfähigen Organismus

Die Tatsache, daß dieses Haupt-Trainingsziel in den Vordergrund gestellt wird und nicht die spezielleren Trainingsziele Technik, Schnelligkeit oder Kraft, soll deutlich machen, daß die primäre Aufgabe eines wirkungsvollen Nachwuchstrainings darin bestehen muß, mögliche Funktionsdefizite oder gar Schädigungen des Bewegungsapparats zu verhindern. Ist dieses erste Hauptziel gesichert, können auch die leistungssteigernden Trainingsinhalte in Angriff genommen werden.

Gymnastik

Die Gymnastik hat im Übungsrepertoire der Leichtathletik immer eine wichtige Rolle gespielt. In den vergangenen Jahren hat sich dabei unter dem Einfluß der Krankengymnastik und der Sport-Physiotherapie eine neue Kategorisierung des gymnastischen Übungsguts herausgebildet, in denen die hervorragenden Möglichkeiten dieses Übungsbereichs transparent geworden sind.

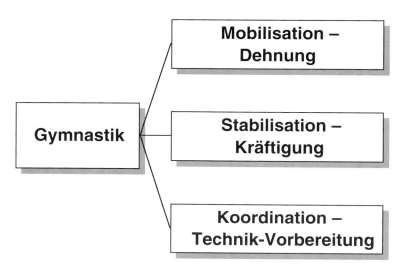

Abb. 10: *Trainingsziele der Gymnastik*

Diese drei Trainingsziele sollen im folgenden kurz erläutert werden. Auch hier ist klar, daß individuelle Bestandsaufnahmen vor der Zusammenstellung konkreter

Übungsprogramme erforderlich sind, am Besten in Zusammenarbeit mit einem Sport-Physiotherapeuten oder einem Krankengymnasten mit Erfahrungen bei Leistungssportlern.

Mobilisation – Dehnung

Das „Stretching", das diesem Bereich zugeordnet werden kann, hat in der Leichtathletik am meisten Verbreitung gefunden, häufig in einem übertriebenen Maß, das auch zur Zeitverschwendung geführt hat.

Natürlich ist es wichtig, durch geeignete Übungen bei der Erwärmung die für das folgende Training erforderliche Beweglichkeit herzustellen. Dies kann jedoch mit einem zeitlichen Aufwand von ca. 15 Minuten in ausreichendem Maß geschehen.

Zur Trainingsmethodik möchte ich auf den Band 7 „Grundprinzipien" in dieser Reihe verweisen. Die folgende Abbildung gibt einen Überblick über eine mögliche Zusammenstellung von 12 Übungen, mit denen ein Trainingsschwerpunkt „Dehnung" gestaltet werden kann. Die dabei zu dehnenden Muskel(-gruppen) lauten:

1. *Zwillingsmuskel (m. gastrocnemius)*
2. *Schollenmuskel (m. soleus)*
3. *Vierköpfiger Kniegelenkstrecker (Quadrizeps)*
4. *Kniegelenkbeuger - Ischiocurale Muskulatur.*
5. *Hüftgelenkbeuger (m.iliopsoas)*
6. *Leiste*
7. *Beinanzieher - Aduktoren*
8. *Birnenförmiger Muskel (m. piriformis)*
9. *Äußere Hüftmuskulatur*
10. *Ellbogenstrecker (Trizeps) und Obere Schulterblattstabilisatoren*
11. *Ellbogenbeuger (Bizeps) und Großer Brustmuskel (Pectoralis)*
12. *Seitliche Hals- und Nackenmuskulatur*

Allgemeine athletische Ausbildung

Abb. 11   Gymnastik-Kreis zur Dehnung der wichtigsten Muskelgruppen für den Springer

Stabilisation – Kräftigung

Das notwendige Gegengewicht zur Dehnung und Mobilisierung bestimmter Muskelgruppen besteht in der Stabilisation und Kräftigung. Die folgenden Abbildungen zeigen einige Übungen, die sich zur funktionellen Kräftigung wichtiger Muskelgruppen eignen.

Abb. 12: Funktionelle Übungen zur Kräftigung der Bauchmuskulatur

Abb. 13: Funktionelle Übungen zur Kräftigung der Rückenmuskulatur

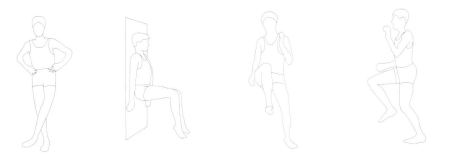

Abb. 14: Funktionelle Übungen zur Kräftigung der Fuß- und Wadenmuskulatur

Auf der folgenden Seite wird zur Illustration ein Übungsprogramm vorgestellt, wie es in einem der erfolgreichsten deutschen Vereine im Bereich Hürdensprint und Weitsprung zur Kräftigung und „Anbahnung" zur Durchführung kommt.

Allgemeine athletische Ausbildung

Untere Bauchmuskulatur

Rücken beidbeinig

Schräge Bauchmuskeln

Flanke

(Sprintarmarbeit
Wechselzug Gummi)

Anbahnung Streckung

(Kräftigung Trizeps)

Spinne

Liegestütz im Knien

Kreisel Beinachse

Soleus Wand

Abb. 15: Beispielprogramm für eine Mischung aus Übungen zur „Kräftigung" und „Anbahnung"

Koordination – Anbahnung und Technik-Vorbereitung

Daß auch die Vorbereitung des Techniktrainings und die Koordinationsschulung mit Hilfe gymnastischer Übungen geschult werden kann, ist sicherlich noch keine sehr weit verbreitete Erkenntnis. Jedoch liegt genau hierin eine besondere Chance, durch besonders gut ausgewählte und zusammengestellte Übungen Kräftigungseffekte mit einer Vorbereitung auf technische Aufgabenstellungen zu verbinden.

Der gedankliche Ansatz dieser Übungen liegt darin, die Innervationsmuster, die zur Kräftigung bestimmter Muskelgruppen erforderlich sind, durch Variation von bekannten Übungen gezielt auf bestimmte technische Elemente hin auszurichten. Kräftigung also nicht „blind" in der Hoffnung, daß schon die richtigen Muskeln gekräftigt werden, sondern bereits mit der gezielten Absicht, die Innervation genau der Muskeln, die für die richtige Technik gebraucht werden, „anzubahnen" und dadurch zu kräftigen.

Dabei werden insbesondere Übungen ausgewählt, in denen die Stabilisierung des Rumpfs mit „Anbahnungen" der Überkreuz-Koordination oder der Körperstreckung verbunden wird. Die folgenden Abbildungen geben einen Eindruck von den Möglichkeiten. Dieser Bereich befindet sich noch weitestgehend in einem Erkundungsstadium, so daß eigene Erfahrungen gesammelt werden müssen.

 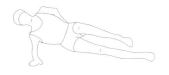 

Abb. 16:   Einige Beispiele für „Anbahnungsübungen"

Zusammenfassung:

1. Der optimale Einsatz gymnastischer Elemente im Training zur Mobilisierung, Stabilisierung und Koordinationsschulung erfordert eine individuelle Bestandsaufnahme des funktionellen Zustands. Hierzu ist die Einbeziehung eines erfahrenen Sport-Physiotherapeuten, bzw. eines Krankengymnasten sinnvoll.

2. Der Einsatz der gymnastischen Elemente im Aufwärmen erfolgt in der Reihenfolge Mobilisierung - Stabilisierung - Koordination. Größere Defizite müssen mit eigenen Trainings-Schwerpunkten angegangen werden.

Aerobe Ausdauer

Die aerobe Ausdauer stellt auch dem Springer ein grundlegendes Funktionsniveau seiner Energiebereitstellungssysteme zur Verfügung, mit dessen Hilfe alle Energiespeicher (also auch der anaerob-alaktazide und der anaerob-laktazide) nach Belastungen wieder regeneriert werden können.

Im Verlauf des Aufbautrainings halten wir die ganzjährige Berücksichtigung aerober Ausdauerbelastungen für sinnvoll. Der Belastungsaufbau erfolgt dabei zunächst in einer Steigerung der Dauer von aeroben Belastungen (in der Regel Läufe, aber auch Radfahren, Schwimmen oder Skilanglauf sind im Prinzip geeignet) bis auf ca. 30 - 40 min, die bis zu zweimal pro Woche zur Durchführung kommen. Im Sinne eines reinen Erhaltungstrainings kann die Beanspruchung dann wieder bis auf eine einmalige Belastung pro Woche mit ca. 20 - 30 min Dauer zurückgeführt werden.

Genaue Belastungsvorschläge sind im Kapitel 3.2 dargestellt.

Turnen

Auch das Turnen gehört im Aufbautraining zu den besonders empfehlenswerten Inhalten, die zumindest in den Vorbereiungsperioden bei der Trainingsplanung unbedingt berücksichtigt werden sollten.

Vor allem die folgenden Trainingsziele lassen sich mit turnerischen Mitteln in besonderem Maße verfolgen:

- Verbesserung der Stabilität in Hüfte, Rumpf und Armen durch Übungen an Barren, Reck und Ringen;
- Verbesserung der Sprungkraft und der akrobatischen Fähigkeiten durch Bodenturnen.

1.4.2 Vervollkommnung der Technik

„Technik" als führender Leistungsfaktor in den Sprüngen

Die derzeit als gültig angesehenen motorischen Lerntheorien gehen davon aus, daß „Technik" als im Gehirn des Athleten gespeicherte Bewegungs-„Fertigkeit" gesehen werden muß. Die jeweils besonders geübten Innervationsmuster prägen sich im motorischen Nervensystem durch eine Verstärkung der vorwiegend „benutzten" Synapsen ein, so daß eine höhere Wahrscheinlichkeit entsteht, daß das geübte Bewegungsverhalten erneut bei einer bestimmten Bewegungsaufgabe auftritt.

Im Trainingsprozeß werden komplexe Bewegungstechniken zunächst in „Bausteinkomplexe" zur Lösung von Bewegungsaufgaben zerlegt, basierend auf bewegungsstrukturellen und lerntheoretischen Begründungszusammenhängen. Diese Bausteinkomplexe werden dann in methodisch gestaffelte „Übungsreihen" zusammengefaßt, die möglichst geradlinig und ohne Fehler zur richtig ausgeführten Zielbewegung führen sollen.

Gerade die leichtathletischen Sprünge bestehen aus einer Reihe von elementaren Bestandteilen, die in Form automatisierter Bewegungsbausteine abrufbar gespeichert vorliegen müssen, wenn sie im komplexen Ablauf effektiv eingesetzt werden können sollen: die kurze Spanne von 0,10 bis 0,20 sec, die der Absprungbodenkontakt dauert, ist viel zu kurz, als daß ein bewußtes Eingreifen oder Steuern möglich wäre.

Wie wird die „Technik" erlernt und verbessert?

Eine Untersuchung der Leistungsstruktur der Sprungdisziplinen zeigt schnell, daß konditionelle Faktoren wie Kraft, Schnelligkeit oder Beweglichkeit in den einzelnen Sprungdisziplinen – von generellen Tendenzen einmal abgesehen – in unterschiedlichem Maß und in unterschiedlicher Ausformung erforderlich sind. Was den Sprungdisziplinen jedoch gemeinsam ist, besteht in der Fähigkeit erfolgreicher Athleten, für das Erreichen von Höchstleistungen jeweils individuelle Lösungsmuster für unterschiedliche Voraussetzungs-„bündel" auszubilden. Diese individuellen Lösungsmuster – der „Stil" eines Athleten – basiert aber in den meisten Fällen auf einem von fast allen Athleten verfolgten Grundverfahren, eben der „Technik".

Die derzeit gängigen Techniken in der Leichtathletik haben im Verlauf langer Jahrzehnte des Wettbewerbs andere Techniken verdrängt. Alleiniger Maßstab ist dabei die Leistung, der Erfolg. So hat die Glasfibertechnik am biegsamen Stab im Stabhochsprung die Technik am starren Stab verdrängt, der Flop hat im Hochsprung den Straddle verdrängt.

Die Techniken der Sprungdisziplinen in der Leichtathletik zeichnen sich dadurch aus, daß Bewegungsmuster, die insgesamt (incl. Anlauf) ca. 4 - 5 Sekunden dauern und relativ variabel sind, im Hinblick auf das Erreichen einer bestimmten maximalen Höhe oder Weite optimiert werden sollen. Die Dauer einzelner Bewegungselemente ist dabei zum größten Teil so kurz, daß kein bewußtes Aufrufen und „Steuern" dieser Bewegungselemente möglich ist. Vielmehr wird in einem inneren Vorgang nach jeder Übungsdurchführung aus dem Gedächtnis das Bewegungserlebnis mit der angestrebten Bewegung verglichen und danach entschieden, ob die Bewegung „richtig" war und das Programm mit dieser positiven Rückmeldung verstärkt wird, oder ob eine Korrektur des Bewegungsverhaltens angebracht ist.

Die Bedeutung der Fehlervermeidung in der Technikausbildung

Spätere Weltklasse-Athleten beherrschen die wesentlichen Komponenten ihrer Zieltechnik bereits am Ende des Aufbautrainings. Dies wurde in verschiedenen vergleichenden Untersuchungen des Bewegungsverhaltens von Weltklasseathleten (zuerst im Jugendalter, später im Höchstleistungsalter) nachgewiesen. Durch das Vermeiden von Fehlern wird der Lernweg und die Lernzeit verkürzt. Die maximale Leistungsausprägung ist dann abhängig von der Entwicklung spezieller Schnellkraftkomponenten. Es werden nur noch sehr geringe Veränderungen des räumlich-zeitlichen Bewegungsmusters gemessen. Was sich deutlich verändert, ist jedoch die Höhe der Kraftspitzen in den Aktionsphasen.

Hartnäckigkeit von Fehlerkomplexen - Was sind „Fehler" und woher kommen sie?

In der praktischen Trainingsarbeit werden Fehler im Bewegungsablauf zu häufig als „unvermeidlich" hingenommen, und toleriert. Diese verbreitete mangelnde Hartnäckigkeit bei der Eliminierung hat sehr bald die Verfestigung von Fehlerbildern zur Folge.

Es ist von äußerster Wichtigkeit, daß Trainer und Athlet im Techniktraining zu einer intensiven Zusammenarbeit kommen, die hilft, Fehler zu vermeiden und direkt die Zieltechnik anzusteuern.

	Ursachenkomplex	Mögliche Maßnahmen
1	Der Fehler ist eine zwangsläufige Konsequenz aus vorhergehenden technischen Fehlern	Den ursächlichen Fehler durch eine Analyse des gesamten Bewegungsablaufs herausfinden und für diesen Fehler die Schritte 2-4 durcharbeiten
2	Die Bewegungsvorstellung für das fehlerhafte Bewegungselement fehlt oder ist falsch	Die fehlende oder falsche Bewegungsvorstellung durch geeignete „Soll-Werte" ersetzen (Bei Könnern zusehen, Bildreihe, Video...). Dabei die Bewegung nicht nur beobachten, sondern auch darüber sprechen, Bewegungsgefühle austauschen etc. Wichtig ist eine ausgeprägte bewußte Auseinandersetzung mit allen Aspekten (Biomechanik, Bewegungslehre, kinästhetische Empfindungen etc.) der „richtigen" Technik.
3	Die notwendigen koordinativ-technischen Grundvoraussetzungen für das fehlerhafte Bewegungselement fehlen	Grundlegende „Bausteine" des fehlerhaften Bewegungselementes erlernen. Beispiele: Erst wenn die grundlegenden Übungen der „Laufkoordination geradeaus" beherrscht werden, kann auch die korrekte Ausführung des Bogen-Anlaufs im Hochsprung, das Anlaufen mit dem Stab oder eine flüssige Absprungvorbereitung im Weitsprung beherrscht werden.
4	Die konditionellen Grundvoraussetzungen für das fehlerhafte Bewegungselement fehlen	Konditionelle Grundvoraussetzungen (insbesondere Beweglichkeit und/oder Kraft!) für das fehlerhafte Bewegungselement identifizieren, durch geeignete Maßnahmen entwickeln und schrittweise in den Bewegungsablauf integrieren. Für den Springer sind dies insbesondere eine ausreichende Streckfähigkeit in der Hüfte und eine ausreichende Fußkraft.

Tab. 11: Ursachenkomplexe für Technikfehler und mögliche Gegenmaßnahmen

Diese Zusammenstellung zeigt, daß sich alle möglichen Fehler im Rahmen einer Sprungbewegung auf drei Grundursachen (Ursachen 2-4, die erste Ursache soll lediglich klar machen, daß der Primärfehler für ein technisches Problem identifiziert werden muß, bevor er erfolgreich bekämpft werden kann) zurückführen lassen. Eine erfolgreiche Strategie für das *Techniktraining* muß also bestrebt sein, in allen drei Teilbereichen einzugreifen:

- Ausbildung einer korrekten Bewegungsvorstellung
- Schaffung elementarer Bewegungsvoraussetzungen (Bewegungsbausteine)
- Beseitigung konditioneller Defizite

Sprint-Sprung-ABC als Grundlage eines erfolgreichen Techniktrainings

Sprint/Sprung-ABC: Grundübungen

Darin sind Übungen zur elementaren Schulung des Laufens und Springens erfaßt, in denen noch keinerlei disziplinspezifische Aspekte ausgeprägt werden sollen.

Gemeint sind hier die die elementaren Grundmuster des Laufens und Springens (Aktiver Fußaufsatz mit schnellem Übergang exzentrische/konzentrische Muskelkontraktion, Abdruck, Beugen und Heben des Beines in der Schwungphase), die zunächst isoliert und später auch in Verknüpfungen bis hin zur Gesamtbewegung geübt werden.

Diese Aufgabe sollte bereits im Grundlagentraining gelöst worden sein. Wenn dies nicht der Fall ist, (z.B. bei Quereinsteigern oder Disziplinwechslern) muß diese Aufgabe im Aufbautraining nachgeholt werden. Dies sollte früh genug geschehen, um keine Verfestigung von Fehlerbildern beim Üben der komplexen Zieltechniken in Kauf zu nehmen.

Disziplinspezifische Sprint/Sprung-ABCs

In allen vier Sprungdisziplinen werden Grundübungen der technischen Ausbildung vorgeschlagen, mit deren Hilfe die koordinative Grundstruktur der komplexen Zieltechnik Schritt für Schritt erlernt werden kann. Diese Übungsprogramme werden im Disziplinspezifischen Teil des in den jeweiligen Kapiteln erläutert.

Hinweise zur Optimierung des Technik-Trainings

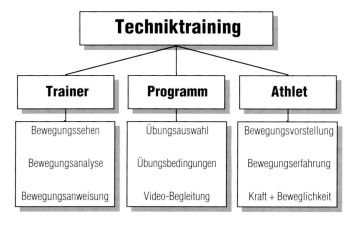

Abb. 17: Gestaltungsmöglichkeiten zur Optimierung des Techniktrainings

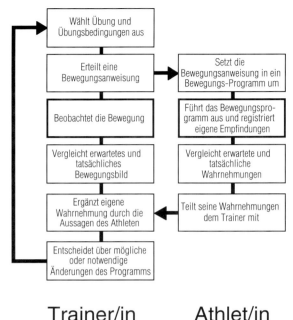

Abb. 18: *Ablauf der Zusammenarbeit von Trainer und Athlet/in im Techniktraining*

Das Techniktraining ist ein Bereich, in dem eine Vielfalt von Faktoren zum Gelingen oder Mißlingen beitragen können. Anders als in den meisten anderen Trainingsbereichen ist es auch von entscheidender Bedeutung, wie kompetent der Trainer ist und wie gut er mit dem Athleten kommuniziert.

Die untenstehende Abbildung zeigt auf, welche Faktoren im einzelnen gestaltet werden können und müssen, wenn „Techniktraining" stattfindet. Es wird deutlich, daß – ob bewußt oder nicht – eine ganze Reihe von Variablen die Effektivität des Techniktrainings beeinflussen.

Hilfen zu einem verbesserten Bewegungssehen in den Sprungdisziplinen sind in „Sichtmodellen" zusammengefaßt, in dem die Kontrollpositionen des technischen Bewegungsablaufs jeweils angegeben werden, die für den Trainer sichtbar sind.

Der Trainer orientiert sich am Technikmodell, dem „Sollwert" und wirkt als „Regler" mit Hilfe bestimmter Methoden und Maßnahmen auf den Sportler ein.

Im kybernetischen Regelkreis-Modell des „Motorischen Lernens" vergleicht er das momentane Können mit dem angestrebten Leitbild und wählt, da er das konkrete Bewegungsverhalten des Athleten sieht und seine Leistungsvoraussetzungen kennt, bestimmte Maßnahmen aus, um die Übungsausführung seines Springers dem Leitbild anzunähern. Prinzipiell ist dabei der Ablauf in nebenstehender Abbildung denkbar.

Hinweise für das Video-gestützte Technik-Training

Die Verwendung eines Video-Recorders ist heute für viele Trainer eine Selbstverständlichkeit. In den vergangenen Jahren ist parallel zur schrittweisen Erforschung des motorischen Lernens auch die Methodik der Anwendung des Video-Recorders als Trainingshilfe verbessert worden.

Während die Möglichkeit, das Abbild der eigenen Bewegung innerhalb von wenigen Sekunden prinzipiell eine hervorragende Hilfe beim Techniktraining darstellt, sind doch einige Aspekte der Anwendung problematisch und sollten zu einer sorgfältigen Planung des Videoeinsatzes führen. Probleme können insbesondere sein:

- Video-Einsatz erschwert die Organisation des Trainings insbesondere in der Gruppe und kann den zeitlichen Ablauf des Trainings stören;
- Zu oftmaliges Betrachten der *Außenansicht* der eigenen *fehlerhaften* Bewegung erschwert die Ausbildung der *korrekten internen* Bewegungsvorstellung.

In den folgenden *zehn Hinweisen zur Optimierung des Video-Einsatzes* werden die wesentlichen aktuellen Erkenntnisse zur Optimierung des Video-Einsatz im Techniktraining zusammengefaßt[4]:

1. Durch „kognitive Vororientierung" (bewußte Beschäftigung mit dem technischen Leitbild) und visuelle Aufmerksamkeitslenkung sind kongruente Wahrnehmungsmuster (zwischen Trainer und Athlet) sicherzustellen: Die ausgewählten videographischen Merkmale sind vor dem Videotraining eindeutig festzulegen.
2. Da sportmotorisches Lernen als Prozeß der Fehlerreduktion zu verstehen ist, ist grundsätzlich die visuelle Darstellung von Soll-Ist-Diskrepanzen erforderlich.
3. Der Zeitraum zwischen Bewegungsausführung und Videofeedback sollte möglichst klein gehalten werden (≤ 60 Sekunden), wobei auf „kinästhetisches Rehearsal" (das nochmalige Ablaufenlassen des „inneren Films" der soeben absolvierten Bewegung) hingewirkt werden sollte.
4. Zwischen den Bewegungsausführungen und dem Videofeedback ist die Selbsteinschätzung der Soll-Ist-Diskrepanz einzufordern. Prozeßfremde Zusatzaktivitäten motorischer und/oder kognitiver Art sind dagegen zu vermeiden.
5. Ständiges Videofeedback erscheint nicht sinnvoll, da der Einbau feedbackfreier Versuche die Lernleistung steigert. Besonders geeignet ist eine systematische Reduktion der Häufigkeit des Videofeedbacks (Videotraining).
6. Auch ein geblocktes Videofeedback nach einer ganzen Übungssequenz (Versuchs-verzögertes Feedback) scheint für das Lernen geeignet.
7. Videotraining ist dann am wirkungsvollsten, wenn der Lernende an diese Trainingsform gewöhnt ist.
8. Das Videotraining vor Ort sollte durch observatives Heimtraining ergänzt werden. Dem Lernenden sollten für ein Videotraining zu hause Videoaufzeichnungen von Sollwertpräsentationen (dem technischen Leitbild) sowie Aufzeichnungen eigener, besonders gelungener Versuche bereitgestellt werden.

---

[4] Unveröffentlichtes Seminar-Handout von Prof. Reinhard Daugs, geringfügig modifiziert.

9. Videotraining beeinflußt die Trainer-Athleten-Kommunikation durch Objektivierung und größere Transparenz der Trainingsstruktur, der Leistungserfassung und der Bewertungskriterien.
10. Als pädagogisches Ziel des Videotrainings ist der „mündige Videoathlet" anzustreben. Videoaufzeichnungen sind persönliche Daten, die auch im allgemeinen Rahmen des Datenschutzes zu sehen sind.

Organisation: Plazierung und Dauer des Techniktrainings

Ein wichtiger organisatorischer Aspekt der Gestaltung des Techniktrainings liegt in der Frage begründet, zu welchem Zeitpunkt innerhalb einer Trainingseinheit Techniktraining plaziert werden sollte.

Traditionelle Auffassungen gingen davon aus, daß im Aufbau einer Trainingseinheit ein Zeitpunkt möglichst bald nach dem Aufwärmen sinnvoll ist, wenn der Athlet noch frisch und aufnahmefähig ist. In einem zweiten Stundenschwerpunkt waren dann konditionelle Beanspruchungen vorzusehen.

LEHNERTZ (1991) hat zu recht darauf aufmerksam gemacht, daß der eigentliche Lernvorgang, die Konsolidierung der Innervationsmuster, im Zeitraum nach dem Techniktraining stattfindet. Deshalb sollte entweder das Techniktraining am Ende der Trainingseinheit plaziert werden, oder aber eine völlig andere Bewegungsanforderung nach dem Techniktraining plaziert werden.

Daraus ergeben sich jedoch Konsequenzen für den Trainingsaufbau insgesamt. Lehnertz schlägt deshalb vor, den Wochentrainingsaufbau entsprechend anzupassen, mit Technikschwerpunkten in der ersten, und Konditionsschwerpunkten in der zweiten Wochenhälfte.

Da dies im Nachwuchstraining häufig an organisatorischen Zwängen scheitert, können folgende Empfehlungen als Kompromißlösungen gegeben werden:

Beispiele für einen günstigen Aufbau der Trainingseinheit:

Aufwärmen – Techniktraining

Aufwärmen – Gekürztes Programm Schnelligkeit oder Spezielle Kraft – Technik

Aufwärmen – Techniktraining – Allgemeines Konditionstraining

Beispiel für fehlerhaften Aufbau – unbedingt vermeiden:

Aufwärmen – Techniktraining – Spezielles Konditionstraining

Es gilt die *Grundregel*, daß jede unnötige „falsche Bewegung" vermieden werden sollte: Sind nach vier bis fünf Versuchen keine Verbesserungen festzustellen, muß das Trainingsprogramm (Übungsbedingungen, Übungsauswahl etc.) verändert werden.

Die *Dauer* des Techniktrainings sollte bis an den Punkt führen, an dem vorher gut gelungene Wiederholungen schlechter werden. Dies bedeutet, daß in der Regel zwischen 20 und 45 Minuten Techniktraining ausreichen. Stundenlanges „Kämpfen" um das „richtige Gefühl" ist nicht sinnvoll, da mit Sicherheit die Vielzahl mißlungener Versuche einige wenige gute Ausführungen im Bewegungsgedächtnis überdecken würde.

Zusammenfassung: Grundsätze des Techniktrainings

- Die richtige Technik wird durch *vielmalige Wiederholung der richtigen Bewegungsausführung* erworben.
- Zum Erlernen einer Bewegung ist zunächst die *richtige Bewegungsvorstellung* erforderlich.
- *Fehlerhafte* Bewegungsausführungen sollten *unbedingt vermieden* und ihre Ursache bekämpft werden.
- Ursachen fehlerhafter Bewegungen können sein: Vorhergehende Fehler, fehlende konditionelle Voraussetzungen, fehlende Basisfertigkeiten, fehlende oder falsche Bewegungsvorstellung.
- Das Techniktraining sollte am Ende der Trainingseinheit plaziert sein, um eine Konsolidierung der gebahnten Bewegungsprogramme zu ermöglichen. Falls dies nicht möglich sein sollte, sind völlig andere Inhalte (auf keinen Fall spezielles Krafttraining, Sprungkrafttraining, Schnelligkeitstraining, sondern evtl. allgemeines Krafttraining, Gymnastik, Turnen, Jogging etc.) danach plaziert werden.

Abb. 20: Sprinttechnik des Springers

1.4.3 Entwicklung der Schnelligkeit

Springer müssen schnell sein. Das führen uns die weltbesten Athleten eindrucksvoll vor: Carl Lewis beherrschte lange Jahre nicht nur den Weitsprung, sondern auch den 100- und 200-m-Lauf. Im Frauenbereich gilt dies ebenso für Heike Drechsler, wie in früheren Jahren für eine Heide Rosendahl oder einen Sepp Schwarz. Ausnahmen gibt es zwar, sie bestätigen jedoch nur die Regel, daß Schnelligkeit für Springer eine herausragende Bedeutung besitzt.

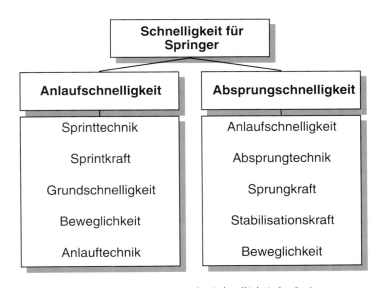

Abb. 19: Die Bedeutung und Voraussetzungen der Schnelligkeit für Springer

Die „funktionelle Grundstruktur der Sprünge" wirft für den Springer vor allem zwei „Schnelligkeitsaufgaben" auf:

a) *„Schnell Anlaufen"*
Die *Maximierung der Anlaufgeschwindigkeit* schafft eine möglichst hohes Bewegungspotential für den Sprung im Anlauf. In den Horizontalsprüngen und dem Stabhochsprung zeigt sich eine hohe Abhängigkeit der gemessenen Wettkampfleistung von der Anlaufgeschwindigkeit: Springer mit hohen Anlaufgeschwindigkeiten erreichen in der Regel bessere Ergebnisse als Springer mit niedrigeren Anlaufgeschwindigkeiten.

b) *„Schnell Abspringen"*
bedeutet die *Minimierung der Bodenkontaktzeit* („schnell Abspringen") im Absprung zur Erhöhung der mechanischen Leistung (Kraftwirkung pro Zeiteinheit) zur möglichst effektiven Umformung des „ungerichteten" in „gerichtetes" Bewegungspotential im Absprung durch „spezielle Kraft" oder „Schnellkraft". Es muß dem Springer gelingen, im Lauf der sehr kurzen Bodenkontaktzeit (0,10 bis 0,20 sec) einen möglichst großen, optimal gerichteten Kraftstoß zu erzeugen.

Zur Methodik der Schnelligkeitsentwicklung verweisen wir auf den Band „Grundprinzipien".

Wie kann eine schnelle Bewegung realisiert werden?

Schnelligkeit kann unter vielen unterschiedlichen Gesichtspunkten (physikalisch, physiologisch, psychologisch etc.) definiert werden. GROSSER (1991) schlägt folgende Definition für den Sport vor:

„Definitorisch versteht man unter Schnelligkeit im Sport die Fähigkeit, aufgrund kognitiver Prozesse, maximaler Willenskraft und der Funktionalität des Nerv-Muskel-Systems höchstmögliche Reaktions- und Bewegungsgeschwindigkeiten unter bestimmten gegebenen Bedingungen zu erzielen."

Spätestens hier wird deutlich, daß „Schnelligkeit" im Sport keine isolierte Einzelfähigkeit, sondern ein hochkomplexes Bündel von Fähigkeiten ist, die auf dem abgestimmten Funktionieren verschiedenster Organsysteme beruhen. Die Realisierung von Bewegungen muß folgende Anforderungen erfüllen, wenn ihre Schnelligkeit maximal ausgeprägt sein soll:

- „Richtiges" Bewegungsmuster, „richtige" Technik;
- Schneller Kraftanstieg im Muskel (Rekrutierung und Frequenzierung der beteiligten Muskelfasern);
- Ausnutzung von automatisierten Bewegungsabläufen und Reflexen;
- Ausreichend hoher Zufluß von Energie im Muskel zur Aufrechterhaltung der Bewegungsintensität während der gesamten Bewegungsdauer.

Wie wird ein Springer schnell?

Die spezifischen Schnelligkeitsaufgaben für Springer „Schnell anlaufen" und „Schnell abspringen" können nur dann erfolgreich gelöst werden, wenn alle ihnen zugrundeliegenden Fähigkeitskomplexe im Trainingsprozeß möglichst umfassend im Hinblick auf diese beiden Teilaufgaben entwickelt werden.

In den letzten Jahren hat eine Forschungsrichtung an Boden gewonnen, die die Bedeutung elementarer Leistungsvoraussetzungen gerade für die komplexen Schnelligkeitsfähigkeiten in der Leichtathletik hervorgehoben haben.

	Funktion	Leistungsvoraussetzungen
Fähigkeitskomplex 1	Die **Bewegungssteuerung** (räumliche, zeitliche und dynamische Steuerungskomponenten)	Technik, Schnelligkeit, Kraft, Beweglichkeit Zyklisches und azyklisches Zeitprogramm
Fähigkeitskomplex 2	Die **Energiebereitstellung** für bestimmte Bewegungen (Abhängig von der Dauer bestimmter Bewegungen)	Spezielle Ausdauer (insbesondere Kurzzeitausdauer: anaerob-alaktazide Kapazität und Flußrate)
Fähigkeitskomplex 3	**Handlungskompetenz** in Training und Wettkampf	Motivation, Konzentrationsfähigkeit, Reaktionsfähigkeit, Mobilisationsfähigkeit, Willens- und Entschlußkraft, Zielstrebigkeit und Beharrlichkeit

Tab. 12: Schnelligkeitsrelevante Fähigkeiten

Die *Handlungskompetenz in Training und Wettkampf* als Voraussetzung für Spitzenleistungen wurde bisher häufig unterschätzt. Jedoch zeigt bereits der Blick auf die von Athleten unterschiedlich gestalteten und erlebten Trainings- und Wettkampfsprünge mit häufig sehr unterschiedlichen Leistungen, daß das Handlungssystem „Athlet" nicht auf seinen Bewegungsapparat und den Stoffwechsel reduziert werden darf: die Handlungssteuerung im Training und die Anpassung an die besonderen

Bedingungen im Wettkampf schaffen erst die Voraussetzungen für den optimalen Einsatz der Kraft-, Schnelligkeits- oder Ausdauervoraussetzungen.

Schnelligkeitsleistungen setzen dabei ein besonderes Maß an Konzentrationsfähigkeit, Reaktionsfähigkeit, Mobilisationsfähigkeit und Willens- und Entschlußkraft voraus. Motivation trägt zum Erfolg des Trainings genauso wie zum Erfolg im Wettkampf bei. Auch diese Fähigkeiten können und müssen planvoll im Training entwickelt werden! Hier kommen die pädagogisch-psychologischen Fähigkeiten eines Trainers zur Wirkung.

Bewegungsbeschreibung des Sprint-Schritts für den Springer

Phase	Beginn	Ende	Funktion	Charakter
Vordere Stützphase	Aufsetzen des Fußes auf den Boden	Vertikalmoment (senkrechte Projektion des Stützpunktes zum KSP)	Stützfunktion Landedruck zu amortisieren Schnelle Überwindung des Stützes	Schwungbein aktiv nach unten hinten - fast gestreckt - in der Nähe der KSP-Projektion (= geringer Verlust an Horizontalgeschwindigkeit) Fußaufsatz auf dem Außenrist
Hintere Stützphase	Vertikalmoment	Lösen des Fußes vom Boden	Stützfunktion Größe und Richtung der Abdruckkraft bestimmt die Beschleunigung	Hohe Ferse (Plantarflexion) Hüft- und Knie-gelenkstreckung Aktive Arme
Hintere Schwungphase	Lösen des Fußes vom Boden	Vertikalmoment (Schwungbein überholt Stützbein)	Schwungfunktion Entspannung Vorbereitung des Kniehubs	Anfersen des Schwungbeines zum Gesäß (kurzes Pendel = Schwungmassenverlagerung)
Vordere Schwungphase	Vorführen des Schwungbeines aus dem Vertikalmoment	Aufsetzen des Fußes auf den Boden	Schwungfunktion Vorspannung Gestaltung und Einfluß auf Schritt-länge und -frequenz Vortriebsimpuls	Kniehub Unterschenkel vortrieb und Senkung des Oberschenkels nach unten-hinten Schwungbeinfuß in Dorsalflexion

Tab. 13: Bewegungsbeschreibung des Sprint-Schritts für den Springer

Zusammenfassung: Grundsätze des Schnelligkeitstrainings

- Nur „richtige" Bewegungen können auch schnell ausgeführt werden!
- Schnelligkeitstraining erfordert einen ausgeruhten Körper und volle Konzentration!
- Elementares Schnelligkeitstraining bereitet komplexes Schnelligkeitstraining vor!

Im Jahresaufbau:

- Die Schnelligkeit muß ganzjährig trainiert werden!
  Die rasche Anpassung gerade des neuromuskulären Systems an die aktuellen Trainingsreize kann zur Ausbildung „langsamer Techniken" in den Vorbereitungsabschnitten führen.
- Die Grund-Schnelligkeit muß variabel trainiert werden!
  Alle Trainingsmaßnahmen, die die Grundschnelligkeit (Beschleunigungsfähigkeit und maximale Sprintfähigkeit) entwickeln sollen, müssen sich durch eine hohe Variabilität der eingesetzten Übungen auszeichnen.
- Rechtzeitig den Anlauf schulen!
  Mit der Verbesserung der Grundschnelligkeit ist es nicht getan: Auch der Wettampfanlauf muß an ein höheres Schnelligkeitsniveau angepaßt werden.
- Die Anlauf-Schnelligkeit muß zusammen mit der Anlaufgenauigkeit entwickelt werden!
  Das bedeutet, daß ein stabiles rhythmisches Schrittmuster entwickelt werden muß, um neben einer maximalen Geschwindigkeitszunahme auch eine stabile Anlauflänge zu erzielen.

Im Wochentrainingsplan:

- Schnelligkeits-Schwerpunkte im Wochenplan an maximal zwei bis drei von fünf Trainingstagen mit mindestens einem, besser zwei Tagen Abstand!
- Schnelligkeits-Schwerpunkte nicht direkt nach sehr stark belastenden Trainingseinheiten durchführen!

In der Trainingseinheit:

- Zwischen Schnelligkeitsreizen ausreichend Pausen einplanen!
  Faustregel: Pro 10 Meter maximalem Sprint eine Minute Pause
- Bei schnelligkeitsorientierten Aufgaben volle Konzentration und maximalen Einsatz sicherstellen!
- Kein Schnelligkeitstraining nach Techniktraining innerhalb einer Trainingseinheit!

1.4.4 Entwicklung der Kraft

In der funktionellen Analyse der Sprünge ist deutlich geworden, daß in der Absprungphase spezielle Kraftfähigkeiten einen großen Einfluß auf die Optimierung des Sprungergebnisses haben. Auf den folgenden Seiten soll daher in knapper Form die Bedeutung des Faktors „Kraft" für Sprungergebnisse" noch einmal geklärt, und die methodische Entwicklung der Kraft dargestellt werden.

Bedingungsfaktoren für die Kraftentwicklung

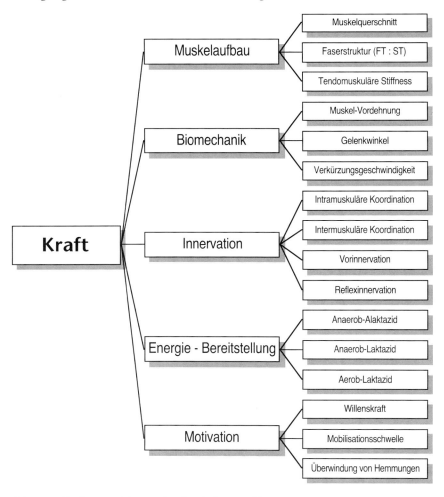

Abb. 21   Bedingungsfaktoren für die Kraftentwicklung

Die obige Darstellung klärt die Faktoren auf, die zur Kraftentwicklung beitragen. Es wird klar, daß es im wesentlichen Mechanismen der *Energie-Bereitstellung*, der *Koordination* und der *Motivation* sind, die auf der Grundlage gegebener körperlicher Voraussetzungen für die Entwicklung von Kraftwirkungen sorgen.

Kraftarten und ihre Komponenten

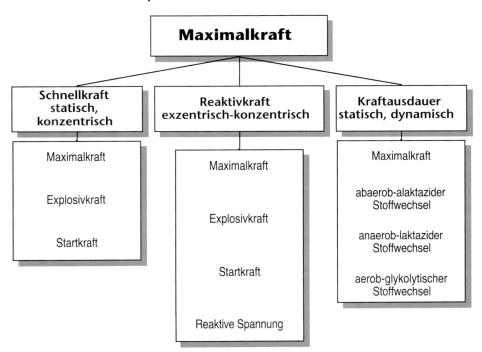

Abb. 22: *Kraftarten und ihre Komponenten*

Die Maximalkraft wird heute als Basisvoraussetzung für die Entwicklung spezialisierter Kraftarten gesehen. Daraus leitet sich die Methodik der Kraftentwicklung ab, wie sie auf den folgenden Seiten mit den wesentlichen Variablen der praktischen Trainingsgestaltung dargestellt wird.

Methoden des Krafttrainings

Der Kraftaufbau für die Sprungdisziplinen der Leichtathletik läßt sich in den folgenden drei *methodischen Schritten* zusammenfassen:

	1. Methode der „erschöpfenden kontinuierlich-schnellen Krafteinsätze" (Schnelligkeitsorientierte Maximalkraftmethode)	2. Methode der „explosiven maximalen Krafteinsätze" (Maximalkraftmethode IK)	3. Methode der „explosiv-ballistischen Krafteinsätze" (Schnellkraftmethode)
AW:	konzentrisch-exzentrisch, kontinuierlich, schnelle Bewegungsumkehr	konzentrisch	konzentrisch
I:	submaximal	maximal	maximal
Last:	30 - 50%	80 - 90 %	30 - 40 %
BG:	schnellstmöglich	zügig - explosiv	explosiv - schnell, Last geht in freien Flug über
Wdh:	15 - 25 pro Serie	1 - 5 pro Serie	6 - 8 pro Serie
P:	5 min und mehr	3 - 5 min	3 - 5 min
U:	3 - 5 Serien pro Übung	4 - 6 Serien pro Übung	3 - 5 Serien pro Übung
Übungsgruppen	Übungen, die eine hohe Wiederholungszahl in hoher Geschwindigkeit zulassen	Übungen, die eine hohe Last bei hoher Sicherheit zulassen	Allgemeine und spezielle Schnellkraftübungen
Wirkung	Selektive Hypertrophie der FT-Fasern Kraftanstieg Kontraktionsgeschwindigkeit Alaktazider und laktazider Stoffwechsel	Hohe Frequenzierung und Rekrutierung (= intramuskuläre Koordination) Verringerung des Kraftdefizits Verbesserung der relativen Kraft Verbesserung des Kraftanstiegs, der statischen und konzentrischen Schnellkraft	Ausprägung einer Stoß-innervation Übergang in den freien Flug) Hohe Anfangsrekrutierung von FT-Einheiten Verbesserung der Intramuskulären koordination Verbesserung der Intermuskulären Koordination Verbesserung der Kontraktionsgeschwindigkeit beider Fasertypen
Zeitraum	ca. 4 - 6 Wochen, zweimal pro Woche	ca. 3 - 4 Wochen, zweimal pro Woche	ca. 4 - 6 Wochen, zweimal pro Woche

Tab. 14: Methodik des Krafttrainings für Springer

Die Abkürzungen bedeuten: „AW" = „Arbeitsweise", „I" = „Intensität", „Last" = „Zusatzbelastung" in % des Maximalgewichts, „BG" = „Bewegungsgeschwindigkeit", „P" = „Pausen" (in min), „U" = „Umfang" (Serien pro Übung pro Trainingseinheit). Alle Angaben beziehen sich auf ein „fortgeschrittenes Anfängerstadium", wie wir es im Aufbautraining vorfinden.

Krafttraining mit der Langhantel

Die Kraftarbeit mit Hilfe von Zusatzgewichten gehört nach wie vor zum verbindlichen Übungskatalog des Springers, auch wenn neuere Überlegungen im Bereich der Gymnastik und im Bereich des Krafttrainings mit Spezialgeräten die Arbeit mit der Langhantel in seiner Bedeutung etwas relativiert haben.

Unter der Voraussetzung, daß eine ausreichende und umfassende Kräftigung mit anderen Mitteln stattgefunden hat, und höhere Zusatzgewichte notwendig werden, um das Krafttraining effektiv bleiben zu lassen, sind die klassischen Übungen an der Langhantel für den Springer – Umsetzen, Reißen und Kniebeuge – unverzichtbar. Die folgende Übersicht erklärt die korrekte Ausführung dieser Übungen, und macht auf die wichtigsten Fehlerbilder aufmerksam.

Die Belastungssteuerung kann etwa so aussehen, daß im ersten Abschnitt des Aufbautrainings im Winterhalbjahr eine gelegentliche Schulung der Hebetechnik erfolgen kann. Die weitere Steigerung der Zusatzlast erfolgt dann ganz kontinuierlich, so daß diese Übungen am Ende des Aufbautrainings zum festen Bestandteil des Trainingsprogramms gehören.

Bei der Einführung dieser Übungen wird zunächst in langsamer Geschwindigkeit, z.B. mit einem Besenstiel o.ä. geübt. Wenn der Bewegungsablauf gut beherrscht wird, kann die leere Hantelstange verwendet werden, und schließlich werden leichtere Zusatzlasten aufgelegt. Die Steigerung dieser Zusatzlasten orientiert sich an den Erfordernissen eines wirksamen Trainingsreizes, wobei äußerst vorsichtig vorgegangen werden sollte.

Im Verlauf des Aufbautrainings sollten dann zunehmend speziellere Krafttrainingsformen angewandt werden. Dabei wird in der Übungsauswahl das Schwergewicht zunehmend von beidbeiniger Ausführung hin zur einbeinigen Ausführung verschoben, und in der Wahl der Trainingsmethodik verdrängen exzentrische Krafttrainingsmethoden die konzentrischen Methoden.

Umsetzen in den Stand

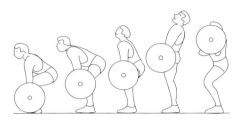

Abb. 23   Umsetzen in den Stand

Bewegungskriterien	Wichtigste Fehlerbilder
Erfassen der Hantel mit schulterbreitem Griff	
Die Fußstellung ist hüftbreit und die Fußspitzen sind etwas nach außen gedreht	
Nachdem die Hantel kurz über den Knien ist, werden die Knie- und Hüftgelenke explosiv gestreckt	Zu Beginn der Streckphase ist der Rücken krumm, die Arme gebeugt oder das Gesäß zu hoch und damit der Kniewinkel zu groß
Der Rücken ist gerade und angespannt	
Beim vollständigen Strecken der Knie- und Hüftgelenke werden die Schultern angehoben und die Arme leicht eingebeugt	Die Hantel wird zu weit vor dem Körper nach oben gezogen.
Die Ellbogen werden schnell unter die Hantelstange nach vorn-oben geführt und die Hantel auf die Brust umgesetzt	
Der Übergang von der Zug- in die Umsetzphase erfolgt dabei ohne Pause	

Tab. 15:   Bewegungskriterien und wichtigste Fehlerbilder im „Umsetzen in den Stand"

Reißen in den Stand

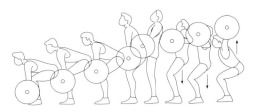

Abb. 24   Reißen in den Stand

Bewegungskriterien	Wichtigste Fehlerbilder
Erfassen der Hantel mit breitem Griff;	
Hüftbreite Fußstellung, die Fußspitzen zeigen etwas nach außen;	
Arme sind gestreckt, der Rücken ist gerade und angespannt;	Der Rücken ist krumm Die Arme sind gebeugt
Die Schultern befinden sich senkrecht über der Hantel, der Kopf wird gerade gehalten;	
Die Bewegung wird eingeleitet durch gleichzeitiges Strecken in Beinen und Hüfte;	
Das Gesäß muß in dieser Zugphase lange tief gehalten werden;	Gesäß ist angehoben, der Kniewinkel zu groß
Nach der völligen Bein- und Hüftstreckung erfolgt ein Anheben der Schultern und das Einsetzen des Armzugs;	Die Hüfte wird nicht gestreckt
Die Fersen sind in dieser Phase vom Boden gelöst (Übergang in den Zehenstand);	
Die Hantel wird während der gesamten Bewegung dicht am Körper entlang gezogen.	

Tab. 16:   Bewegungskriterien und Hauptfehler im „Reißen in den Stand"

Kraft- und Sprungkrafttraining

Tiefkniebeuge mit Halten der Hantel vor der Brust (Kniebeuge „vorn") oder auf den Schultern (Kniebeuge „hinten")

Abb. 25   Kniebeuge „vorn"

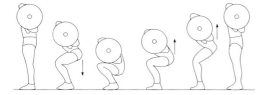

Abb. 26   Kniebeuge „hinten"

Anmerkung: Das Erreichen der Position 3 in den beiden Darstellungen zur Tiefkniebeuge ist nicht unbedingt erforderlich. Die Position 4 (Oberschenkel etwa bodenparallel) ist als ausreichend anzusehen.

Bewegungskriterien	Wichtigste Fehlerbilder
Achte beim Kniebeugen auf die Spannung in der Rückenmuskulatur und drücke die Brust heraus;	Oberkörper ist vorgebeugt;
Beim Üben eine schulterbreite Fußstellung einnehmen, Fußspitzen zeigen etwas nach außen;	Fußstellung zu breit oder zu eng
Nur so tief in die Hocke gehen, daß der Rücken noch gerade bleibt und die Fußsohlen ganz auf dem Boden bleiben können;	Einknicken der Füße oder der Knie
Die Abwärtsbewegung wird bei der Einzelübung langsam ausgeführt;	
Die Füße bleiben mit der ganzen Fläche am Boden;	
Der Knopf wird während der ganzen Bewegung gerade gehalten	

Grundsätze des Sprungkrafttrainings

Der Kernbereich des Krafttrainings für Springer ist das Sprungkrafttraining. Die für den Springer entscheidende „explosiv-reaktiv-ballistische" Muskelspannung wird auf der Basis der Maximalkraftentwicklung im langjährigen Trainingsprozeß in vielfältiger Form entwickelt und bereitet in enger Kopplung mit der *Technikschulung* eine optimale Sprungkraftentfaltung (Kraft - Zeit - Charakteristik) vor.

Es sollen im wesentlichen drei Übungsgruppen unterschieden werden, die im Aufbautraining von Interesse sind:

1. *Beidbeinige Sprungübungen*

Beidbeinige Sprungübungen sind technisch unspezifischer und weniger intensiv in ihrer Wirkung als die anderen Sprungübungen. Sie sind vorwiegend vertikal orientiert. Daher dienen sie vorwiegend der *vorbereitenden* Belastungsgestaltung im 1. und 5. Mesozyklus.

Varianten reichen von Hüpfspielen im Sprunggarten über einfache Hüpfübungen auf und über Kastenteile bis hin zu maximalen beidbeinigen Hürdensprüngen oder Schlußsprungserien.

Ein *spezielles Einsatzgebiet* der beidbeinigen Sprungübungen ist in der zielgerichteten Ausbildung der Reaktivität der Fuß- und Wadenmuskulatur zu sehen, da im beidbeinigen Stütz kürzere Bodenkontaktzeiten erzielt werden können, als im einbeinigen Stütz..

Bei niedriger Intensität können Wiederholungszahlen von 25-30 Sprüngen pro Serie erreicht werden, während in höchster Intensität nicht mehr als maximal 6 - 8 aufeinanderfolgende Sprünge erfolgen sollten.

2. *Ein- und wechselbeinige Sprungübungen*

Sprungläufe, Wechselrythmen und Einbeinhops in allgemeiner oder disziplinspezifisch differenzierter Form bilden den Kernbereich des Übungsguts. Ihre Orientierung ist vorwiegend *horizontal*, wobei unterschiedliche Bewegungsgeschwindigkeiten möglich sind.

Als Faustregel für die *Anauflänge* zu horizontalen Sprungserien gilt: Es sollte während der Sprungserie eine *leichte Steigerung der Sprunggeschwindigkeit* zu beobachten sein. Fällt die Sprunggeschwindigkeit während einer Serie ab, war die Anfangsgeschwindigkeit zu hoch; der Anlauf ist zu reduzieren.

Auch hier können in niedriger Intensität durchaus 25 bis 30 aufeinanderfolgende Sprünge oder mehr erfolgen. Im ersten oder 5. MEZ können z.B. Sprunglaufserien in niedriger Intensität über 50 bis 100 Meter durchgeführt werden. Bei submaximalen Sprungkrafttests sind höchstens zehn aufeinanderfolgende Sprünge sinnvoll (z.B. Zehnersprunglauf aus dem Stand oder mit bis zu 5 Anlaufschritten), bei maximalen

Tests aus größeren Anlauflängen nicht mehr als sechs aufeinanderfolgende Absprünge.

3. *Spezielle Absprungübungen*

Die speziellen Absprungübungen verknüpfen das Krafttraining mit dem Techniktraining und stellen die speziellsten Formen der Sprungkraftentwicklung dar.

Die Ausführungshinweise richten sich nach den Erfordernissen des Bewegungsablaufs der Disziplin; spezielle Hinweise können daher den Disziplinkapiteln entnommen werden.

In jedem Fall sollte der Anteil der speziellen Absprungübungen im Verlauf des Aufbautrainings sehr *vorsichtig* gesteigert werden. Im Vordergrund des Trainings muß mit Rücksicht auf langfristige Entwicklungsperspektiven die Erarbeitung einer lückenlosen funktionellen Kette von Mobilitäts- und Stabilitätsanforderungen an Wirbelsäule, Hüfte, Knie und Fuß stehen.

Bewegungsbeobachtung und Bewegungskorrektur bei Sprungübungen

Die beiden Bildreihen zeigen Beispiele für eine vorbildliche Ausführung zweier Hauptübungen der Sprungkraftausbildung, eine Serie von Einbeinsprüngen oder „Hops" (oben), sowie beidbeinige Hürdensprünge (unten). Die Beobachtungsmerkmale können so zusammengefaßt werden:

Beidbeinsprünge	**Wechsel- und Einbeinsprünge**
Enge bis hüftbreite Fußstellung!	Aktiver Fußaufsatz auf der ganzen Sohle mit Vorinnervation der gesamten Streckschlinge, die sich durch beginnende Streckung aller Gelenke vor dem Bodenfassen zeigt
Energischer Schwungeinsatz beider Arme bis in Augenhöhe, dann abruptes Abbremsen mit Impulsübertragung!	
Kürzestmögliche Bodenkontaktzeit!	Sofortiger Übergang in den Ballenstütz!
Minimale Beugewinkel!	Kürzestmögliche Bodenkontaktzeit!
Knie weichen nicht aus!	Minimale Beugewinkel!
Zehen zeigen während des Bodenkontakts leicht nach außen oder sind parallel!	Energischer Einsatz der Schwungelemente!
Sofortiger Übergang in den Ballenstütz!	Vollständige Absprungstreckung in Hüfte, Knie und Fuß!
Vollständige Streckung in Hüfte, Knie und Fuß bei Verlassen des Bodens!	Kurzzeitiges Aufrechterhalten und Stabilisieren der Abflugposition!
Kurzzeitiges Aufrechterhalten und Stabilisieren der Abflugposition!	Aktives Ausgreifen und Bodenfassen zum nächsten Absprung!
	Keinen Geschwindigkeitsabfall innerhalb der Sprungserie zulassen!

Tab. 17: Bewegungsbeobachtung und Bewegungskorrektur bei Sprungübungen

Abb. 27: Einbeinsprünge

Abb. 28: Beidbeinige Vertikalsprünge

Kraft- und Sprungkrafttraining

Teil 2: Die Sprungdisziplinen in der Leichtathletik

Im nun folgenden disziplinspezifischen Teil werden aus der Sicht der leichtathletischen Sprungdisziplinen die jeweils gültigen Technikmodelle, trainingsmethodischen Hauptaufgaben und Besonderheiten bei der Belastungsgestaltung erläutert. Dabei werden im wesentlichen die Fachaussagen der derzeit verantwortlichen DLV-Trainer dargestellt. Die Gliederung der einzelnen Kapitel orientiert sich, soweit möglich, an einem einheitlichen Grundschema, das die Lesbarkeit des gesamten Buchs erhöhen soll:

1 Charakteristik der Disziplin und biomechanische Grundlagen

2 Beschreibung des technischen Leitbildes und der erforderlichen konditionellen Grundlagen für das Leistungsniveau im Aufbautraining

3 Trainingsmethodische Hauptaufgaben und Lösungswege

4 Besonderheiten der Disziplin

2.1 Hochsprung

Oberflächlich betrachtet, scheint der Hochsprung zu den „leichten" Disziplinen im Block Sprung zu gehören. Die Revolution der Hochsprungtechnik durch Dick Fosbury und die dadurch ausgelösten Leistungsschübe besonders auch in Deutschland haben zu einer ungeheuren Popularität dieser Disziplin geführt.

Allerdings ist nicht zu verkennen, daß nach oft erstaunlichen Leistungen von Hochspringern und Hochspringerinnen im Alter von 14 - 16 Jahren häufig eine frühe Stagnation in der Leistungsentwicklung eintritt. Diese Stagnationserscheinungen sind in der Regel bei Mädchen stärker ausgeprägt als bei Jungen. Weitere Besonderheiten des Hochsprungs können folgendermaßen zusammengefaßt werden:

- Der starke Aufforderungscharakter des Hochspringens verführt zu einer einseitigen Betonung des Hochsprung-Trainings im Gesamtablauf, wodurch die unbedingt nötige Grundausbildung der Lauf- und Sprungfertigkeiten und die konditionelle Ausbildung vernachlässigt wird.

- Insbesondere bei Mädchen ist zu beachten, daß nach der ersten puberalen Phase (Längenwachstum!) zwischen 12 und 14 Jahren ein erstes (natürliches) Optimum des Last-Kraft- Verhältnisses zu verzeichnen ist, das allerdings in der zweiten puberalen Phase mit 15 - 17 Jahren wieder verschwindet, wenn nicht parallel zur körperlichen Entwicklung und der damit verbundenen Gewichtszunahme ein wirksames Training der Krafteigenschaften erfolgt.

- Im Unterschied zu den anderen Sprungdisziplinen muß im Hochsprung ein erheblich höherer Anteil der im Anlauf entwickelten Horizontalgeschwindigkeit in Vertikalgeschwindigkeit umgeformt werden. Diese möglichst hohe Vertikalgeschwindigkeit muß jedoch mit den für die Lattenüberquerung erforderlichen Rotationen verknüpft werden. Das „Optimierungsproblem" im Hochsprung besteht also darin, einen möglichst großen Absprungimpuls mit den unbedingt notwendigen Rotationsbewegungen und einer Rest-Horizontalgeschwindigkeit für die Lattenüberquerung zu verbinden.

2.1.1 Biomechanische Grundlagen des Hochsprungs

Ausgehend von der Grundstruktur der leichtathletischen Sprünge, wie sie im ersten Teil erläutert worden ist, (1 Schaffung eines Energiepotentials - 2 Umformung des Energiepotentials und Erzeugen einer ballistischen KSP-Flugkurve - 3 Ausschöpfung der KSP-Flugkurve) können für den Hochsprung (Flop) einige typische Besonderheiten dargestellt werden.

Bedeutung der Anlaufgeschwindigkeit

Die Anlaufgeschwindigkeit spielt im Hochsprung nicht die dominierende Rolle für die Leistungsausbeute wie in den anderen Sprungdisziplinen. Der Flop hat zwar höhere Anlaufgeschwindigkeiten ermöglicht, jedoch bewegen sich die Anlaufgeschwindigkeiten der besten Hochspringer und Hochspringerinnen deutlich unterhalb der Geschwindigkeiten, wie sie in den übrigen Sprungdisziplinen erreicht werden.

Besonderheiten bei der Umformung (Kurven-Innenlage)

Die Kurven-Innenlage im Bogenteil des Anlaufs ermöglicht dem Springer, ohne zu starke Beugewinkel im Knie und dem damit notwendig verbundenen Abbremsen, eine schnelle Vertikalbeschleunigung zu Beginn des Absprungs einzuleiten. Daraus ergibt

Teilhöhenmodell

Die folgende Grafik zeigt die derzeit gängige Darstellung der Hochsprungleistung in ihren Teil-Komponenten:

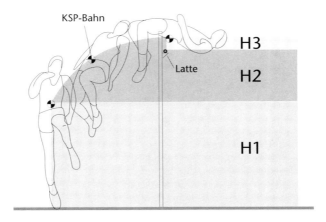

Abb. 29: Teilhöhenmodell der Hochsprungtechnik (Flop)

HOCHSPRUNG

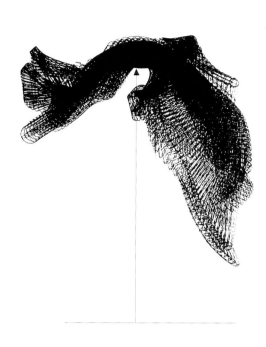

Abb. 30: Körperkonturlinien während der Flugphase beim Flop (T = Distanz der Pfeilspitze bis zum Boden)

In der Diskussion befindet sich eine Neudefinition des darfestellten Teilhöhenmodells (DAPENA und KILLING). Erforderlich hierzu wäre die Einführung zweier neuer Bezugsgrößen:

H1   Höhe des KSP im Stand (im Durchschnitt sind dies etwa 60 % der Körpergröße eines Athleten.

T   Tiefster Punkt der Körperkonturlinie bei einem gegebenen Sprung (siehe Spitze des Pfeils in nebenstehender Abbildung).

H2   Maximale KSP-Flughöhe - H1 (= KSP-Steighöhe)
Diese Teilhöhe wäre ein auf die Körpergröße bezogener und damit normalisierter Index für die Größe des beim Absprung erzeugten Vertikalimpulses.

H3   (H1 + H2) - T
Diese Teilhöhe wäre ein aussagekräftiger Technikindex für die Qualität der Lattenüberquerung.

Während das herkömmliche Teilhöhenmodell das Zustandekommen der Hochsprungleistung nur beschreibt, aber nicht analysiert, könnten, entsprechend genaue und schnell verfügbare Messungen vorausgesetzt, durch diese Betrachtungsweise individuelle Trainingsschwerpunkte begründet werden.

2.1.2 Das Technikmodell im Hochsprung - Der Flop

Im Folgenden wird ein Technikmodell exemplarisch für einen Linksspringer dargestellt, das sich insbesondere an den Zielstellungen im Abschnitt des Aufbautrainings orientiert.

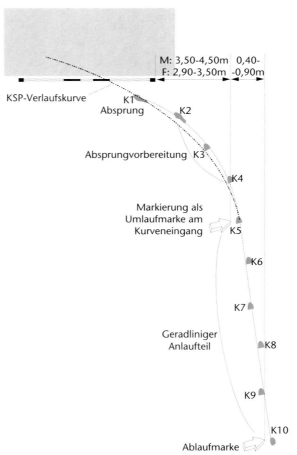

Abb. 31: Geometrie des Hochsprung-Anlaufs

Der Anlauf sollte nicht zu lange gewählt werden. Ausschlaggebend ist das Niveau der speziellen koordinativen und konditionellen Voraussetzungen im Bereich der Laufkoordination und Schnelligkeit sowie der Absprungkoordination und Sprungkraft: Keinesfalls darf es zu einer Überforderung des/der Athleten/in in der Absprungvorbereitung wegen einer zu hohen Anlaufgeschwindigkeit kommen. Die Anlauflänge sollte daher in der Regel 7 - 9 Anlaufschritte betragen.

Anlauf - Geradliniger Teil (Kontakt 10 -> 6)

Der Anlaufbeginn sollte in geradliniger Verlängerung des Anlaufbogens der letzten vier Schritte liegen, um weicher in die Kurve hineinlaufen zu können.

Merkmale:

Auftakt: Aus dem Angehen oder aus dem Antrippeln.

Körperhaltung und Schrittgestaltung:
- Fußballenlauf
- Angezogene Fußspitze und hohes Knie in der Schwungphase
- Druckvolle Streckung in Hüfte, Knie und Fuß
- Hohe Ferse am Ende der Stützphase
- Körpervorlage
- Kontiniuierliche Frequenz- und Geschwindigkeitssteigerung
- Aktive Armarbeit

Anmerkung:

Der geradlinige Anlaufteil verläuft in der Regel senkrecht zur Lattenebene. Die dargestellte Variante erleichtert zwar den Übergang vom Geradeauslaufen in den Kurvenlauf, könnte aber zu einer Verminderung der Kurveninnenlage zu Beginn des Kurvenlaufs und damit evtl. zu verfrühtem Absprungbeginn beitragen.

Anlauf - Kurveneingang -> Kurve (Kontakte 6 -> 3)

Kurvenradius: Ein wichtiges Ziel des Laufens in der Kurve ist das Erzeugen einer Körper-Innenneigung zum Kurvenmittelpunkt hin. Diese Kurveninnenneigung sichert im fortgeschrittenen Anfängerbereich im wesentlichen die Absenkung des Körperschwerpunkts.

Das Aufrichten aus der Kurveninnenneigung während des Absprungs leitet die vertikale Beschleunigung des Körperschwerpuktes und zusätzlich die notwendige Rotation um die Körper-Tiefenachse für die Lattenüberquerung ein.

Abb. 32: KSP-Absenkung durch Kurveninnenneigung

Die Größe des Kurvenradius hängt im wesentlichen von der Anlaufgeschwindigkeit und der Schrittlänge ab. Je geringer die koordinativ-technischen Voraussetzungen und konditionellen Fähigkeiten, desto geringer ist die optimale Anlaufgeschwindigkeit. Für eine ausreichende Kurveninnenlage müßte der Radius entsprechend klein gewählt werden. Eine zu enge Kurve führt jedoch zu Schwierigkeiten beim Übergang vom geradlinigen Anlaufabschnitt in den Anlaufbogen und beim Laufen in der Kurve.

Kurveneingang:

Der Lauf in die Kurve sollte durch das innere Bein eingeleitet werden. Dabei soll der innere Fuß etwas zur Projektion des KSP hin unter die Körpermitte gesetzt werden. Dadurch ist eine flüssige Einleitung des Kurvenlaufs ohne Geschwindigkeitsverlust möglich.

Kurvenlauf:

Die Schrittgestaltung, Armarbeit und Körperhaltung beim Laufen in der Kurve entspricht weitestgehend dem Lauf im geradlinigen Anlaufabschnitt. (siehe oben). Allerdings stellen die zur Aufgabe der Beschleunigung nun hinzukommenden zusätzlichen Anforderungen des

- Laufens in der Kurve und der
- Absprungvorbereitung

eine erhebliche Steigerung der Schwierigkeit der Bewegungsausführung dar.

Anlauf - Absprungvorbereitung (Kontakte 3 -> 1)

Körperhaltung und Schrittgestaltung

Die Körpervorlage im Fußballenlauf wird bis zum drittletzten Bodenkontakt (K3) aufrechterhalten, ist allerdings etwas geringer ausgeprägt, als auf den vorherigen Schritten. Bereits beim Aufsetzen auf K3 wird das Schwungbeinknie noch schneller als bei den vorherigen Anlaufschritten nach vorne geführt (->...das rechte Bein eilt nach vorne.").

Für das Aufbautraining ist eine komplette Streckung des Stützbeins im Übergang von 3 -> 2 mit einer hohen Führung des Schwungbeinknies anzustreben.

Der vorletzte Schritt wird schnell mit einer aktiv-greifenden Bewegung des Unterschenkels nach hinten-unten über den ganzen Fuß (Innenkante-Fußsohle) aufgesetzt, damit das Sprungbein den Körper „überholen", bzw. „unterlaufen" kann. Dieser Fußaufsatz über die ganze Sohle und das „Unterlaufen" führen direkt in die Sprungauslage und wird schnell in die Fußstreckung übergeführt (K2).

Es folgt eine fast vollständige Kniestreckung, der KSP wird nur minimal abgesenkt. Hüfte und Fuß werden überstreckt, das Schwungbeinknie hochgeführt.

Die Streckung in der Hüfte beim vorletzten Bodenkontakt führt zu einer Vordehnung der Hub- und Beugemuskulatur des späteren Schwungbeins. Dies ist eine entscheidende Voraussetzung für das energische Vor- und Hochschwingen des dann in Hüfte, Knie und Fuß gebeugten Schwungbeins beim Absprung. *Zum weiteren ermöglicht dies eine Ausholbewegung des Sprungbeins zum Absprung. Hier wird die gesamte Streckschlinge des Springers vom Rücken bis zur Fußmuskulatur optimal vorgedehnt und damit eine schnelle und kraftvolle Streckung des Sprungbeins aus der Hüfte nach hinten-unten vorbereitet.*

Vorbereitung Armeinsatz

In dieser Ausbildungsstufe spielt eine Optimierung des Armeinsatzes zur Leistungssteigerung noch keine so wesentliche Rolle wie im Top-Bereich. Jedoch sollte die Schulung des Armeinsatzes ein Bestandteil des Trainings sein. Häufig wird jedoch der Armeinsatz im Absprung derart schlecht vorbereitet und durchgeführt, daß es auch zu einer fehlerhaften Ausführung der anderen Elemente der Absprungvorbereitung kommt:

- Körperrücklage
- Rotation um die Körper-Längsachse
- unvollständige Stützphase
- zu früher Armeinsatz
- Verlust an Horizontal-Geschwindigkeit
- zu frühe Bewegungstendenz zur Latte hin.

Um diese Sekundärfehler zu vermeiden, ist eine Schulung der Vorbereitung des Armeinsatzes unbedingt erforderlich. Dabei kann auf die vorhandenen Bewegungsmuster Wechselarmschwung/Doppelarmschwung zurückgegriffen werden. Mögliche Varianten sind:

- Gegenarm-Technik (Fosbury, Topic)
- Führarm-Technik (Sonn, Mögenburg)
- Doppelarm-Technik (Henkel, Sotomayor)

Abb. 33: Ioaneta Quinteiro (Cuba)

Absprung - Sprungauslage   (Kontakte 2/1 -> 1)

Kurz vor Erreichen der Streckung des Sprungbeines setzt der aktive Zug des Sprungbeines aus der Hüfte nach hinten-unten ein. Der Sprungfuß wird schlagend / ziehend über die linke Kante der Ferse in Anlaufrichtung aufgesetzt und schnell auf den Fußballen abgeklappt. Hüfte und Sprungbein sind schon fast gestreckt (Vorspannung!): 175 - 178°. In dieser Position nimmt der Springer eine leichte Körperrücklage ein, die Körper-Längsachse ist dabei immer noch von der Latte weg geneigt. Aus dem linken fast waagerechten Oberschenkel eilt der linke Unterschenkel nach vorne fast bis zur kompletten Streckung des Sprungbeines.

Beim Bodenkontakt auf links eilt das Schwungbein bereits unter den Körper angeferst am Sprungbein vorbei nach vorne-oben. Zugleich wird das Aufrichten aus der Körper-Innenneigung eingeleitet. Dieses Aufrichten setzt sich während der Amortisationsphase fort. Die maximale Beugung im Sprungbeinknie beträgt ca. 140 - 150°.

Absprung - Take-Off

Die Abflugphase kann durch folgende Kriterien gekennzeichnet werden:

- Schnelle Streckung in Hüfte, Knie und Fuß
- Nahezu senkrechte Rumpfhaltung am Ende der Streckung ohne erkennbaren Beginn der Drehung mit dem Rücken zur Latte
- Der Oberschenkel des Schwungbeins schwingt nach vorne-oben und innen
- Halten des Schwungbeins; Kniewinkel im Schwungbein ca. 90°

HOCHSPRUNG

- Beide Ellenbogen sind in Augenhöhe, Hände über Kopfhöhe

Flugphase - Steigphase und Lattenüberquerung

- Nach dem Verlassen des Bodens wird die Absprunghaltung kurz fixiert, dann das Schwungbein aktiv gesenkt, verbunden mit einer aktiven Streckung des Hüftgelenks (über 180°);
- Je nach verwendeter Technik der Armführung wird die Lattenüberquerung entweder durch Steuerung mit dem Führarm oder durch den Kopf angegangen.
- Zur Einnahme der Brückenposition wird das Hüftgelenk, z.T. auch die Wirbelsäule überstreckt, über der Latte geht der Kopf in den Nacken, der rechte Arm wird nach hinten-unten geführt, der linke Arm seitlich an den Körper;
- Gleichzeitig wird das Sprungbein leicht gebeugt, so daß die Beine in eine annähernd parallele Position gelangen;
- Sehr tiefe Lage des Kopfes, Becken hoch, Unterschenkel tief herabhängend und im Kniegelenk stark gebeugt

Flugphase - „Lösen"

Wenn das Becken die Latte passiert hat, wird die Brückenposition aufgelöst, die Unterschenkel werden zur Beinstreckung vorgeklappt („L-Position").

Landung

Auf dem Rücken, Kinn auf der Brust; der gesamte Körper befindet sich in Spannung, um möglichen Verletzungen bei der Landung vorzubeugen.

Bildreihe: Heike Henkel über 2,01 m beim Grand-Prix Meeting in Köln 1991

HOCHSPRUNG

2.1.3 Trainingsmethodische Hauptaufgaben im Hochsprung

Das oben beschriebene Technikmodell wird von unterschiedlichen Weltklasse-Athleten - wie auch die Bildreihen zeigen - unterschiedlich „interpretiert". Wie vom Stadium des „fortgeschrittenen Anfängers" der Weg zum Spitzenkönner gefunden werden kann, soll die besondere Darstellung von drei „trainingsmethodischen Hauptaufgaben" zeigen. Dabei stehen die folgenden Grundeinstellungen von Athlet und Trainer im Vordergrund:

- *Schrittweise Hinführung zur Zieltechnik: Von einfachen Aufgabenstellungen ausgehend zur komplexen Zieltechnik*
- *Variantenreiches Training: der „lockere Athlet" löst viele Probleme von selbst, ohne daß der Trainer aktiv werden muß.*
- *„Qualität" geht vor vor Intensität und Umfang*

1. Hauptaufgabe: Verbessern des einbeinigen Vertikalabsprungs aus der Kurven-Innenlage

Merkmale:

- Konstante Schrittlänge in der Absprungvorbereitung
- Geringer Geschwindigkeitsverlust beim Übergang vom vorletzten Bodenkontakt zum Absprung
- Kontinuierliches Aufrichten aus der Laufvorlage und „Unterlaufen" zum Absprung hin
- Aktiv greifender Sprungbeinaufsatz in Laufrichtung
- Kurzer Absprungkontakt mit geringer Beugung im Knie
- Schnelles Vor-Hoch-Schwingen von Armen und Schwungbein
- Vollständiges Streckung von Fuß-, Knie-, Hüftgelenk und Wirbelsäule
- Kurzzeitiges Fixieren der Absprungfigur in der Steigphase

Übungsformen und Methoden

- Variable Steigesprünge aller Art (Hopserlauf, Pferdchensprünge, Antriebsprünge, etc.)
- Steigesprung ohne, auf, über Hindernisse, ohne und mit Höhenorientierern, mit Schwungbeinlandung, Schwungbeinlandung, Beidbeinlandung; mit unterschiedlichen Schrittzahlen zwischen den Absprüngen und unterschiedlichen Anlaufgeschwindigkeiten; geradeaus und in der Kurve.
- Steigesprünge über die Latte: Scher-Steigesprung

Häufige technische Fehler
- Zu langer letzter Schritt
- Starkes Abbremsen bei der Absprungvorbereitung
- Starkes Aufrichten (Hektische Rumpfbewegungen, Zurückkippen)
- Weite seitliche Armführung
- Einknicken im Absprung (zu starke Beugung in Knie und Hüfte)
- Unvollständiger und schlecht koordinierter Schwungelemente-Einsatz
- Ungenügende Absprungstreckung
- Zu flacher oder zu steiler Sprung
- Ungenügende Stabilisierung der Abflughaltung in der Luft
- In der Kurve: Sidestep, Verdrehen des Sprungfußes
- Ungünstige Landung mit zu starker Abbremsung der Vorwärtsbewegung
- Landung auf dem Vorfuß oder auf der Ferse

Häufige methodische Fehler
- Zu hohe Hindernisse: Zu frühes Auflösen der Streckachse Kopf - Hüfte - Knie - Fuß und unvollständiger Absprung
- Zu viele Schritte und damit zu hohe Geschwindigkeit zwischen den Sprüngen
- Training auf unebenem oder zu hartem Untergrund: Verletzungs- oder Schädigungsgefahr
- Überbetonen des Schwungbeineinsatzes

2. Hauptaufgabe: Erlernen und Verbessern des Anlaufens zum Absprung in der Kurve

Merkmale:

Die Bewegungsmerkmale sind abhängig von Laufgeschwindigkeit und Kurvenradius:
- Sicherer und stabiler Auftakt der Bewegung
- Flüssiger Übergang Geradeauslaufen-Kurvenlauf
- Angemessene Sprintvorlage
- Angepaßte Kurven-Inneneigung mit stabiler Achse Kopf - Hüfte - Stützbein
- Angepaßte Schrittlänge
- Wirksame und angepaßte Armaktivität

Abb. 34: Ralf Sonn

Übungsformen und Methoden:

- Kurvenläufe mit unterschiedlichen Radien und Geschwindigkeiten (Kurvenlauf auf der 400-m-Bahn bis Kurvenlauf auf dem Anstoßkreise und enger, Spiralläufe)
- Y-Läufe, Läufe um Umlaufmarkierer
- Hochsprung über niedrige Latte aus überhoher Geschwindigkeit
- Hochsprung aus Halbkreis-Anlauf

Häufige technische und methodische Fehler:

- Zu schneller Lauf
- Eckiger Lauf
- Zu lange, gesprungene Schritte, abrupter Wechsel der Schrittlänge
- Abknicken des Oberkörpers
- Vernachlässigung der Armarbeit

3. Hauptaufgabe: Erlernen und Verbessern einer effektiven Lattenüberquerung

Merkmale

- Senkrechte Position zur Lattenachse
- Überstreckung von Hüfte und Wirbelsäule
- Beine höchstens leicht geöffnet
- Hüftbeugung/Anheben der Beine erst nachdem die Hüfte die Latte passiert hat (Timing)

Übungsformen und Methoden

- Sprung auf den Mattenberg
- Standflop
- Hochsprung aus verkürztem (mindestens 5 AS) oder Wettkampfanlauf mit besonderem Augenmerk

Häufige technische und methodische Fehler

- Einsatz des Federbretts, Trampolins oder Federbretts zur Verlängerung der Flugphase
- Schräglage/Verkanten über der Latte
- Fehlende Überstreckung

2.1.4 Übungskatalog für Hochspringer

In der folgenden Darstellung soll die Komplexität des hochsprung-spezifischen Übungsguts deutlich gemacht werden. Vielfältige Variationsmöglichkeiten ermöglichen die trainingsmethodisch individuelle Lösung der vorhin dargestellten Hauptaufgaben.

F = Diese Übung ist nur für Fortgeschrittene geeignet!

Hochsprungspezifisches Sprint-ABC

Bezeichnung der Übung	Zielsetzung	Ausführungshinweise
Fußgelenksarbeit in Kurve	Allgemeine Vorbereitung des Kurvenlaufes	Ausreichende Horizontalgeschwindigkeit, aktive Fußarbeit, hoher KSP
w.o. im Slalom	wie oben, aber Ausbildung in beide Richtungen (variable Verfügbarkeit)	wie oben, Slalom nicht zu eng laufen
Kniehebeläufe, mit gestreckten Armen	Spez. Körperspannung (u. -entspannung) beim KHL erarbeiten	Körperstreckung, keine Rücklage, Knie bis waag., Schulterachse ruhig
Kniehebelauf im Slalom	KHL in spezieller Ausführung für Anlauf Flop	wie oben, Slalom nicht zu eng
Kniehebelauf im Slalom mit Stegerung Vortrieb	Höhere Anforderung durch größere Geschwindigkeit	Gleichmäßige Vergrößerung des Abstandes der Markierungen (z.B. Hütchen), keine KSP-Absenkung
Stechschrittprellen	isolierte Fußaktivität	Beine gestreckt vor dem Körper, Oberkörper aufrecht, schlagend-greifend arbeiten
w.o., mit Übergang Vorlage	Kontrolle der Körperlage zum Abdruckpunkt am Boden	Gleichmäßiger Übergang in die Vorlage
Schwungbeinführung isoliert	Isolierte Schwungbeinschulung; Anfersen, Kniehub, aktives Aufsetzen	Das andere Bein stützt nur
Übergänge FGA-KHL-Skippings	Laufschulung unter Betonung der aufeinander aufbauenden gleichartigen Anteile an der Zielbewegung	Hohe KSP-Führung in den Übergängen, kurze Kontaktzeiten, kein Nachgeben in den Gelenken

Koordinationsläufe

Bezeichnung der Übung	Zielsetzung	Ausführungshinweise
Kurvenläufe	Hochsprungspezifische Laufkoordination im mittleren Geschwindigkeitsbereich	Körpervorlage, hohe Knieführung, aktives „Greifen" der Unterschenkel und aktiver Fußaufsatz
Übergänge Gerade/Kurve	siehe Sprint	
Übergänge Drucklauf/Frequenzlauf	Koordinative Anforderung sehr nahe zur Zielübung Anlauf	Geschwindigkeitssteigerung, im Übergang keine Absenkung des KSP

Schnelligkeit

Bezeichnung der Übung	Zielsetzung	Ausführungshinweise
Sprint (30m/50m) mit Standablauf	Möglichst hohe Sprintbeschleunigung, Streckenlänge spez. für den Anlauf	Ausführung korrigieren hinsichtlich erwarteter Sprinthaltung
Sprint in der Kurve, auch in eine sich verengende Kurve	Schulung des Kurvenlaufverhaltens unter besonderer Berücksichtigung der Kurven-Innenneigung	Aufrechter Oberkörper, hohe Knieführung, Arbeit im Vorderstütz
Sprint in die Kurve aus der Geraden	wie oben, noch speziellere Anforderung durch den Übergang Gerade-Kurve	wie oben, möglichst kein Geschwindigkeitsverlust beim Übergang
w.o. mit Umlaufmarkierung	wie oben, Schulung Einleitung der Kurve	Kein Ausweichen des Fußaufsatzes beim Lauf in die Kurve, flüssig in die Kurveninnenlage

Hochsprungspezifisches Sprung-ABC

Bezeichnung der Übung	Zielsetzung	Ausführungshinweise
Fußgelenkssprünge l-r-l-r	Reaktive kleine einbeinige Sprünge, Aufbau reaktiver Fähigkeiten in der Wadenmuskulatur	Angezogene Fußspitze (Waden vorgedehnt, zum Prellen hin „schlagen" keine vollständige Fußgelenksstreckung anstreben, sondern: kurze Kontaktzeit, „wegfedern"!
Beidbeinige kl. Fußgelenkssprünge (Prellsprünge)	wie oben	wie oben, wenig Vortrieb, Oberkörper ruhig
Rhytmussprünge ll-rrll-rr	wie oben	wie oben, angepaßte Geschwindigkeit, geringe Sprungweiten, aktives Aufsetzen (Kniehub)
Hopsersprünge	Reaktive kleine Sprungarbeit mit größeren Sprüngen verbinden, „Koppelung"	Schnelles, „kleines" Arbeiten, dann schneller größerer stärkerer Einsatz der Schwungelemente
w.o. mit kl. Take-Off	Anbindung an Laufarbeit, koord. Gemeinsamkeiten hervorheben	Kurze, schnelle Kontakte mit längeren Druckphasen verbinden; Frequenzänderung
Kl. Sprünge mit Übergang in den Lauf	wie oben, + bogenspezifische Koordination	wie oben
W.o., Übergang in Bogenlauf	wie oben, + bogenspezifische Koordination	wie oben
Kl. Sprungarbeit im Bogen	wie Fußgelenksprünge l-r-l-r + bogenspezifische Koordination	Bei kleinen Sprüngen in die Kurve „legen", Armarbeit zum Kurvenmittelpunkt hin

Reaktive Sprünge

Bezeichnung der Übung	Zielsetzung	Ausführungshinweise
Sprungläufe in verschiedenen Ausführungen	Allg. Sprungschulung konditionell + koordinativ	Angezogene Fußspitze, kurze Kontaktzeiten, unterschiedliche Aufgabenstellungen
w.o., leicht bergauf	wie oben + Abdruck (Hinterstützbetonung)	Aufrechter OK, Kniehub unterschiedl. Aufgabenstellungen
Sprunglauf, horizontal orientiert	wie oben	wie oben
Sprunglauf, vertikal orientiert	wie oben	wie oben
Einbeinsprünge		
Beidbeinige Prellsprünge mit gestr. Armen (Höhenorientierung)	siehe Sprung ABC	Ohne Armarbeit (Schwungelemente) damit: reakt. Rumpfbelastungen, „Körperzusammenschluß" üben
Beidbeinige Prellsprünge Kasten/Boden/Kasten		Höhen- + Weitenorientierung kombinieren! -> aktive Landung auf Kasten u. Boden fordern!
w.o., Kastenhöhen variabel		
Prellsprünge über Hürden (F)	Hohe Anforderung beidbeinig reaktiv	Angepaßte Hürdenhöhe, nicht zu geringe Abstände (Bewegungsrichtung auch nach vorne), ruhiger Oberkörper

Spezielle Absprungübungen

Bezeichnung der Übung	Zielsetzung	Ausführungshinweise
Take-Offs über kleine Hürden, 1 Zwischenschritt	Absprungschulung, schneller Bodenkontakt im Take-Off, aktive Landung auf dem Schwungbein	Geringe Hürdenhöhen
Take-Offs über Hürden, 3 Zw., Landung Schwungbein	Schulung Absprungverhalten und Schwungbeineinsatz, aktive Landung auf Schwungbein	Aktives Laufen zwischen den Hürden, ruhiger Oberkörper, Hürdenhöhe den phys. Vorr. angepaßt, Qualität vor Umfang und Intensität
w.o., 3 - 7 Zw.	Anforderungen näher zur Zieltechnik durch mehr Zwischenschritte (= höhere Geschwindigkeit)	wie oben
w.o., untersch. Anzahl Zw. pro Bahn (F)	wie oben, variable Verfügbarkeit	wie oben
w.o., Hürdenhöhen variabel (F)	wie oben, Steigerung der Anforderungen in einer Sprungbahn	Niedrige Hürde zum Abschluß, danach Antritt zur Spannungserhaltung bei der Landung
w.o., die letzten Hürden in Kurve	Aufgabenstellung durch Take-Off in der Kurve noch näher zur Zieltechnik	wie oben
Kastenaufsprünge, 5 - 9 Anlaufschritte, Landung auf Schwungbein	Schulung Take-Off, „Halten" des Schwungbeines und Schwungbeinaufsatz, aktives Laufen zwischen den Kästen	Kastenhöhe muß aktives Aufsetzen des Schwungbeines erlauben, keine zu starke Rücklage vor Take-Off
w.o., Kästen in Kurve	Wirkung noch spezifischer	wie oben
Take-Offs über Hü, Landung auf Sprungbein (F)		
Skippings ---> Take-Off (auch im Kreis)	Take-Off unter erleichterten Bedingungen, auch Übergang zum schnellen Take-Off	Hüftstreckung, fixieren des Schwungbeines, evtl. Landung auf beiden Beinen
Traben ---> Take-Off	wie oben, Steigerung der Anforderung wegen höherer Geschwindigkeit	wie oben
Steigerungslauf ---> Take-Off	wie oben	wie oben, + Betonung Körpersteckung im Take-Off
Take.Off aus der Kurve an Höhenorientierung		
Anlaufsimulation mit Steigesprung an der Anlage		

Techniksprünge und techniknahe Sprünge

Bezeichnung der Übung	Zielsetzung	Ausführungshinweise
Techniksprünge aus versch. Anläufen (Länge variabel, z.T. ohne Ablaufmarke)	Schulung Bearbeitung verschiedener Aufgabenstellungen, Einschätzung des Anlaufes im Abstand zur Latte	Anlauflänge nicht zu kurz, Anlaufgeschwindigkeit muß ein spezifisches Absprungverhalten ermöglichen
Techniksprünge aus Halbkreis-, Vollkreisanläufen	Schulung d. Komplexes:	
Kurvenverlauf-Absprung, „Innenneigung"	Variable Radien wählen! Evtl. hohe Wiederholungszahlen bei niedrigen Höhen /z.B. 3X5 Sprünge ohne Pausen)	
Schersprünge, mit Anlaufvariationen (gerade, Flopkurve)		
Sprünge mit Absprunghilfe (Erhöhung, tiefergelegte Abspr.)	a) Verlängerung d. Steig- u. Flugphasen	
	b) schnelle Abspr. ohne deutliche KSP Absenkung	
Sprünge auf den Mattenberg	Schulung des Steigverhaltens und der „Innenneigung"	Anweisungsvarianten:
a) mit dem Po auf dem Berg landen		
b) mit den Schulterblättern...		
Techniksprünge ohne Armeinsatz	Spezifischer Einsatz der Rumpfmuskulatur und Schwungbein	„Hände halten die Hose fest!"
Rollsteigesprünge	Vielseitige Sprungerfahrung	Geringe Sprunghöhen, Körperstreckung
Hocksprünge von vorne	wie oben	Landung auf dem Sprungbein

Krafttraining

Bezeichnung der Übung	Zielsetzung	Ausführungshinweise
Halbe Kniebeuge	Kräftigung d. „Streckschlinge"	
Halbe Kniebeuge (Explosive Streckung)	Kräftigung d. „Streckschlinge"	Langsam Absenken, schnelle explosive Streckung im Umkehrpunkt (aber Hantel sollte nicht „abheben")
Halbe Kniebeuge (Reaktives Nachfedern)	Spezifische Kräftigung d. „Streckschlinge"	
1/4 Kniebeuge (Explosive Streckung)	Spezifische Kräftigung d. „Streckschlinge"	
1/4 Kniebeuge (Reaktives Nachfedern)	Spezifische Kräftigung d. „Streckschlinge"	
Einbeinige Kniebeuge	Kräftigung d. „Streckschlinge" u. d. Adduktoren (ohne LWS-Belastung)	Hantel (gepolstert) auf dem Oberschenkel d. gebeugten Beins (kl. Kasten als Stütze/Ablage)
Einbeinige Kniebeuge, betont nach vorne arbeiten	Kräftigung d. „Streckschlinge u. d. Adduktoren (ohne LWS-Belastung)	wie oben, aber andere Streckrichtung
Einbeinige Kniebeuge, (Explosive Streckung)	spez. Kräftigung d. „Streckschlinge" u. d. Adduktoren (ohne LWS-Belastung)	wie oben
Einbeinige Kniebeuge, nach vorne „explosiv" strecken	spez. Kräftigung d. „Streckschlinge" u. d. Adduktoren (ohne LWS-Belastung)	wie oben
Einbeinige Kniebeuge, (Reaktive „Wipp"-Streckung)	spez. Kräftigung d. „Streckschlinge" u. d. Adduktoren (ohne LWS-Belastung)	wie oben, allerdings: sowohl „Nachfedern" im m. quadriceps als auch in der Wadenmuskulatur!
Einbeinige Kniebeuge, nach vorne „reaktiv" strecken	spez. Kräftigung d. „Streckschlinge" u. d. Adduktoren (ohne LWS-Belastung)	
Kastensteigen (mit Joch- oder Langhantel)	Kräftigung d. „Streckschlinge" und der Rumpfmuskulatur	
Kastensteigen greifend-schlagend	Kräftigung d. „Streckschlinge" und der Rumpfmuskulatur	3-5 Schritte Anlauf, verstärkter Abdruck vor dem Kasten, hohe Schwungbeinknieführung, dann aus der Hüfte heraus greifend-schlagend auf den Kasten setzen und stehen
Anreißen, Umsetzen		

Akrobatik und Gewandtheit

Bezeichnung der Übung	Zielsetzung	Ausführungshinweise
Flopnahe Akrobatik	Artistik, Orientierungsfähigkeit in der Rückwärtsbewegung	
Handstand - Brücke		Auf Weichboden mit Hilfestellung
Kopfkippe	Techniknahe Koordination „Körperzusammenschluß", Hüftstreckung	Auf Weichboden mit Hilfestellung
Flick-Flack	Artistik, Orientierungsfähigkeit in der Rückwärtsbewegung	
Standflop	Schulung d. Timings d. Teilbewegung d. Flugphasen	Nachteil: unspezifischer, beidbeiniger Absprung
Standflop vom Kasten	Nachteil: unspezifischer, beidbeiniger Absprung	Verlängerte Flugphase

2.2 Stabhochsprung

Im Vergleich zu den anderen Sprungdisziplinen erscheinen die leistungsbestimmenden Faktoren innerhalb der Disziplin Stabhochsprung komplexer, in ihrem Zusammenwirken nicht immer eindeutig identifizierbar sowie in einem hohen Maß von psychischen Faktoren überlagert.

Insbesondere die folgenden Besonderheiten müssen im Unterschied zu den anderen Sprungdisziplinen hervorgehoben werden:

- Früherer Beginn der Spezialisierung als in den anderen Sprungdisziplinen;
- Komplexe Technik erfordert besondere Sorgfalt bei der Planung und Gestaltung des Techniktrainings;
- Turnerische Bewegungsteile erfordern spezielle turnerische Ausbildung;
- Besondere psychische Eignungsmerkmale: Mut und Risikobereitschaft.

2.2.1 Technikmodell Stabhochsprung

Phaseneinteilung

Das wesentliche Merkmal der Stabhochsprungtechnik im Unterschied etwa zum Hochsprung oder zum Weitsprung, aber ganz ähnlich wie im Dreisprung ist die Tatsache, daß der gesamte Sprungverlauf aus einer langen Kette von aufeinanderfolgenden Bewegungen des Springers besteht, deren erfolgreiche Ausführung im wesentlichen von der erfolgreichen Ausführung vorangegangener Sprungphasen mitbestimmt wird. Das bedeutet:

> 1. **Ein technisches Element kann nur dann richtig ausgeführt werden, wenn vorhergehende Sprungphasen richtig ausgeführt wurden.**
> 2. **Wird ein technisches Element fehlerhaft ausgeführt, so sind in aller Regel darauf folgende technische Elemente ebenfalls fehlerhaft.**

Dieser Zusammenhang wird deutlich, wenn man sich veranschaulicht, daß jede Bewegung funktionell in mindestens drei Phasen zerlegt werden kann: eine Ausholphase, eine Hauptphase und eine Endphase. Der Stabhochsprung besteht aus einer ganzen Kette solcher dreiteiliger Bewegungen, die durch das Verschmelzen der Endphase einer vorhergehenden Bewegung mit der Ausholphase einer nachfolgenden Bewegung in „Übergangsphasen" gekennzeichnet sind.

Beispiele:

- Die Position des „Eindringens" („C-Phase") ist die Endphase des Absprungs und gleichzeitig die Ausholphase für das „Lange Pendel".
- Die „L-Position" ist die Endphase der Aufschwungbewegung und gleichzeitig die Ausholphase für die Streckung zur „-Position".
- Die „I-Position" ist die Endphase der Körperstreckung und die „Ausholphase" für die vertikale Beschleunigung des Springers durch den Stab.

Stabhochsprung

Stabtragehaltung
Ablauf

▼	**Anlauf**	Schrittlänge steigern Frequenz steigern Stab senken
	Einstich- und Absprung- vorbereitung	Einstichpositionierung des Stabes Frequenzerhöhung im Anlauf
▼	**Absprung**	Arme strecken nach oben Brust drückt nach vorn Schwungbein schwingt vor Sprungbein schwingt zurück
	„C"-Position	„Eindringen"
▼	**Aufrollen**	Arme ziehen gestreckt nach vorn Sprungbein peitscht gestreckt nach vorn-oben Schultern fallen zurück
	„L"-Position	„Einrollen"
▼	**Streckung**	Hüfte in die Gesamtkörper- Spannung strecken Mit einer Vierteldrehung zum Stab hinter dem Stab bleiben
	„I"-Position	„Extension"
▼	**Zugabstoß**	Beuge-Streckbewegung des linken und des rechten Armes Halbe Drehung zum Stab
	Lattenüberquerung	„Klappmesser-" oder „Bogen- Wegflug"-Technik

Abb. 35   Bewegungs-Struktur der Stabhochsprungtechnik

Bewegungsmerkmale der modernen Stabhochsprungtechnik

Das Fassen des Stabes

Der Stab wird vom Linksspringer auf der rechten, vom Rechtsspringer auf der linken Seite des Körpers getragen. Da die meisten Sportler den Stab rechts tragen und links abspringen, wird die Technik im weiteren Verlauf für einen Linksspringer beschrieben. Die Hände fassen den Glasfiberstab etwa schulterbreit. Die hintere, rechte

Hand, umfaßt den Stab am oberen Ende mit Untergriff. Sie bildet eine nach unten offene Gabel: der Daumen zeigt über den Stab nach außen, die vier Finger greifen von innen. Die linke Hand bildet eine *nach oben* offene Gabel, in die der Stab hineingelegt wird.

Der Anlauf

Aufgaben des Anlaufs

Der Stabhochsprunganlauf hat die Aufgabe, den Springer mit der *höchstmöglichen Geschwindigkeit* in die optimale Absprungposition zu bringen. Die Mitnahme des Stabes stellt dabei einen Faktor dar, der als integraler Bestandteil des Anlaufs gesehen werden muß: Der Stab darf kein Hindernis für den Lauf sein. Der Springer muß vielmehr „mit dem Stab" laufen.

Die Anlaufgeschwindigkeit

Die Anlauflänge wird durch die Anzahl der Laufschritte bestimmt, die der Springer benötigt, um seine optimale Geschwindigkeit zu erreichen. Den meisten Springern genügen dazu 18 bis 22 Schritte. Die Anlaufgeschwindigkeit soll bis zur unmittelbaren Absprungvorbereitung gesteigert werden. Bei genauer Betrachtung der Schrittgestaltung fallen zwei Variationen auf:

„Französische" Variante: Der Springer läuft von Anfang an mit hoher Frequenz, der Druck wird während des Anlaufs ständig gesteigert.

„Russische" Variante: Aus langen druckvollen Schritten erfolgt eine kontinuierliche Frequenzerhöhung bis in den Absprung hinein.

Welche Anlaufvariante gewählt wird, hängt von Temperament und der Kondition des Springers ab. Kleinere, sehr schnelle Springer, wählen häufig Variante 1, größere und weniger schnelle Athleten, Variante 2. Die Körpervorlage ist bei beiden Varianten geringer als beim Sprintlauf. Je näher der Springer dem Einstichkasten kommt und je mehr er den Stab senkt, umso mehr richtet sich der Springer auf. Er soll dabei jedoch nicht in Rücklage geraten.

Das Stabtragen

Abb. 36: Der Anlauf

Der Schwerpunkt des Stabs befindet sich beim Anlauf vor der Körpermitte.

Die Stabspitze zeigt schräg nach vorn-oben-links. Ein Anstellwinkel von ca. 70° hat sich auf den ersten Schritten für die Entwicklung der Laufgeschwindigkeit als am günstigsten erwiesen. Während des Anlaufes wird der Stab allmählich gesenkt und zeigt während der letzten drei Schritte zum Einstichkasten.

Die Arme sollen keine Pendelbewegungen ausführen. Auch ein Vor- und Zurückschwingen des Stabes ist unzweckmäßig, da es zu unterschiedlichen Schrittlängen führt und die Entwicklung der Geschwindigkeit stört. Lediglich in den Schultern sind leichte vertikale Ausgleichsbewegungen möglich.

Häufige Fehler:

1. Kein steigender Schrittrhythmus.
2. Verkrampftes Tragen des Stabes.
3. Flatternde Ellenbogen.
4. Störendes Mitbewegen des Geräts.

Folgen:

- Mangelhafte Geschwindigkeitsentwicklung und ungünstige Voraussetzungen für einen sauberen Einstich und eine dynamische Absprungvorbereitung.

Die Einstichbewegung

Beim drittletzten Bodenkontakt befindet sich der Stab bereits in einer Vorwärtsbewegung, die durch eine aktive Streckung des linken Arms nach vorn eingeleitet wurde.

Während des vorletzten Bodenkontakts wird die rechte Hand, am Kopf vorbei, schnell nach vorn-oben geführt. Sie dreht dabei den Stab um seine Längsachse nach links. Dabei muß der Griff der vorderen und/oder der oberen Hand etwas gelockert werden.

Während des letzten Schlittes wird der rechte Arm, möglichst vor dem Kopf des Springers, schnell gestreckt. Arm und Handgelenk bilden dabei eine Gerade. Die Streckung soll abgeschlossen sein, bevor der Stab die Rückwand des Kastens berührt.

Ebenfalls vor dem Anschlag des Stabes an der Kastenrückwand setzt das Absprungbein aus einer greifenden Bewegung flach auf. Gleichzeitig beginnt - in „scherender" Aktivität zur Arbeit des Absprungbeins - der Vorschwung des Schwungbeins.

Abb. 37: Der Einstich-Absprung-Komplex

Den sog. Zweischritt-Einstich (Schub - Hub - Bewegung auf den beiden letzten Bodenkontakten) sollte man nicht lehren. Er ergibt sich durch die höhere Anlaufgeschwindigkeit mit zunehmender Griffhöhe und durch das wachsende Stabgewicht meist von alleine.

Häufige Fehler:
1. Zu spätes und überhastetes Senken des Stabes.
2. Die Einstichbewegung wird nicht energisch genug zu Ende geführt.
3. Der Sportler wird nicht groß genug.
4. Der Stab wird nicht genau vor den Kopf genommen.
5. Die Schrittfrequenz wird beim Einstich gesenkt.
6. Der obere Arm ist unvollständig gestreckt.

Folgen:
- Die Energieübertragung des Springers auf den Stab ist schlecht, Griffhöhe und Stabhärte ungenügend.

Der Absprung

Wird der Absprung jedoch durch das beschriebene, richtige Einstichverhalten gut vorbereitet, so erfolgt die Absprungbewegung nach vorn-oben, gegen den Stab.

Um eine optimale Übertragung der Anlauf- und Absprungenergie auf das Gerät zu gewhrleisten, ist es erforderlich, daß der obere Arm völlig gestreckt und der untere im Ellenbogengelenk zunächst stumpfwinklig fixiert wird. Beide Arme arbeiten dabei mehr nach oben als nach vorn. Dies ist optimal nur dann möglich, wenn sich der Absprungpunkt senkrecht unter der oberen Hand befindet. Gleichzeitig ist darauf zu achten, daß die Schulterachse des Springers parallel zur Mattenkante gehalten wird.

Auf diese Weise entsteht ein „freier Absprung" bei dem der Springer den Boden gerade in dem Augenblick verläßt, wo der Stab die Rückwand des Kastens berührt. Der Stab sollte also im Augenblick des Bodenverlassens des Springers noch nicht angebogen sein.

Abb. 38: Das „Eindringen"

Wichtig für das *Eindringen* des Springers in den Stab ist außerdem, daß er beim Absprung die Brust energisch nach vorn drückt. Der Absprung selbst erfolgt in scherender Aktivität von Sprung- und Schwungbein. Der explosive Abdruck des Sprungbeins wird dabei durch das energische Vorhoch-Schwingen des Schwungbeins unterstützt.

Sobald der Springer den Boden verläßt, muß diese Bewegung abgeschlossen sein. Das Schwungbein wird im Augenblick des *Abflugs* fixiert. Das Sprungbein bleibt so weit wie möglich zurück.

Allerdings darf dabei die Hüfte nicht zur Sprungbeinseite hin „aufgedreht" werden. Die Hüftachse beibt vielmehr während des gesamten Absprungvorgangs parallel zur Mattenkante.

Häufige Fehler:

1. Der obere Arm ist gebeugt;
2. Der untere Arm arbeitet nach vorn statt nach oben;
3. Die Absprungstelle wird nicht getroffen;
4. Der Schwungbeineinsatz während des Absprungs ist unzureichend;
5. Kein Eindringen in den Stab mit der Brust;
6. Das Absprungbein wird gebeugt und pendelt zu früh nach vorn.

Ursachen:

- Mangelhafter Einstich-/Absprung-Komplex;
- Falsche Bewegungsvorstellung.

Folgen:

- Ungünstige Voraussetzungen für eine effektive Aufrollbewegung.

Die Flugphase

Anschwung und langes Pendel

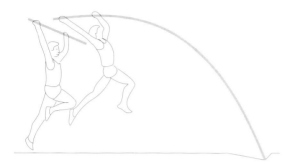

Abb. 39: Anschwung und langes Pendel

Im 1. Teil der Flugphase wird die Absprungposition (gestrecktes und weit zurückbleibendes Absprungbein - hohes Schwungbeinknie - offen fixierter unterer Arm - gestreckter oberer Arm) zunächst gleichsam „eingefroren". Dadurch gelingt es, den Körperschwerpunkt tief zu halten und so das Aufrichten des Sprunggeräts zu erleichtern. Das Fixieren der Absprungposition auch nach dem Abdruck vom Boden führt ferner zu einer optimalen Übertragung der Energie des Springers auf das Gerät, das sich dann ohne Probleme zu biegen beginnt. Entspannt sich der Sportler dagegen sofort nach dem Absprung, so kann die Energie einiger Teilkörperschwerpunkte - infolge der Trägheit des zu biegenden Stabes nicht oder nur unzulänglich gespeichert werden.

Häufige Fehler:

1. Anziehen des oberen Armes;
2. Ungenügendes Fixieren des unteren Armes (der linke Ellbogen ist am Stab);
3. Ungenügendes Fixieren des Schwungbeins und der Hüfte;
4. Das Sprungbein schwingt unmittelbar nach dem Absprung gebeugt nach vorn;
5. Vordriften des Beckens bis vor die untere Hand.

Ursachen:

- Unvollständiger Einstich;
- Unvollständige Absprungstreckung.

Folgen:

- Mangelhafte Aufrollbewegung.

Der Aufschwung zur L-Position

Abb. 40: Aufschwung zur L-Position

Die Aufschwungbewegung beginnt, sobald die Energie des Absprungimpulses durch die Stabbiegung verbraucht ist. Sie wird durch das schnelle Vorschwingen des zunächst gestreckten Absprungbeins eingeleitet und durch die Zug-Druck-Bewegung der fast vollständig gestreckten Arme nach vorn-unten verstärkt. Der Oberkörper beginnt sich jetzt um die Schulterachse zu drehen. Dabei bleibt der Kopf in Verlängerung der Wirbelsäule. Während des Einrollens sollte der Springer versuchen, mit dem gestreckten Absprungbein, das die Bewegung zunächst führende Schwungbein, zu überholen. Auf diese Weise gelingt es, die Einrollbewegung zu beschleunigen und eine zu frühe Drehung zum Stab zu verhindern. Sobald das Sprungbein die Waagrechte erreicht hat, werden beide Beine rasch gebeugt. Durch diese Bewegung wird die Winkelgeschwindigkeit der Drehbewegung des Rumpfes um die Schulterachse nochmals erhöht und das Erreichen einer optimalen L-Position ermöglicht!

Häufige Fehler:

1. Das Kräftedreieck im Schulter-Armbereich ist nicht stabil;
2. Passiver Einsatz des Absprungbeins;
3. Zu frühes Beugen des Absprungbeins;
4. Keine sich beschleunigende Einrollbewegung.

Ursachen:

- Mangelnde Kraftfähigkeiten in Rumpf, Oberkörper und Armen;
- Schwacher oder unvollständiger Absprung.

Die L-Position

Abb. 41: Die „L-Position"

Der Körper nimmt jetzt eine Haltung ein, die einem „L" entspricht. Der am ausgestreckten oberen Arm hängende Oberkörper befindet sich parallel zum Boden, wenn der Stab seine maximale Biegung erreicht (90-110°). Die Hüfte ist gebeugt. Das Becken befindet sich in Kopfhöhe, unterhalb des Griffes beider Hände, aber noch vor dem Stab. Die in den Kniegelenken gebeugten Beine sind mit den Oberschenkeln dicht am Sprunggerät. Die bisher vorwärts gerichtete Stabbewegung ändert ihre Richtung. Der Stab biegt sich zur Seite, wenn der am Stab hängende Körper über den Einstichpunkt gelangt.

Häufige Fehler:

1. Die Hüfte hängt infolge eines zu schwachen Absprungs oder ungenügender Zugarbeit der Arme zu tief.
2. Der obere Arm ist gebeugt.
3. Der untere Arm wird angezogen.

Die Streckung zur I-Position

Abb. 42: Streckung zur „I-Position"

Um den Sprung mit dem größtmöglichen Höhengewinn erfolgreich zu beenden, muß es der Springer verstehen, die in der L-Position gespeicherte Energie (maximal gebogener Stab, maximal vorgespannte Streckmuskulatur des Springers) für eine maximale vertikale Beschleunigung seines Körpers zu nutzen.

Dazu müssen folgende *Bewegungsmerkmale* erfüllt werden:

- Knie- und Hüftgelenk werden explosiv gestreckt,
- der obere Arm bleibt weiter gestreckt,
- der untere Arm ermöglicht durch ein Nachgeben im Ellbogengelenk eine stabnahe Position.

Das Nachgeben im Ellbogen des unteren Armes darf jedoch nicht dazu führen, daß der Arm kraftlos am Stab vorbeisackt; der sich beugende untere Arm muß vielmehr ständig Zug auf den Stab ausüben. Wenn alle Bewegungsmerkmale realisiert werden, gelingt es dem Springer, sein Becken durch eine Vierteldrehung um die Körperlängsachse neben die obere Hand zu bringen. Diese Vierteldrehung darf nicht aktiv aus der Hüfte heraus durchgeführt werden, sondern ist das Ergebnis der Zug-

Druck-Aktivität der asymmetrisch aufgehängten Arme und des sich weiter fortsetzenden Hubs des Beckens.

Häufige Fehler:

Fehlerbild	Ursache	Maßnahme
Zu geringe Streckaktivität des Springers	Fehlende oder falsche Bewegungsvorstellung Unvollständiges Aufrollen Gebeugter Oberer Arm, Kopf auf der Brust	Bewegungsvorstellung entwickeln oder korrigieren Aufrollen verbessern (Armzug, Beinschwung)
Aufgrund vorhergegangener Fehler führt die Streckung, vom Stab weg, zur Latte hin	Unvollständiges Aufrollen Gebeugter Oberer Arm, Kopf auf der Brust	Vorangegangene Bewegungsabschnitte verbessern, evtl. mit weicherem Stab und kurzem Anlauf üben
Bei der Beugung des unteren Armes wird die Schulter- und Armmuskulatur passiv; der Springer sackt am Stab vorbei	Kein Vertrauen in die Sturzhangposition	Verbesserung des Bewegungsverhaltens im Sturzhang an Tau, Ringen, Reck

Die I-Position

Der Springer hängt jetzt vollkommen stabparallel neben dem Stab, der Kopf wird in Verlängerung der Wirbelsäule gehalten. Stab- und Körperstreckung haben dem Springer so viel Vertikalgeschwindigkeit verliehen, daß er ohne große Abweichung von der Verlängerung des Stabes senkrecht nach oben schießt.

Häufige Fehler:

1. Kopf im Nacken oder auf der Brust.
2. Oberer Arm zu früh gebeugt.
3. Keine Zug-Druck-Spannung auf dem unteren Arm.
4. Das Becken des Springers befindet sich nicht neben dem Stab.

Der Zugumstütz

Abb. 43: Der Zugumstütz

In der letzten Phase der Stabstreckung wird die bereits beim Aufschwung zur I-Position eingeleitete Drehbewegung um die Körperlängsachse durch den asymmetrischen Armzug fortgesetzt und später durch die Streckung der Arme unterstützt. Während der gesamten Zug-Streck-Drehbewegung muß der Körper in Verlängerung des Stabs gehalten werden. Ein Fallenlassen der Unterschenkel ist ebenso zu vermeiden wie ein frühes Abknicken der Hüfte. Bei sehr gut gelungenen Versuchen empfinden viele Springer den Zugumstütz oft nur noch als ein begleitendes „Führen" der bereits zu schnellen Vertikalbewegung des Körpers durch die Arme. Springer mittleren Niveaus erleben diese Bewegungsphase dagegen intensiver und glauben, sich noch aktiv nach oben drücken zu können.

Häufige Fehler

1. Die vollständige Körperstreckung der I-Position wird aufgegeben, der Springer wird zu früh „rund" und rotiert um die Latte
2. Der Springer läßt die Unterschenkel zur Latte fallen.
3. Schlechte Koordination der Teilkörperbewegungen.
4. Die Rotation um die Längsachse wird durch eine aktive Hüftdrehung eingeleitet.

Ursachen:

1. Ungenügendes Training zur Verbesserung dieser Sprungphasen;
2. Schlechte Ausholphase aus der vorhergehenden Sprungphase.

Der Abstoß und das Überqueren der Latte

Die Latte wird in der zweckmäßigen Bogenform überwunden. Dabei beugt der Springer das Hüftgelenk (Klappmesser) und läßt die Arme vor der Latte herunterhängen.

Häufige Fehler:

1. Hochreißen der Arme vor oder während der Lattenüberquerung;
2. Mangelhaftes Bücken;
3. Hochklappen der Unterschenkel.

Die Landung

Die Landung erfolgt im allgemeinen bei vorgespannter Muskulatur auf dem ganzen Rücken. Die Landestelle sollte innerhalb eines Rechtecks von etwa 2 m x 2 m liegen. Dieses Rechteck befindet sich ziemlich genau in der Mattenmitte. Größere Abweichungen der Landestelle nach vorn, hinten, links oder rechts beruhen meist auf fehlerhaftem Verhalten des Sportlers beim Einstich.

Häufige Fehler:

1. Der Springer rotiert infolge falschen Absprung- und Flugverhaltens über der Latte um die Breiten- oder Längsachse (Stab beim Einstich nicht vor dem Gesicht; zu frühes Loslassen des Stabes; Scherbewegungen beim Einrollen);
2. Die Muskeln werden bei der Landung unzureichend vorgespannt;
3. Die Landefläche ist zu weit nach hinten, links oder rechts verschoben.

Beispiele für die Technik der Weltbesten

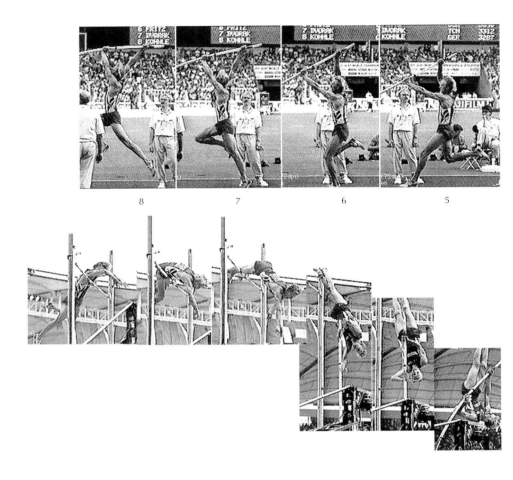

Bildreihe: Trandenkov 5,80 m Weltmeisterschaft Stuttgart

STABHOCHSPRUNG

4 3 2 1

12 11 10 9

108 STABHOCHSPRUNG

Bildreihe: Sergej Bubka (6,00 m) Weltmeisterschaft Stuttgart 1993

STABHOCHSPRUNG

5　　　　　4　　　　　3　　　　　2　　　　　1

13　　　　　12　　　　　11　　　　　10

2.2.2 Trainingsmethodische Hauptaufgaben im Stabhochsprung

Gesamtprozeß

Das Hauptziel im Training muß lauten, verbesserte konditionelle Voraussetzungen (Schnelligkeit, Kraft etc.) und bessere koordinativ-technische Voraussetzungen (Bewegungsvorstellung, Verbesserung technischer Details) ständig in verbesserte komplexe Technik umzuformen. Diese Fortschritte drücken sich z.B. aus in höherer Anlaufgeschwindigkeit, größerer Griffhöhe, härteren Stäben, effektiverem Absprung.

Gestaltung des Techniktrainings

Die methodischen Hauptforderungen für das Techniktraining lauten:
- Keine falsche Bewegung zulassen!
- Nicht im Ermüdungszustand neue Bewegungen lernen wollen!
- Die Rahmenbedingungen ständig so variieren, daß ganzjährig eine möglichst hohe Zahl *richtig* (fehlerlos) ausgeführter Sprünge in *möglichst hoher Intensität* (Anlauflänge, Stabhärte, Griffhöhe) erreicht wird!

Ziele und Lösungswege im Techniktraining

Die wichtigsten leistungsbestimmenden Faktoren für den Stabhochsprung werden in der folgenden Zusammenstellung noch einmal hervorgehoben:

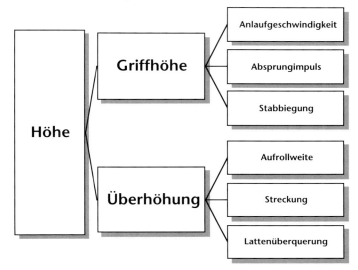

Abb. 44: Bedingungsfaktoren für die Stabhochsprungleistung

STABHOCHSPRUNG

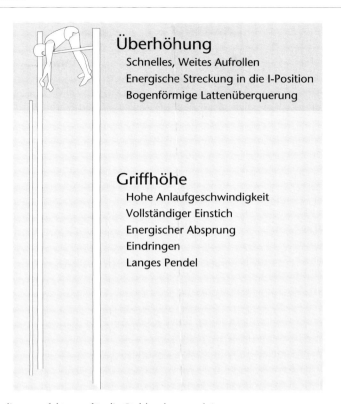

Überhöhung
Schnelles, Weites Aufrollen
Energische Streckung in die I-Position
Bogenförmige Lattenüberquerung

Griffhöhe
Hohe Anlaufgeschwindigkeit
Vollständiger Einstich
Energischer Absprung
Eindringen
Langes Pendel

Abb. 45: Bedingungsfaktoren für die Stabhochsprungleistung

Erste Hauptaufgabe: „Hoch Greifen"

1. Teilaufgabe: „Schnell anlaufen"

Übungen	Beobachtungspunkte
Beim Einlaufen Stabstück verwenden, beidseitig tragen Übungen aus dem Lauf-ABC mit Stabstück oder Stab Übungen aus dem Sprung-ABC mit Stabstück oder Stab Sprints mit dem Stab mit Einstichbewegung • in den freien Raum • mit Rutschkasten	Hohe Hüfte, Vollständige Beinstreckung, Hoher Kniehub Frequenzsteigerung bis in den Absprung hinein Ruhige Stabführung, Keine störenden Seitbewegungen, allenfalls vertikale Bewegungen im Schultergürtel Dreischritt-Rhythmus bevorzugen (Kontakt auf links = Beginn des Einstichs beim Linksspringer) Vollständige Streckung des rechten Arms aus dem Schultergürtel

2. Teilaufgabe: „Energisch abspringen" und „möglichst harten Stab stark biegen"

Kriterien:

- Aktiv abspringen
- Stab „treffen"
- „Frei" abspringen

Übungen	Beobachtungspunkte
Serienspünge ohne und mit Stabstück oder Stab, dabei im Wechsel reaktives Abspringen, mit aktivem Absprung, vertikale oder horizontale Hauptrichtung Take-Off-Übungen aus verschieden langen Anläufen mit simulierten Einstichbewegungen, vertikale oder horizontale Hauptrichtung, evtl. mit niedrigen Hindernissen oder Orientierungsmarken Einarm-Sprünge mit geschobenem Stab mit bis zu 6 AS, auch als Test für die Absprungfertigkeit: Maximale Griffhöhe entspricht der maximalen Absprungdistanz beim Springen mit Wettkampfanlauf Partner-Absprünge mit geschobenem Stab und aus einer Einstichbewegung Partner-Absprünge mit gezogenem Stab Jagodin-Übung	„Scherendes Abspringen": • Vorletzter Bodenkontakt aktiv: „in den letzten Schritt hineindrücken" • Greifendes Aufsetzen des Sprungbeins • Schnelles Schwungbeinknie „Den Stab treffen": • Stab mittig vor dem Körper • Langer oberer Arm, Linker Arm nach oben • Brust vor, Schulterachse mattenparallel • Vorwärtsrotation der Körperlängsachse um den Absprungpunkt • Sprungbein zeigt lang nach hinten „Freier Absprung": • Stab biegt sich erst gegen Ende des Absprungs • Sofortiges starkes Biegen und schnelles Aufrichten des Stabes

Zweite Hauptaufgabe: Große Überhöhung:

1. „Körperlängsachse möglichst schnell zur Deckung mit der Stabsehne bringen" = „Schnell und weit in die L-Position aufrollen"

Kriterien:

- Hüfte über Kopfhöhe, wenn der Stab maximal gebogen ist.

Übungen	Beobachtungspunkte
Übungen an Ringen, Reck, Tau	Weites Ausholen
Hängendes Tau aus dem Stand, Einnahme der Eindring-Position, langes Aufpeitschen des Sprungbeins in die I-Position	Lange Arme
	Verkürzung des Pendels durch Armzug
dto. aus dem Anlauf	Langes, „gepeitschtes" Pendel
dto. am Trapez aus dem Hang	Pendelverkürzung, wenn Sprungbein bodenparallel
Einarmiges Aufrollen am Tau (unterer Arm mit dem freien Tauende vom Körper weg halten)	Hüfte höher verlagern durch gestreckten Armzug nach vorne zu den Füßen

2. „Stechen in die I-Position", Hüftstreckung

Kriterien:

- Erreichen einer gestreckten Sturzhangposition vor der vollständigen Stabstreckung;
- Nabel in Nähe obere Griffhand.

Übungen	Beobachtungspunkte
Alle Kipp- und Felgbewegungen an den Turngeräten	Stabiler Körperzusammenschluß, um die Energie des sich streckenden Stabs ausnutzen zu können
An den Ringen aus der Kipplage in den Sturzhang stechen, ggf. mit 1/4-Drehung	Permanenter Zug des unteren Arms Richtung Einstichkasten
An den Kletterstangen durch energische Hüftstreckungen hochwandern	Aufrechterhaltung der Vertikalbewegung und Einleiten der Drehung durch beidhändigen Armzug
dto. am Tau	
Extensionübungen, evtl. vom Steg	
„Aufroller in die I-Position aus kurzen und mittleren Anläufen; in der I-Position landen, bis max. 6 AS	

3. Bogenförmige Lattenüberquerung

Kriterien:

- In Anhängigkeit von der horizontalen Geschwindigkeit über der Latte angepaßte Bogenform

Übungen	Beobachtungspunkte
Rolle rw durch den Handstand in den Stand, ggf. über ein Hindernis	Kontrollierte Führung der Beine, des Rumpfs und der Arme in Bogenform
Rolle rw von einem Kasten-Mattenberg über eine Hochsprunglatte, Landung auf dem Rücken	Die Arme werden nicht gestreckt nach vorne-oben geworfen, sondern die Ellenbogen werden eng an den Rumpf angelegt
Radwende über ein Hindernis; evtl. mit Sprungbrett oder Minitramp über ein Hindernis	
Für weit Fortgeschrittene: Am Pendeltau Aufschwingen in die I-Position mit Lattenüberquerung	

4. Verbesserung des Gesamtablaufs

Vorbemerkungen:

Das Training des Gesamtablaufs ist für die Optimierung der Sprungtechnik von entscheidender Bedeutung und muß daher einen wesentlichen Teil des Trainings ausmachen. Es genügt nicht, die einzelnen Technikelemente in Spezialübungen auszuprägen. Erst wenn die verbesserten Elemente auch in der Gesamtbewegung beherrscht werden (natürlich zunächst unter erleichterten Bedingungen) ist die gesamte Aufgabe gelöst worden. Wichtige *Gestaltungsmerkmale* sind:

- Anlauflänge
- Schwerpunktsetzung bezüglich der Ausprägung einzelner Elemente oder energetischer Faktoren im Rahmen des Gesamtablaufs
- Verhältnis des Gesamtablauf-Trainings zum „Element-Training"

Ein Großteil aller Technikelemente des Stabhochsprungs kann im Gesamtablauf mit kurzem Anlauf recht gut trainiert werden.

Übungen am flexiblen Stab zur Verbesserung des Gesamtablaufs solltens anfangs aus 10 AS, später 12 -14 AS durchgeführt werden.

Diese Übungen können in den Vorbereitungsperioden in stark reduzierter Form durchgeführt werden, dürfen aber nie ganz fehlen.

Gesamtabläufe müssen in erster Linie zur Vorbereitung der WK-Periode und in der WK-Periode durchgeführt werden. Dabei müssen Hauptaufgaben die Stabilisierung des WK-Anlaufs, dessen Dynamisierung und die Ausprägung der Technik sein, wie sie im Wettkampf realisiert werden soll(möglichst auch mit den Wettkampfstäben trainieren).

Ziel der Wettkampf-Anlauflänge sind 18-20 Schritte. In der WK-Periode sollte das Schwergewicht auf energetisch-rhythmische Zielsetzungen gelegt werden, in den Vorbereitungsperioden auf Teilablaufs-Ziele.

Aus ökonomischen Gründen sollte im Training häufig mit einer Gummischnur als Lattenersatz gesprungen werden. Allerdings sollte vor Wettkämpfen auch im Training mit Wettkampflatten gesprungen werden.

Umfang

Sprünge aus kurzem Anlauf: ca. 20-30 / Technikeinheit

Sprünge aus mittlerem Anlauf: ca. 15-20 / Technikeinheit

Sprünge aus Wettkampfanlauf: ca. 8-12 / Technikeinheit

Durchführung

Grundsätzlich sollten alle Trainingsübungen im Techniktraining hochkonzentriert und mit einer speziellen Zielsetzungen durchzuführen. Ein gelungener Sprung ist besser als fünf mißlungene!

Beobachtungspunkte

1. Rhythmus und Timing des gesamten Sprungablaufs
2. Ausprägung einzelner Sprunganteile

5. Trouble-Shooting

Die folgenden Tabellen zeigen einige Möglichkeiten auf, wie den häufigsten Problemen im Techniktraining mit jungen Stabhochspringern wirksam begegnet werden kann.

Notorisches starkes Unterlaufen

Ursachen	Maßnahmen
Mangelhaft ausgeprägte allgemeine Sprungfertigkeiten	Nur langfristig möglich durch vorsichtige Steigerung des Anteils von Sprungübungen im Training
Ungenügende Koordination der letzten Anlaufschritte mit der Einstichbewegung und der Absprungvorbereitung	Hoher Anteil von Laufkoordinationsübungen mit Stab in der VP und von Wettkampfanlaufsimulationen in der WP
„Defensive" Absprungvorstellung	Aggressive Absprungvorstellung entwickeln
Orientierungslosigkeit auf den letzten Anlaufschritten	Orientierer anbieten

Mehrere Wettkämpfe mit „Salto Nullo"

Ursachen	Maßnahmen
Zu hohe Erwartungshaltung bei ungenügender Stabilität der Technik	Wieder kleinere Brötchen backen, Zwischenziele setzen...
Ungenügende mentale Wettkampfvorbereitung	Klare Aufgaben für die mentale Wettkampfvorbereitung formulieren

Übergang auf härtere Stäbe klappt nicht

Ursachen	Maßnahmen
Neuer Stab zu hart	Zwischenhärte beschaffen
Zu niedriger Griff	Überprüfung der Stabhärte: Flex-Nr.-Veränderung zwischen 0,4 bis maximal 1,0 cm
Neuer Stab zu lang	vorübergehend niedrigerer Griff am härteren Stab
Angst, Verkrampfung	vorübergehend Schubhilfe oder tieferer Einstichkasten

Häufiges Durchlaufen in Training und Wettkampf

Ursachen	Maßnahmen
Psychischer Ermüdungszustand	Rahmenbedingungen überprüfen (z.B. Schule, Freundeskreis) und Trainingsprogramm evtl. variieren
Veränderung des Timings durch verbesserte (oder verschlechterte) konditionelle Voraussetzungen (z.B. Schnelligkeit, Beweglichkeit, Kraft)	Langfristig angelegter Neuaufbau der komplexen Sprungtechnik unter Berücksichtigung der veränderten Bedingungen
Ungenügende mentale Vorbereitung auf die Technik-Trainingseinheit	Mentale Aufgabenstellungen für das Aufwärmen erarbeiten
Verwischte ganzheitliche Sprungvorstellung durch zu viel Training technischer Details	Ein bis zwei Wochen pausieren, dann wieder unter erleichterten Bedingungen springen
Angst vor hartem Stab	vorübergehend Schubhilfe oder tieferer Einstichkasten
Orientierungslosigkeit auf den letzten Anlaufschritten	Orientierer anbieten

Versagen im Wettkampf

Ursachen	Maßnahmen
Ungenügende Festigung des Trainingsstandes	Mehr Trainingssprünge mit härteren Stäben
Zu hohe Erwartungshaltung	Realistische Ziele setzen

Gesamtkomplex Konditions- und Techniktraining

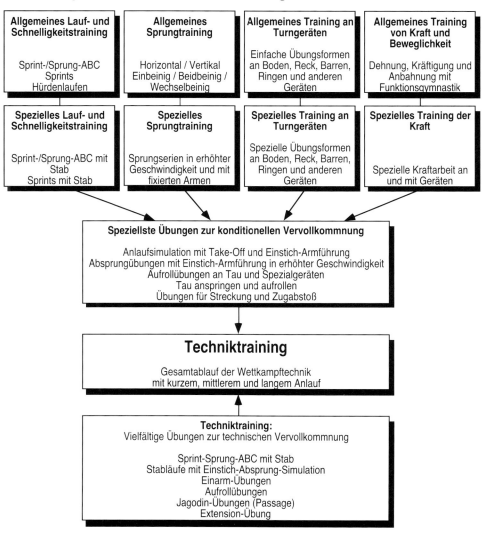

Abb. 46:   Übungsfeld Stabhochsprung

2.2.3 Psychologische Vorbereitung

Bei allen sog. „Risikosportarten" (Stabhochsprung,Kunstturnen u.s.w.) spielt die Psyche eine mindestens ebenso große Rolle wie das physische Talent. Aus diesem Grunde muß auf das Erkennen psychischer Schwächen und auf die Ausbildung bestimmter psychischer Eigenschaften wie Konzentrationsfähigkeit, Angstüberwindung, Wettkampfstabilität im Trainingsprozeß großer Wert gelegt werden. Die allermeisten Stabhochspringer sind denn auch in physischer Hinsicht wesentlich besser ausgebildet als in psychischer. D h. sie müßten aufgrund ihrer Testwerte und Technikparameter eigentlich erheblich höher springen als sie es tatsächlich tun. Im folgenden werden nun einige Maßnahmen beschrieben, die zur Linderung einiger der häufigsten bedingten Fehlhandlungen beim Stabhochspringen dienen können.

Poblemfeld „Durchlaufen"

„Durchlaufen" ist häufig die Folge von Orientierungslosigkeit in den letzten Anlaufschritten. Bei mehrmaligem Durchlaufen arbeitet man daher oft mit einem Abstandorientierer recht erfolgreich (Zwischenmarke, Absprungstelle). In leichten Fällen wird hier ein zweidimensionaler Abstandorientierer, z.B. Kreidestrich genügen, in schwierigeren Fällen sollte man mit einem drei-dimensionalen Orientierer (Schaumgummistück) arbeiten.

Verweigert der Athlet den Sprung immer noch, kann Angst vor einem ungewohnten, meist zu harten Stab die Ursache sein. In diesem Fall sollte man vorübergehend mit einem weicheren Stab springen lassen, den der Sportler auch zusätzlich noch niederer greifen kann.

Wenn der Anlauf schon beim Einspringen um mehrere Fuß nach hinten verlegt werden mußte und der Springer dann mehrfach durchläuft, kann es sein, daß der Athlet übermotiviert ist. Dies hat dann zur Folge, daß der Anlauf für den derzeitigen athletischen Zustand des Sportlers zu schnell geworden ist. Der Springer muß sich in diesem Fall vornehmen, betont langsam und druckvoll zu beginnen und das Tempo erst sehr spät steigern. Eine weitere Möglichkeit ist es auch, den Anlauf um zwei Anlaufschritte zu verkürzen (meist 13 - 15 Fuß).

Zur Vermeidung der Ausbildung eines negativen psychomotorischen Stereotyps sollte man das Techniktraining nach maximal drei durchgelaufenen Versuchen abbrechen. Es sollten dann lieber andere technikspezifische Elemente trainiert werden, als ständig weiter durchzulaufen und sein Fehlverhalten so regelrecht zu trainieren.

Generell scheint es in Risikosportarten in besonderem Maße wichtig zu sein, sich auf jeden einzelnen Gesamtablauf nicht nur techno-motorisch, sondern auch energetisch sehr gut zu konzentrieren. Im Stabhochsprung heißt dies, daß der Athlet vor Beginn des Sprungs die Bewegungssequenzen einschließlich ihrer Dynamik nochmals kognitiv durchgeht (bewußt sich vorstellt) und sich insbesondere vornimmt, den ersten Anlaufschritt nur dann zu machen, wenn er genau weiß, daß er auch abspringen wird!

Auch: Anlauf verkürzen!

Auch: Druck durch Zusatzvereinbarungen erhöhen (z.B. Wette)!

Problemfeld „Optimierung der Wettkampf-Grundeinstellung"

Ebenso wie das wettkampforientierte Durchlaufen kann die Grundeinstellung in Risikosportarten ein Problem darstellen. Wie hieran gearbeitet werden kann, soll im Folgenden gezeigt werden:

- Der Springer sollte stets um eine positive Grundeinstellung bemüht sein. Dazu muß er positives Denken regelrecht üben. Insbesondere muß die Möglichkeit, daß er nicht abspringt, kognitiv ausgeschaltet werden.
- Weiterhin muß der Athlet vollkommen von sich und seinen Fähigkeiten überzeugt sein, ohne sich allerdings zu überschätzen. Dies könnte mit der Überzeugung: „Du hast wochenlang hart trainiert, Du bist gut in Form!" geschehen; oder: „Du bist in der letzten Zeit gut gesprungen, daher wird der Wettkampf heute gelingen!"
- Bei dieser Art der Autosuggestion kann das Bewußtsein wichtig sein, auf der entsprechenden Wettkampfanlage bereits einmal gut gesprungen zu sein.

Selbstbefehle, um erfolgreich zu springen

Um erfolgreiche Sprünge auszuführen, gibt es verschiedene Konzentrationsschwerpunkte, die hilfreich sein können. Zu welchen sich der Springer letztlich entscheidet, hängt zum Teil von seiner Persönlichkeitsstruktur, zum Teil aber auch von der Art der auftretenden Fehler ab. Folgende Konzentrationsschwerpunkte haben sich bewährt:

- Ich laufe druckvoll an!
- Ich mache den ersten Schritt druckvoll nach vorne!
- Ich steigere den Rhythmus ständig bis in den Absprung hinein!
- Ich mache den Stab zum Absprung schnell!
- Ich steche früh ein!
- Ich springe explosiv nach vorne ab!

Selbstbefehle bei der Wahl eines härteren Stabes oder eines höheren Griffs

Eine weitere Schwierigkeit ist es oftmals, auf einen härteren Stab überzuwechseln oder höher greifen. Hier gibt es verschiedene Möglichkeiten, mit denen sich der Springer „überlisten" kann. Generell ist es wichtig, daß der Trainer bei seinem Athleten langfristig die Überzeugung schafft, daß es technisch einfacher und sicherer ist, mit einem etwas härteren Stab zu springen.

Man sollte hierbei allerdings auch vor Selbstüberschätzung warnen, denn es gibt auch Springer, die sich zuviel zutrauen und sich durch die Stabwahl gefährden. Trifft dies auf den Springer nicht zu, so kann er versuchen, sich mit folgenden Vorsätzen zu härteren Staben zu überreden:

- „Mit diesem Stab kann ich gefahrloser springen als mit dem weicheren!"
- „Ich greife den härteren Stab vorrübergehend 5 cm tiefer, dann schaffe ich es auf jeden Fall."
- „Der neue Stab wird mich viel besser nach oben schießen."
- „Mit dem neuen Stab habe ich eine bessere Chance, eine neue Bestleistung aufzustellen und zu gewinnen."
- „Ich bin am Stab so geschickt und beherrsche so viele Abdrehtechniken, daß mir nichts passieren kann, wenn sich der neue Stab nicht ganz aufrichtet."
- „Ich kann mit dem neuen Stab später auch höher greifen und mich so nochmals verbessern."

Das Verhalten bei einem mißlungenen Versuch

Um bei einem Wettkampf einen „Salto Nullo" abzuwenden, sollte der Springer sich an die folgenden sechs Punkte halten. Sie stellen eine gute Möglichkeit dar, den gemachten Fehlern auf die Spur zu kommen und sie zu beseitigen oder zumindest abzuschwächen, wenn die Tagesform keine Eliminierung derselben zuläßt.

- Schlucke deinen Ärger möglichst rasch herunter und komme zu einer nüchternen Analyse deines Sprunges.

- Die Sprunganalyse sollte bereits auf den Rückweg von der Stabhochsprungmatte zum Ruheplatz beginnen (Was war gut an dem Sprung? Habe ich das Tempo richtig gesteigert? Ist der Einstich gelungen? Bin ich weit genug abgesprungen? Bin ich lange genug in den Stab eingedrungen? Waren die Pendel- und Aufrollphase aktiv? Habe ich mich über der Latte rund gemacht?).

Verwende Informationen von Sprungbeobachtern nur dann, wenn die eigene Sprunganalyse unbefriedigend war, wenn du also nicht weißt, weshalb der Sprung mißlungen ist! - Versuche dich am Lagerplatz zunächst vollkommen zu entspannen. Verwende dazu eine vorher eingeübte Entspannungstechnik (z.B. pogressive Muskelrelaxation, autogenes Training oder Aktivtherapie).

Wenn du vollkommen entspannt bist, fasse deine Vorsätze für den nächsten Sprung. Beschränke dich aber auf ein oder höchstens zwei Elemente! Beispiele für solche Vorsatzbildungen:

- Ich steigere mein Tempo bis in den Absprung.

- Ich steche früh ein.
- Ich springe entschlossen nach vorn oben ab.
- Ich dringe lange in den Stab ein.
- Ich halte die Spannung am Stab usw.

Derartige Vorsätze sollen möglichst oft durch inneres Sprechen wiederholt werden!

Nach der Vorsatzbildung einige lebhafte Bewegungen ausführen, z.B. einen kurzen Sprint, einen schnellen Einstich oder einige reaktive Sprünge, um den Muskeltonus, der in der Entspannungsphase vielleicht verloren ging, wieder aufzubauen.

Das Verhalten bei gut gelungenen Sprüngen in wichtigen Wettkämpfen

Über gut gelungene Versuche am besten gar nicht nachdenken. Auch keine „guten Ratschläge" anhören. Den nächsten Versuch auch nicht unbedingt noch besser machen wollen, sondern den Wettkampf einfach laufen lassen.

Diese Ratschläge gelten nicht für unbedeutende Aufbauwettkämpfe, denn hier kommt es weniger auf das Siegen an u.U. auch nicht auf die überwundene Höhe, sondern vor allem darauf, daß die Technik in einer Wettkampfsituation optimiert wird. Hier muß man daher auch Außenkritik bei gelungenen Sprüngen verarbeiten.

2.2.4 Athletische Entwicklung

Die folgende Tabelle soll Anhaltspunkte dafür liefern, welche athletischen Voraussetzungen entwickelt werden müssen, wenn bestimmte Leistungsniveaus erreicht werden sollen.

Kriterium	14	15	16	17	18	19
Leistung	360	410	440	470	500	520
Griffhöhe (am Stab)	370	400	420	440	460	470
Überhöhung	10	30	40	50	60	70
Stabhärte (Körpergewicht + kg)	>2	>6	>6	>8	>8	>8
Stablänge (mindestens cm)	400	425	460	460	480	500
Grundschnelligkeit (20m fliegend)	2,45	2,35	2,25	2,15	2,10	2,05
Horizontale Sprungkraft (Zehner-Sprunglauf aus 3 AS)	26	28	30	32	33	34
Hüft-Reißen	-	Technik	KG -15	KG -10	KG	KG +10
Turnen	Rollen, Felgen, Unter- schwünge	verschiedene Kippen an Reck, Barren und Ringen		Felgbewegungen aus dem Stand, später auch aus dem Hang bis in den Handstand		
Beweglichkeit		Becken-Beweglichkeit Schulter-Beweglichkeit				

Tab. 18: Entwicklung der Leistungsstruktur Stabhochsprung im Aufbautraining

2.2.5 Geräte und Anlagen

Der Stabhochsprung ist die am stärksten von Geräten und technischen Einrichtungen abhängige Disziplin innerhalb der Leichtathletik. Grundkenntnisse über die Beschaffenheit sicherer und effektiver Anlagen und Geräte tragen dazu bei, neben einem effektiven Training alle wichtigen Faktoren für die Leistungssteigerung zu optimieren.

Der Stab

Der biegsame Stabhochsprungstab aus faserverstärktem Kunstharz hat nicht nur eine Leistungsexplosion ermöglicht, er hat auch die Technik des Stabhochspringens verändert.

Der Haupteffekt der Verwendung eines biegsamen Stabes besteht in der Verkürzung der Stablänge durch die Biegung, die es ermöglicht, einen höheren Griff als am starren Stab einzunehmen.

Was geschieht bei der Stabbiegung?

Der Stabhochsprung-Stab verhält sich physikalisch wie eine Feder.

Entscheidend: möglichst starker Zug auf der direkten Verbindungslinie zwischen oberem und unterem Ende des Stabes. Dies wird erreicht durch:

- im ersten Sprungabschnitt ein energisches Eindringen in den Stab;
- im zweiten Sprungabschnitt durch ein langes, dynamisches Pendel bei annähernd gestreckten Armen;
- im dritten Sprungabschnitt durch das „Stechen" in die I-Position.

Das Hauptproblem bei der Stabbiegung besteht in der Auslenkung des Stabes aus seiner gestreckten, ungebogenen Grundposition, dem „Anbiegen". Für die ersten paar Grad Stabbiegung wird erheblich mehr Kraft benötigt, als für spätere Biegephasen.

Die Verwendung leicht vorgebogener Stäbe versucht, dieses Mank wenigstens teilweise auszugleichen: Leicht vorgebogene Stäbe haben einen geringeren Anfangs-Biegewiderstand, und können so zu Leistungssteigerungen beitragen.

Auswahl der Sprungstäbe

Mitentscheidend für den Erfolg des Stabhochspringers ist die Auswahl des richtigen Stabes. Es gibt nichts frustrierenderes für einen Stabhochspringer, als wegen eines zu harten oder zu weichen Wettkampfstabes am Erreichen seiner persönlichen Bestleistung gehindert zu werden!

Stablänge

Abhängig von der Griffhöhe: Der Stab sollte um nicht mehr als 30 cm länger sein, als die Griffhöhe beträgt. Kürzere Stäbe haben oft ein angenehmeres Timing im Biege- und Streckverhalten als längere Stäbe mit vergleichbarer Härte.

Stabhärte

Wähle Deinen Stab so hart, daß immer noch eine möglichst große Biegung erreicht werden kann. Das Ziel ist es, möglichst harte Stäbe bei möglichst hoher Griffhöhe möglichst stark zu biegen! In „Flexnummern"[5] gemessen, sind im Bereich des Aufbautrainings ca. 0,6 mm Härten-Unterschied von Stab zu Stab angemessen.

Präparation und Pflege der Stäbe und der Griffstellen

Prinzipiell sollte jeder Stabhochspringer drei Regeln bei der Präparierung seiner Stäbe und der Griffstellen beachten:

1. Verändere den Aufbau des Stabes nicht! (Nicht absägen, abschleifen etc.). Einzige Ausnahme: der Stab beginnt an seinem unteren Ende, sich zu spalten.
2. Verwende so wenige und so einfache Mittel wie möglich! Schwer zu erhaltende Sprays oder Klebstoffe erhöhen das Risiko, daß ausgerechnet bei einem wichtigen Wettkampf das Haftmittel nicht zu beschaffen ist.
3. Zwischen den Sprüngen sollte der Stab immer in seine Hülle zurückgeschoben werden, um ihn nicht der Sonne auszusetzen, und um die Wahrscheinlichkeit zu verringern, daß jemand darauf tritt!

---

[5] Die „Flexnummer" (von Engl. „flex number", also besser „Härtezahl") eines Stabes wird so ermittelt: Der Stab wird an seinen beiden Enden fixiert. In der Mitte zwischen beiden Auflagestellen wird ein Gewicht von 50 englischen Pfund aufgehängt. Die entstehende Durchbiegung wird in cm und mm gemessen. Beispiel: Eine Härtezahl von „19,4" bedeutet, daß dieser Stab in diesem Verfahren eine Biegung um 19,4 cm erfahren hat.

Die Anlage

Funktionelle und sichere Anlagen erhöhen die Motivation und den Einsatz der Athletinnen und Athleten in Training und Wettkampf. Daher sollten die folgenden Mindest-Kriterien immer wieder überprüft, und vor allem auch bei wichtigen Wettkämpfen (Meisterschaften etc.) in Zusammenarbeit mit den Ausrichtern sichergestellt werden:

Einstichkasten:
- Auf korrekte Maße und Winkel achten (insbesondere Seitenwände und Rückwand)!
- Variation der Einstichkastentiefe im Training ermöglichen!
- Wasser sollte abfließen können!

Lande-Matte:
- So viel Fläche wie möglich nach allen Seiten!
- Weite Winkel im Einstichkastenbereich!
- Kein Loch unter der Matte an der Einstichkastenrückwand (Lattenrost evtl. drehen!)!
- Landefläche nicht zu hoch!
- Vor Feuchtigkeit schützen!

Ständer und Latte:
- Lattenstopper entgegen der Sprungrichtung!
- Keine gewölbte Latte verwenden!

Wichtige Trainingsgeräte

Neben den üblichen Trainingsgeräen, die für alle Springer wichtig sind, haben die Stabhochspringer auch noch die folgenden Trainingsgeräte

Stabende

Das Stabende (ein ca. einen Meter langes Stabstück, am Besten von einem abgebrochenen Stab oder einer Latte abzusägen) leistet gute Dienste beim Sprint-Sprung-ABC des Stabhochspringers. Es ermöglicht die stabhochsprungspezifische Stabtrage- und Einstich-Armführung bei all diesen Übungen, ohne daß ein ganzer Stab mitgeschleppt werden muß.

Rutschkasten

Der Rutschkasten ermöglicht es, den Anlauf und den Einstich-Absprung-Komplex zu schulen, ohne daß unbedingt abgesprungen und der Stab gebogen werden muß.

Die Haupt-Anwendungszeit für dieses Gerät liegt in der ersten Phase des Aufbautrainings.

Tiefenverstellbarer Einstichkasten

Dies ist die wohl wichtigste Einrichtung für ein Stabhochsprung-Trainingszentrum. Der tiefenverstellbare Einstichkasten ermöglicht es, auch im ermüdeten Zustand die Wettkampfstäbe im Training zu springen. Dies hat große Bedeutung für die Entwicklung einer aggressiven Grundhaltung des Springers im Anlauf, da es immer möglich ist, den Stab zu springen.

Natürlich muß auch dieses Mittel vorsichtig angewandt werden: Zu häufiges Springen mit tiefem Einstichkasten darf nicht dazu verführen, die Wettkampfbedingungen zu unterschätzen.

Turngeräte: Tau, Ringe, Reck

In die Nähe jeder Stabhochsprunganlage, sommers wie winters, gehört mindestens eines dieser drei Geräte.

2.3 Weitsprung

Der Weitsprung ist eine der Grundformen der menschlichen Bewegung. Er wird durch einen Fuß beim Absprung eingeleitet und endet mit der Landung auf dem Boden mit beiden Füßen.

Der Weitsprung ist eine sehr anspruchsvolle sportliche Bewegung, die aus einem zyklischen Anlauf mit einer azyklischen Absprungbe-wegung besteht, deren Ziel es ist, dem Körperschwerpunkt (*KSP*) des Springers einen effektiven Impuls zu versetzen. Seine Beherrschung er-fordert folgendes Athletenprofil:

- ✰ Die Schnelligkeit eines Sprinters!
- ✰ Die Sprungkraft eines Hochspringers!
- ✰ Das Rhythmusgefühl eines Hürdenläufers!
- ✰ Die Körperbeherrschung eines Balletttänzers!
- ✰ Die Athletik eines Basketballspielers!
- ✰ Die Treffsicherheit eines Dartspielers!

Günstig sind diese Fähigkeiten in Verbindung mit einem geringen Körpergewicht bei möglichst hoher KSP-Lage (*KSP-Höhe*). Das somit erforderliche Potential kann jedoch erst durch eine technische Vervollkommnung der Technik zum Ziel führen.

Bildreihe: Dietmar Haaf (8,02 m)

2.3.1 Biomechanische Grundlagen des Weitsprungs

Die biomechanische bildliche Darstellung des Weitsprungs erfolgt in einem xz-Koordinatensystem. Die Darstellung beginnt mit der Absprunggestalt und endet mit der Landung, wobei die x-Achse die Sprungrichtung und die z-Achse die Höhenveränderung zeigen.

Biomechanisches Modell des Weitsprungs

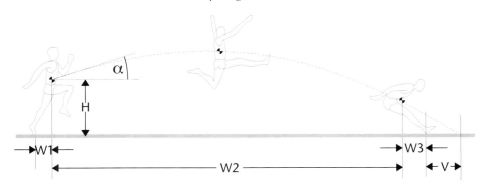

Abb. 47: Biomechanisches Modell des Weitsprungs (nach HAY 1978)

Nach HAY (1978) kann die Sprungweite (W) in drei Teilweiten (W1, W2, W3) eingeteilt werden (siehe Abbildung):

W1: Absprung-Positionsweite (horizontale Distanz zwischen der vorderen Spitze des Sprungfußes beim Verlassen des Bodens und dem KSP);

W2: Flugweite (horizontale Distanz des KSP vom Moment des Abflugs bis zum Moment der ersten Bodenberührung);

W3: Landeweite (horizontale Distanz zwischen dem KSP und der Stelle der ersten Bodenberührung).

Ein Vergleich der Bedeutung dieser drei Teilweiten zeigt, daß die bei weitem wichtigste Größe die Teilweite W2 darstellt. Während die Abflug-Positionsweite W1 in erster Linie durch Körperbau-Merkmale, Hüftbeweglichkeit (die Überstreckung erfordert eine entsprechende Beweglichkeit) und die Technik bestimmt wird, ist die Flugweite W2 des KSP durch die Abfluggeschwindigkeit und den Abflugwinkel bzw. die vertikale und die horizontale Abfluggeschwindigkeit des Körperschwerpunkts sowie durch die Abflughöhe des KSP bestimmt. Die Landeweite W3 schließlich ist wiederum von Körperbau-Merkmalen sowie von der individuellen Gestaltung der Stabilisierung der Abflugposition und der Landevorbereitung in der Flugphase abhängig. Die Distanz zwischen der Schnittstelle einer gedachten Fortsetzung der KSP-Flugkurve mit dem Sand der Weitsprunggrube und dem tatsächlichen Auftreffpunkt des Springers (in der Abbildung V) macht deutlich, daß es nicht mehr möglich ist, während der Landung Weite zu gewinnen, sondern daß – gemessen an der Flugkurve des KSP – immer ein mehr oder minder großer *Landeverlust* auftritt.

Eine *Maximierung der Weitsprungleistung* (bei vorgegebener Anlaufgeschwindigkeit) wird also in erster Linie durch eine Optimierung des Absprungvorgangs erreicht. Zur Diskussion dieser Größen könnten die physikalischen Gesetze des „schiefen Wurfs" herangezogen werden.

Dabei erweist sich als bei weitem einflußreichster Faktor für die Weitsprungleistung die horizontale Abfluggeschwindigkeit des Springers. Diese wiederum ist in erster Linie auf die Anlaufgeschwindigkeit in den letzten Schritten zurückzuführen und wird dann im Absprungvorgang teilweise in vertikale Abfluggeschwindigkeit umgewandelt. Das Verhältnis von vertikaler und horizontaler Abfluggeschwindigkeit schließlich bestimmt – in Abhängigkeit von der Erdanziehungskraft (Gravitationskonstante g: ca. $9,81 m/sec^2$) – die Flugkurve des KSP und damit die theoretisch mögliche Maximalsprungweite.

Basierend auf diesen Grunderkenntnissen sowie auf der mehr als zehnjährigen Analyse von Tausenden von Wettkampfdaten, hat eine Forschungsgruppe der Karls-Universität Prag ein Verfahren der biomechanischen Schnellinformation entwickelt. In ihm können leicht meßbare Daten der Anlaufgeschwindigkeit, die Differenz zwischen tatsächlicher Abprungstelle und der Meßlinie am Balken und die gemessene

Sprungweite mit früheren Daten verglichen und so verschiedene Rückschlüsse gezogen werden, ob die jeweiligen individuellen Schnelligkeits- und Krafteigenschaften, im Verhältnis zum Sprungergebnis, ausgewogen beteiligt sind, oder ob Fortschritte über eine bessere Ausbildung eines bestimmten Faktors (entweder der Schnelligkeit oder des Komplexes Technik/Kraft) erwartet werden können (siehe folgende Abbildung).

Die tatsächliche Sprungweite und die dabei gemessene Anlaufgeschwindigkeit werden im zweiachsigen Diagramm eingetragen. Es ergibt sich eine Zuordnung entweder links oder rechts von der diagonalen Mittelachse, die den „Optimalbereich" kennzeichnen soll. Abweichungen nach rechts können als „schnelligkeitsbetontes", Abweichungen nach links als „kraft/technik-betontes" Ergebnis interpretiert werden. Im ersteren Fall sollte eine Optimierung des Kraft- und/oder Techniktrainings zu Leistungssteigerungen führen, im zweiten Fall eine Optimierung der Grundschnelligkeit und/oder der Anlaufgeschwindigkeit.

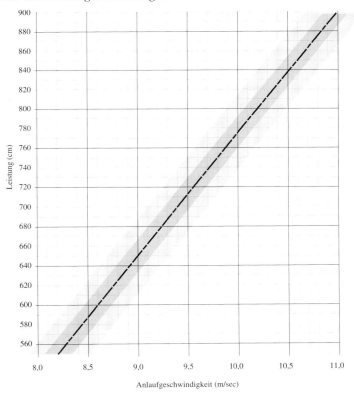

Abb. 48: Verhältnis der Anlaufgeschwindigkeit zur Sprungleistung

In einfachen Worten kann also – aus biomechanischer Sicht – die Aufgabe beim Weitsprung so formuliert werden:

> **Erzeuge eine möglichst hohe Anlaufgeschwindigkeit und gestalte den Absprung so, daß eine möglichst hohe vertikale Abfluggeschwindigkeit entsteht, ohne daß zu viel Horizontalgeschwindigkeit verloren geht. Versuche dann bei der Landung, möglichst viel Weite zu gewinnen.**

Das folgende Diagramm stellt die wichtigsten Zusammenhänge für das Zustandekommen einer guten Weitsprungleistung noch einmal im Überblick zusammen:

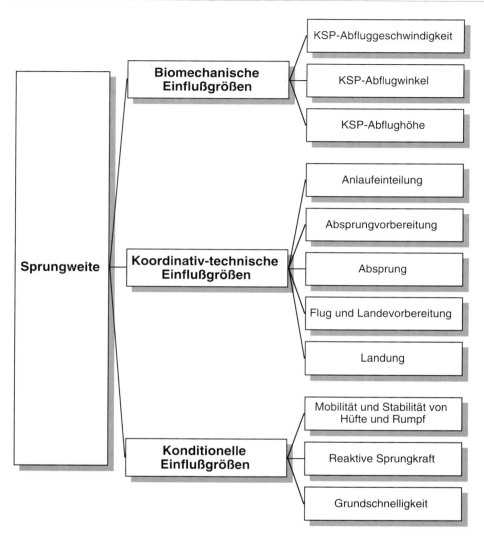

Abb. 49: Einflußgrößen der Sprungweite im Weitsprung

Zu beachten ist für diese Übersicht, daß biomechanische, koordinativ-technische und konditionelle Einflußgrößen in der Praxis eine Einheit darstellen, die nur zum Verständnis der inneren Zusammenhänge analytisch getrennt werden sollten.

Weitere biomechanische Kriterien des Weitsprungs

Die folgende Abbildung zeigt die schematische Darstellung der KSP-Bahn und weitere biomechanische Parameter beim Weitsprung. Sie sollen zum besseren visuellen Verständnis der folgenden Ausführungen dienen.

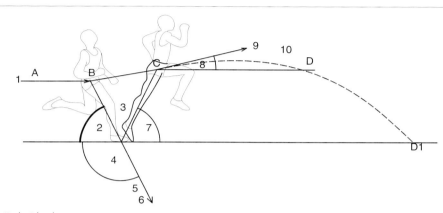

Dabei bedeuten:

1	Anlaufgeschwindigkeit
2	Aufsetzwinkel des Sprungbeines
3	Amortisationswinkel im Kniegelenk
4	Winkel der Kraftwirkung von 5
5	Druckkraft des Körpers auf den Balken
6	Absprungdauer
7	Absprungwinkel
8	Abflugwinkel des KSP
9	Abfluggeschwindigkeit des KSP
10	Flugweite
A	Horizontale Anlaufgeschwindigkeit (= Der Anlauf ist die [Start-] Beschleunigung des KSP)
B/C	Bewegungsumkehr im Absprung (= Der Absprung ist die zweite [End-] Beschleunigung auf den KSP)
C	Stützende beim Absprung
C-D/D_1	Größtmögliche Flugweite (aus: KREJOR/POPOV 1986, 15)

Die Phaseneinteilung beim Weitsprung

Die im disziplinübergreifenden Teil vorgestellte funktionelle Dreiteilung des Sprungablaufs kann für den Weitsprung in der folgenden Tabelle konkretisiert werden:

Phase	Anlauf	Absprungvorbereitung / Absprung	Flug / Landung
Beginn - Ende	Erster Fußkontakt auf der Ablaufmarke bis Vor dem Aufsetzen zum drittletzten Bodenkontakt	Absprungvorbereitung: Aufsetzen zum drittletzten Bodenkontakt (auf dem Sprungbein, die letzten zwei Schritte) bis zum Aufsetzen zum Absprung Absprung: Aufsetzen des Sprungbeines zum Absprung bis zum Abflug	Flug: Lösen des Sprungbeins vom Weitsprungbalken bis zum ersten Kontakt im Sand Landung: Erster Kontakt im Sand bis Verlassen der Sprunggrube
Funktion	Entwicklung einer • maximalen Anlaufgeschwindigkeit • größtmöglichen Anlaufgenauigkeit	Absprungvorbereitung: Verknüpfung Anlauf und Absprung, Entwicklung einer hohen Absprungbereitschaft Absprung: Entwicklung großer horizontaler und vertikaler Abfluggeschwindigkeiten	Verknüpfung Absprung und Landung Stabilisierung der Flughaltung Entwicklung einer großen Landeweite Landepositionierung Landerealisierung
Biomechanische Parameter	Horizontale Anlaufgeschwindigkeit Länge des Beschleunigungsabschnitts	Absprungvorbereitung: Länge der letzten zwei Anlaufschritte, Schrittfrequenz, Änderung der KSP-Höhen in Stütz- und Flugphasen, Horizontaler Geschwindigkeitsverlust Absprung: Bodenkontaktzeit, horizontale und vertikale Abfluggeschwindigkeit, Abflugwinkel	Differenz Abflug- und Landehöhe Landeweite und Landehöhe

Tab. 19: Phaseneinteilung beim Weitsprung: Beginn, Ende, Funktion und biomechanische Parameter

Für den Absprung und die Landung muß hier festgehalten werden, daß die jeweils unmittelbar vorangehenden Bewegungen (die Absprungvorbereitung für den Absprung und der Flug für die Landung) als vorbereitende Hilfs-Funktionsphasen betrachtet und beschrieben werden müssen. Die Funktionen der Absprungvorbereitung und des Flug können nur dann richtig verstanden werden, wenn ihre Aufgabe in der Vorbereitung einer Hauptfunktionsphase gesehen wird.

ANLAUF	**ABSPRUNGVORBEREITUNG / ABSPRUNG**	**FLUG / LANDUNG**
Schaffung einer möglichst hohen Bewegungsenergie	**Effektive Umformung der Bewegungsenergie**	**Ökonomische Ausnutzung der Bewegungsenergie**
Beschleunigung	Absprungvorbereitung	Stabilisierung der Flughaltung
Auf den Fußballen! Hoher Kniehub! Hinterstützstreckung! Oberkörpervorlage!	Erhöhung von Schrittfrequenz und Schrittveränderung! Hohe Knieführung! Maximale Geschwindigkeit! Gestreckte Hüfte! Aufrechter Oberkörper! Dynamik geht deutlich nach vorn! Schnelles Anheben des Beckens zum Absprung!	Durch Öffnung des Kniewinkels beim Schwungbein kommt es zum Ersten Schritt Mühlkreisbewegung der Arme und Beine (1 Arm immer oben, 1 Arm immer unten)! Aktives Zurückführen des fast! gestreckten Schwungbeines nach unten-hinten! Ausgleichend wird das Sprungbein gebeugt, nach vorn gebracht und überholt das Schwungbein!! Somit leichte Rücklage (sichtbares Vorbringen der Hüfte)! Vom Schwungbeinstand zum Zweiten Schritt Zurückgeführtes Schwungbein wird hinter dem Rumpf gebeugt und leitet den Zweiten Schritt ein, der einem Hürdenschritt gleicht!
Höchstgeschwindigkeit	Sprungbein-Aufsetzen	Landepositionierung
Rhythmische Laufschritte! Maximale Geschwindigkeit! Konstanz der Lauftechnik und des Schrittmaßes führen zur Anlaufgenauigkeit!	Aus einem Kniehub! Kniegelenkstreckung! Hüftgelenkstreckung! Aktive Sprungbeinbewegung aus der Hüfte zum Absprungpunkt nach unten-hinten! Sprungbein-Fuß schnell aufsetzen und auf die ganze Sohle abklappen! Sprungbein setzt in Richtung der Projektionslinie auf dem Balken auf! Sprungbein-Fuß setzt in Laufrichtung auf!	Im letzten Teil der Flugkurve werden die Fersen bis in die Höhe des Beckens angehoben, hiermit endet der Zweite Schritt Das hintere gebeugte Schwungbein wird aktiv nach vorn-innen zum fixierten Bein geführt Beine und Arme in waagerechter Parallelstellung bei maximal vorgeneigtem Rumpf
	Absprunggestalt	Landerealisierung
	Fuß-, Knie- und Hüftgelenkstreckung! Schwungbein offen Unter-schenkel zu Oberschenkel = 90°! Schwungbein-Fuß in Dorsalflexion! Fußspitze des Sprungbeins zeigt zurück zum Balken(Plantarflexion)!	Vorgeneigter Oberkörper Hohes, weites, aktives Vorbringen der Knie Arme werden parallel nach hinten geführt! Füße und Beine landen parallel im Sand, verbunden mit einem Aufrichten des Oberkörpers! Anschließend aktive Gesäßbewegung über die Fersen mit aktiv-parallelem Armschwung nach vorn

Tab. 20: Technikmodell Weitsprung

2.3.2 Technikmodell Weitsprung

Bildreihe: Carl Lewis 8,67 m, Weltmeisterschaft Rom 1987

WEITSPRUNG

Leistungsstruktur der Disziplin

Neben der Frage, welche technischen Voraussetzungen erforderlich sind, um Spitzenleistungen im Weitsprung vorzubereiten, muß auch die Frage nach den konditionellen Voraussetzungen – allgemein und speziell – beantwortet werden. Die folgende Tabelle gibt eine Übersicht, welchse konditionellen Zubringerleistungen mit einem bestimmten Leistungsniveau korrespondieren sollten. Die darin enthaltenen Werte sind Orientierungswerte, die das Augenmerk auf zukünftige Trainingsschwerpunkte lenken sollten.

Leistungsparameter Frauen für Zielleistungen im Bereich des Aufbautrainings

		Zielleistung		
		6,00	6,20	6,40
Weitsprung mit Wettkampfanlauf (Training)	m	5,60-5,80	5,90-6,00	6,10-6,20
5 m Anlaufzeiten	sec	0,58-0,59	0,565-0,575	0,530-0,545
Sprünge mit mittlerem Anlauf (13-15 AS)	m	5,40-5,70	5,75-5,90	5,90-6,20
Sprünge mit kurzem Anlauf (7-9 Schritte)	m	5,20-5,30	5,40-5,50	5,60-5,70
5 er Hop Sprungbein aus dem Schlußstand	m	11,50-12,50	12,50-13,50	13,50-14,50
5 er Sprunglauf aus 7 Anlaufschritten	m	16,00-17,00	17,00-18,00	17,50-19,00
Reißen mit der Scheibenhantel	kg	35-40	40-45	50-55
Umsetzen mit der Scheibenhantel	kg	45-50	50-60	60-65
20 m Hochstart (elektrische Zeitnahme)	sec	3,05-3,10	3,00-3,05	2,95-3,00
30 m fliegend (elektrische Zeitnahme)	sec	3,50-3,65	3,40-3,55	3,25-3,35
40 m Hochstart (elektrische Zeitnahme)	sec	5,40-5,50	5,30-5,40	5,20-5,30
100m Hochstart (Handstoppung)	sec	12,3-12,5	12,0-12,2	11,9-11,8
150 m Hochstart (Handstoppung)	sec	20,0-21,0	19,5-20,0	18,5-19,5
Kugelschocken rückwärts (4 kg)	m	12,00-13,00	13,00-14,00	14,00-15,00
Kugelschocken vorwärts (4 kg)	m	11,00-12,00	12,00-13,00	13,00-14,00
100 m Sprunglauf (Anzahl)	Anz	35x-36x	35x-34x	33x-34x
100 m Sprunglauf(Zeit)	sec	18,5-19,0	17,0-17,5	15,0-16,0

Tab. 21: Leistungsparameter Frauen für Zielleistungen im Bereich des Aufbautrainings

2.3.3 Trainingsmethodische Hauptaufgaben und Lösungswege

Die faktische Einheit der konditionellen mit den koordinativ-technischen Fähigkeiten und Fertigkeiten erfordert es auch im Weitsprungtraining des Aufbautrainings, ausgewogene Zielsetzungen im konditionellen, wie im koordinativ-technischen Bereich zu verfolgen. Dabei muß die Effektivität der Ausprägung der leistungsbestimmenden Faktoren ergänzt werden durch die Effizienz der Abstimmung der Teilbereiche untereinander.

Techniktraining

Wie im Zusammenhang mit der Diskussion von Bewegungsfehlern, ihren Ursachen und effektiver Gegenmaßnahmen (siehe „Disziplinübergreifender Teil") deutlich geworden sein sollte, sind insbesondere die

- Entwicklung einer korrekten Bewegungsvorstellung,
- Entwicklung der Bausteine für die komplexe Gesdamtbewegung und die
- Vervollkommen der frühen Sprungphasen (Anlauf und Absprungvorbereitung)

in den Mittelpunkt der koordinativ-technischen Ausbildung auch im Weitsprung zu stellen.

Entwicklung einer korrekten Bewegungsvorstellung des Weitsprung-Gesamtablaufs und seiner Teilbewegungen

Die folgenden Maßnahmen sind besonders geeignet, eine korrekte Bewegungsvorstellung des Weitsprung-Gesamtablaufs zu erarbeiten:

- Video, Bildreihen, Bewegungsexperimente
- Vergleich der Technik der Weltbesten mit den besten eigenen Sprüngen
- Häufige Aktualisierung der Bewegungsprogramme und -empfindungen bei besonders gelungenen Versuchen

Entwicklung des effektiven Sprint-Schritts mit großer Bewegungsweite in der Hüfte bei stabilem Rumpf (keine Ausweichbewegungen in der LWS)

Aktiver Fußaufsatz

- „Peitschenartige" Streckbewegung in Hüfte, Knie und Fuß (unterschiedliche Streckzeitpunkte für die drei Gelenke)
- Kontaktfläche beim Sprint: Ballen
- Kontaktfläche beim Sprung: ganzer Fuß
- Vorspannung in der Wade

Einsatz der Schwungelemente

- Überkreuz-Koordination von Armen und Beinen
- Armbewegungen: Konstanter Winkel im Ellbogen, Bewegung aus dem Schultergelenk

Entwicklung eines stabilen Anlaufmusters mit Vorbereitung einer flüssigen Absprungvorbereitung

Der Weitsprunganlauf muß zwei Anforderungen erfüllen, wenn er gute Ergebnisse vorbereiten soll:

- Er muß zu einer hohen Endgeschwindigkeit führen;
- Er muß genau sein.

Voraussetzung eines stabilen Anlaufmusters für den Weitsprung ist es, die grundlegenden Fertigkeiten des Sprintens so weit zu beherrschen, daß in der Phase der Absprungvorbereitung einen flüssiger Übergang von der Phase der Hochgeschwindigkeit zur Absprungvorbereitung möglich wird. Dies ist keine leichte Aufgabe: das gleichmäßige Muster der Arm- und Beinbewegungen in der Phase der Hochgeschwindigkeit muß in einer ganz bestimmten Weise rhythmisiert werden, so daß ein akzentuierter Einsatz der Sprung- und Schwungelemente möglich wird.

Die Anlaufgenauigkeit wird mit Hilfe einer Zwischenmarke kontrolliert, die im Rahmen der langfristigen Entwicklung ihren Charakter als Orientierungsmarke für den Athleten verliert und nur noch eine Kontrollmöglichkeit für den Trainer darstellt.

Verbesserung des Anlaufverhaltens

Abb. 50:   Anlaufverhalten im Weitsprung

Aufgaben

Schaffung einer möglichst hohen Anlaufgeschwindigkeit unmittelbar vor dem Absprung; Orientierung des gesamten Verhaltens hin zur folgenden Absprungphase; Ausprägung einer hohen Anlaufgenauigkeit

Ziele

Bewegungsverhalten: Aufrechtere Rumpfhaltung im Vergleich zum Sprint; etwas höhere Knieführung; Gestaltung des Schrittrhythmus: Beschleunigungsphase mit hoher Frequenz und steigernder Schrittlänge, Hochgeschwindigkeitsphase mit gleichmäßiger Schrittlänge und Frequenz („sprintähnlich"), höchstmögliche „kontrollierte" Geschwindigkeit kurz vor dem Absprung.

Zur Festlegung der Anlauflänge können die folgenden beiden Tabellen herangezogen werden:

30-m-Zeit (Sekunden)	100-m-Zeit (Sekunden)	Anlaufschritte (Anzahl)
4,7	13,0	12
4,5	12,5	14
4,3	12,0	16
4,1	11,5	18
3,9	10,9	20
3,7	10,4	22

Anmerkung: Frauen laufen bei gleichen Anlaufgeschwindigkeiten zwei Schritte mehr.

Tab. 22: *Festlegung der Anlauflänge nach 30- und 100-m-Zeiten*[6]

Parameter	Männer	Frauen	Junioren	Juniorinnen
Anlauflänge (Meter)	42 - 50	37 - 43	35 - 38	28 - 32
Anlaufschritte (Anzahl)	20 - 24	18 - 22	18 - 22	16 - 18

Tab. 23: *Anlauflänge und -schritte bei Männern, Frauen, Junioren, Juniorinnen*

Übungen, Methoden und Maßnahmen zur Verbesserung des Anlaufverhaltens

1. Der Anlaufrhythmus und die Anlaufgeschwindigkeit wird zunächst nicht an der Weitsprunggrube, sondern auf der Sprintbahn entwickelt. Optische Barrieren verhindern die volle Geschwindigkeitsentfaltung, außerdem bestehen Verletzungsgefahren wegen der wechselnden Oberfläche.

2. Die *Wettkampfanlauf-Simulation* ist die zentrale Technik-Übung, bei der der Wettkampfanlauf in hoher Geschwindigkeit und mit angedeuteter Absprungvorbereitung durchgeführt wird. Folgende Ziele lassen sich verfolgen:

- Rhythmusschulung

---

[6] aus: IAAF-Biomechanicl Research Athens 1986 S E/4, nach POPOV 1983

- Schnelligkeitsentwicklung
- Anlaufgenauigkeit

3. Regeln für die Benutzung von Zwischenmarken:

- Benutzung im Anfangsstadium der Entwicklung des Anlaufs (im langfristigen Prozeß und im Trainingsjahr)
- Für den Trainer sind Kontrollmarken vier Schritte vor dem Absprung sinnvoll: Athlet hat sehr hohe Geschwindigkeit; Rückschlüsse auf Fehler in der Absprungvorbereitung sind so möglich
- Für den Athleten nur in der Auftaktphase, auf den ersten Schritten, die noch in langsamer Geschwindigkeit erfolgen
- Baldmögliche Entferung der Zwischenmarken des Athleten, um „gebremste" Schnelligkeitsmuster zu vermeiden

Beobachtungspunkte für den Trainer

Haupt-Beobachtungszonen: Hüfte und Fuß

- Aufrichten des Oberkörpers, ohne in die Rücklage zu gehen
- Hoher Kniehub
- „Sitzen" beim Lauf in den Knien, „Tiefe Hüfte"
- Abbremsen in allen Variationen (auch Treibenlassen etc.)
- Aktive und schnelle Ausführung des letzten Schritts

Verbesserung der Absprungvorbereitung und des Absprungs

Abb. 51: Absprungvorbereitung und Absprung

Aufgaben

Auf der Basis der jeweiligen individuellen Voraussetzungen (Grundschnelligkeit, Sprungkraft) muß ein „optimaler" Absprungimpuls angestrebt werden.

Es muß ein ein optimaler Kompromiß gefunden werden muß zwischen der Aufgabe, auf dem Balken möglichst schnell zu sein (Horizontalgeschwindigkeit) und der

Aufgabe, einen hohen Absprungimpuls (Vertikalgeschwindigkeit) zu erzeugen. Dabei darf (im Idealfall) keine Horizontalgeschwindkeit verloren gehen.[7]

Ziele

1. Verlängerung des vorletzten Schrittes durch Aufsatz des Fußes weiter vor dem KSP (evtl. leichte Körpervorlage, um diesen BK schnell zu passieren) und relativ kurzer letzter Schritt. Die damit verbundene leichte Absenkung des KSP ist aus zwei Gründen für eine Optimierung des Sprungergebnisses notwendig:

a) Der Beschleunigungsweg für die Streckbewegung des Springers verlängert sich

b) Die für eine explosive Streckbewegung notwendigen Reflexmechanismen (Dehnungsreflex, Dehnungs-Vekürzungs-Zyklus) können nur durch die beim Aufsetzen des Sprungfußes auftretende schlagartige Dehnung der Streckmuskulatur ausgelöst werden: Die Folge ist ein durch den Reflex deutlich verkürzter Kraftanstieg sowie ein deutlich erhöhtes Kraftmaximum im Vergleich z.B. zum Sprintschritt, aber auch zu rein willkürlichen Streckbewegungen (Jump-and-Reach). Nur die Einschaltung dieser Mechanismen ermöglicht die Realisierung eines Vertikalimpulses in der sehr kurzen Zeit, die dafür zur Verfügung steht (BKZ 0,12-0,15 sec).

2. Der KSP erreicht seine tiefste Position während des vorletzten BK. Die Vertikalbeschleunigung setzt also bereits vor dem Fußaufsatz zum Absprung ein!

3. Trotz der Verkürzung des letzten Schrittes erfolgt der Fußaufsatz vor der senkrechten Projektion des KSP auf der Anlaufbahn. Die gesamte Streckerkette ist vor dem Fußaufsatz angespannt.

4. Einsatz der Schwungelemente: Der Schwungbeineinsatz und der wechselseitige Einsatz der Arme erfolgen so, daß der Hub dieser Teilkörpermassen bereits sehr früh während der Amortisationsphase reaktiv zu einer Absenkung anderer Teilkörpermassen und damit zu einer Verstärkung des oben beschriebenen Dehnungsreflexes beiträgt. In der Streckphase, noch vor dem Verlassen des Bodens, bewirkt ihre plötzliche Abbremsung dagegen eine „Impulsübertragung", die zu einer Beschleunigung des Gesamtsystems nach vorne-oben führt.

Übungen, Methoden, Maßnahmen

Alle beschriebenen Maßnahmen gehören zum Techniktraining im engeren Sinn. Alle allgemeinen Gestaltungshinweise für das Techniktraining (individuelle Ziel-

---

[7] „Schiefer Wurf": Für eine gegebene Abfluggeschwindigkeit verhilft ein Abflugwinkel von 45° zur größten Weite. Aus biologischen Gründen ist diese theoretische Grundforderung im Weitsprung nicht zu erfüllen. Das Verhältnis zwischen horizontaler und vertikaler Abfluggeschwindigkeit beträgt etwa >2:1, die gemessenen Abflugwinkel liegen zwischen 18° und 25°.

Abb. 52: Take-Off-Übung

setzung, weitestgehend fehlerfreie und ermüdungsarme Anwendung) müssen von Athleten und Trainern in allen Maßnahmen beachtet werden.

a) Spezielle Sprungkoordinationsschulung:

- Hopserläufe in allen Variationen
  Hauptaugenmerk: Aktiver Fußaufsatz aus der Hüfte, aufrechter Oberkörper, volle Absprungstreckung, Einsatz der Schwungelemente, Gesamtkoordination aller Teilbewegungen
  Ausführung zunächst im Stand, danach langsame Erhöhung der Horizontalgeschwindigkeit. Die fehlerlose Ausführung sollte in jedem Fall sichergestellt sein!
  Hauptfehlerbereiche: Fußaufsatz auf dem Ballen oder auf der Hacke, Fußaufsatz zu nah an der senkrechten Projektion des KSP, Hängenlassen des Fußes, zu lange Armführung, Kniefführung nicht hoch genug, Einklemmen/Zurückhalten des Schwungbein-Unterschenkels, Gesamtkoordination aller Teilbewegungen.

b) Absprungübungen (Take-Offs):

- Galoppsprünge, Steigesprünge, ohne oder mit ganz flachen Hindernissen/Orientierungsmarken (zu hohe Hindernisse provozieren eine Rücklage vor dem Absprung, unvollständige Streckung im Absprung, oder eine zu stark vertikal gerichtete Bewegung).
  Aus den Absprungübungen läßt sich durch kontinuierliche Anlaufverlängerung der wettkampfmäßige Weitsprung entwickeln.

Auf der Bahn:

- Kniehebegehen, Kniehebelauf, Hopsersteps
- Kniehebegehen zum Absprung vom und Landung auf dem Sprungbein, mit 2-4-6... Gehschritten zwischen den Absprüngen

- Hopserlauf mit vertikaler Betonung
- Kniehebelauf zum Galoppsprung mit 1-3-5 Laufsprüngen dazwischen

An der Grube:

- Absprung-Imitationsübung:
  Ausgangsstellung: Einbeiniger Ballenstand auf dem Schwungbein, Sprungbein angehoben, Oberschenkel waagerecht, Unterschenkel senkrecht, Fuß angezogen, richtige Armhaltung/Überkreuz-Koordination
  Bewegung: Schritt nach vorne mit aktiver Streckbewegung aus Hüft-, Knie- und Fußgelenk, Absprung mit Schwungbein-Einsatz bis zur Waagerechten und Armkoordination (Schwungelemente abbremsen/blockieren), Landung auf dem Absprungbein in der Grube
  Fehler: „Nach-vorne-Fallen" ohne deutliche Streckbewegung aus der Hüfte
  Variation: Landung in Telemark-Haltung
- Absprung-Imitationsübung aus 4-9 Angehschritten im Kniehebegehen.
  Fehler: Zögern vor dem Absprung, Verlängerung des letzten Schrittes gegenüber den vorhergehenden Schritten
- Absprung-Imitationsübung aus dem Kniehebelauf mit 4-9 AS
  Achtung: Bei ansteigender Geschwindigkeit keine Telemark-Landung mehr, sondern weiterlaufen!
- Absprung-Imitationsübung aus dem Kniehebelauf mit 4-9 AS als Schrittweitsprung in die Grube mit Landung auf beiden Beinen
- Absprung-Imitationsübung aus dem Kniehebelauf mit 4-9 AS mit kompletter Technik
- Sprünge aus 6-9 AS in die Grube
  Achtung: Keine technischen Fehler (Vorlage, Rücklage, stemmen, etc.) zugunsten der Sprungweite in Kauf nehmen!

Wenn aus dieser Anlauflänge eine gute, stabile Bewegungsausführung erreicht wird, dann kann der Anlauf jeweils um zwei Anlaufschritte verlängert werden (bis ca. 25m/12-13 AS).
Zielsetzung: Zu Beginn eines Wettkampfabschnitts sollte eine gute Absprung-Technik aus dieser Anlauflänge realisiert werden können.

Beobachtungspunkte für den Trainer:

- Flüssiger Übergang aus dem Anlauf in den Absprung
- „Leichter" Absprung ohne erkennbares Bremsen mit deutlichem Vertikalimpuls
- Stabile Abflughaltung ohne durchgeschobene Hüfte

Verbesserung des Flug- und Landeverhaltens

Abb. 53: Flug- und Landeverhalten Laufsprung („Hitch-Kick")

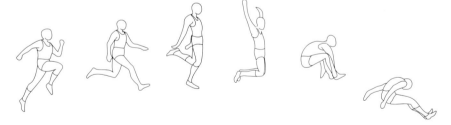

Abb. 54: Flug- und Landeverhalten Hangsprung

Aufgaben

Da mit dem Verlassen des Bodens die Flugkurve des KSP vorbestimmt ist, kann der Springer nur noch durch geschickten Ausgleich der Absprungrotationen und geeignete Maßnahmen zur Landevorbereitung einen immer vorhandenen Landeverlust minimieren.

Die Bewegungen in der Luft sind jedoch durch den Absprung vorprogrammiert, so daß dieser zusammen mit der Anlaufschulung und der Schulung der Absprungvorbereitung im Mittelpunkt des Techniktrainings stehen muß. Maßnahmen zur Verbesserung des Flug- und Landeverhaltens können nur ergänzende und kompensierende Wirkung erlangen.

Ziele

- Ausgleich der im Absprung entstandenen Drehungen
- Vorbereitung einer effizienten Landung durch geeignete Ausholbewegungen

Übungen, Methoden, Maßnahmen

- Verlängerung der Flugphase durch erhöhte Anlauf-Absprung-Ebene bei Sprüngen mit kurzem bis mittlerem Anlauf

Beobachtungspunkte für den Trainer:

- Ausholen durch Überstrecken in der Hüfte nach Ausgleich des Absprungimpulses

Verbesserung der Gesamtbewegung

Parallel Training für die einzelnen Teilphasen der Bewegung beim Weitsprung muß in genügend hoher Anzahl immer wieder die Gesamtbewegung trainiert werden, um die elementaren Bewegungsbausteine in einen harmonischen Gesamtablauf zu integrieren.

Beobachtungspunkte für den Trainer:

- Fluß der Gesamtbewegung
- Verknüpfung von Anlauf und Absprung
- Verknüpfung von Absprung und Landung
- Akzentuierung von Teilbewegungen im Rahmen des Gesamtablaufs

Fehler im Bewegungsablauf, ihre Ursachen und Korrekturmöglichkeiten

Die folgenden Übersichten ermöglichen es, für ein bestimmtes Fehlerverhalten bewegungsstrukturelle Defizite zu einem früheren Zeitpunkt im Sprungverlauf oder konditionelle Ursachen zu finden.

Anlauf

Fehler	Ursachen und Korrekturansätze
Zu lange oder zu kurze Schritte	Ungenügend ausgebildete Laufkoordination, fehlendes Anlaufmuster und/oder fehlende Kraftfähigkeiten
Zu niedrige oder zu hohe Frequenz	Ungenügend ausgebildete Laufkoordination, fehlendes Anlaufmuster
Mangelhafter Kniehub	Ungenügend ausgebildete Laufkoordination
Mangelhafter Abdruck	Ungenügend ausgebildete Laufkoordination, fehlendes Anlaufmuster und/oder fehlende Kraftfähigkeiten
Mangelhaftes Anfersen	Ungenügend ausgebildete Laufkoordination und/oder fehlende Dehnfähigkeit
Zu passiver Fußaufsatz	Ungenügend ausgebildete Laufkoordination
Fußaufsatz über die Ferse oder auf der ganzen Sohle	Ungenügend ausgebildete Laufkoordination, falsche Bewegungsvorstellung
Kein sprintgerechter Armeinsatz (Hände flattern, Ellbogen beugen und strecken, kein Schwingen aus der Schulter)	Ungenügend ausgebildete Laufkoordination, falsche Bewegungsvorstellung
Ungenauer Anlauf	Ungenügend ausgebildetes Anlauf-Rhythmus-Muster

Absprungvorbereitung

Fehler	Ursachen und Korrekturansätze
Verlängerung der letzten Anlaufschritte	„Angst vor dem Absprung" -> Stark ausgeprägte Schnelligkeitseigenschaften bei unterentwickelten Lauf- und Sprungfertigkeiten. Unzureichend ausgebildete Anlaufstruktur
„Trippeln" der letzten Anlaufschritte (Verringerung von Abdruck, Anfersen und Kniehub vor den beiden letzten Schritten)	dto.
Fußaufsatz über die Ferse	dto. und falsche Bewegungsvorstellung
Zu starkes Absenken	Falsche Bewegungsvorstellung vom Absprung
Anlauf in die Rücklage	Falsche Bewegungsvorstellung vom Absprung

Absprung

Fehler	Ursachen und Korrekturansätze
Fußaufsatz „stechend" auf dem Ballen oder „bremsend" über die Ferse	Falsche Bewegungsvorstellung vom Fußaufsetzen beim Absprung „Unterentwickeltes" Sprint/Sprung-ABC
Starkes Beugen in Hüfte und Knie	Falsche Bewegungsvorstellung Fußaufsatz zu stark gestemmt Unzureichend oder falsch ausgebildete Kraftfähigkeiten
Hüfte schiebt durch	Keine Kontrolle der Körperstreckung beim einbeinigen Absprung, unterentwickeltes Sprint-Sprung-ABC
Kopf geht in den Nacken	dto.
Schwungelemente werden beim Abflug nicht kurzzeitig fixiert	Keine Kontrolle der Körperstreckung beim einbeinigen Absprung, unterentwickeltes Sprint-Sprung-ABC

Flug und Landevorbereitung

Fehler	Ursachen und Korrekturansätze
Zu starke Rückwärtsrotation	Gestemmter Absprung
Zu starke Vorwärtsrotation	Zu flüchtiger Absprung

Landung

Fehler	Ursachen und Korrekturansätze
Zurückfallen bei der Landung	Zu starke Rückwärtsrotation durch gestemmten Absprung
Nach-vorne-fallen bei der Landung	Zu starke Vorwärtsrotation durch zu flüchtigen Absprung

Zyklisierung der Trainingsbelastung im Trainingsjahr

Die Struktur des Trainings- und Wettkampfjahres

(1) Als trainingsmethodische Grundvariante ist im Jahresverlauf eine Doppelperiodisierung vorteilhaft!
(2) Innerhalb des Trainingsjahres werden die vorgesehenen Trainingsformen und -methoden akzentuiert eingesetzt!
(3) Zur guten Lösung der Belastung und Erholung muß eine optimale Gestaltung der Gesamtbelastung erfolgen!
(4) Es muß eine gute Vorbereitung auf die Schwerpunkteinheit zur Technikausbildung gesichert werden!
(5) Die Präzisierung, je nach Wettkampfhöhepunkten wie Deutsche Meisterschaften oder JWM, muß individuell jährlich besonders abgestimmt werden!

Die zeitliche Struktur eines Jahres könnte im Weitsprung wie folgt aussehen:

Abschnitt	Zeit	Inhalt
1. MAZ	6 8 Wochen	Allgemeine Vorbereitungsphase
(Makrozyklus)	6 Wochen	Disziplinspezifische Vorbereitungsphase
	4 Wochen	Spezielle Wettkampfvorbereitungsphase
	4-5 Wochen	Wettkampfphase (Halle)
2. MAZ	3-4 Wochen	Allgem. Vorbereitungsphase
	6 Wochen	Disziplinspezifische Vorbereitungsphase
	4-6 Wochen	Spezielle wettkampfspezifische Vorbereitungsphase
	8-10 Wochen	Wettkampfphase
3. MAZ	2-4 Wochen	Spezielle Vorbereitung für Teilnahme an einem Haupt-Wettkampf wie JEM oder JWM
	2-4 Wochen	Urlaub / Erholung

Tab. 24: Einteilung des Trainingsjahres

Ziele und Aufgaben der allgemeinen Vorbereitungsphase

Trainingsschwerpunkte sind
(1) allgemeine Laufausdauer,
(2) Schnelligkeitsausdauer,
(3) niedrige Läufe (Schaffung der aeroben Ausdauerfähigkeit),
(4) allgemeine und spezielle Rumpf- und Armkraftübungen und
(5) Fuß- und Beinkraftübungen (verstärkte Vorbereitung des Binde- und Stützsystems auf die im Trainingsjahr folgenden Sprunbelastungen).

Erst am Ende dieser Phase (nach ca. vier Wochen) werden Übungen der Sprungkraftausdauer eingesetzt, um die nachfolgenden spezielleren Sprungbelastungen vorzubereiten. Eine weitere Aufgabe dieser Phase besteht in der Entwicklung von allgemeinen koordinativen Voraussetzungen (Turnen, Akrobatische Übungen der allgemeinen Sprunggewandtheit). Elemente, Detailübungen bereiten das Techniktraining vor.

Ziele und Aufgaben der disziplinspezifischen Vorbereitungsphase

(1) Aufbauend auf die allgemeine Kraftentwicklung erfolgt jetzt die Entwicklung der Kraftfähigkeit der Fuß-, Bein- und Rumpfmuskulatur.
(2) Parallel dazu soll die Sprungkraftausdauer in die Schnellkraftentwicklung überführt werden.
(3) In technischer Hinsicht sollen Sprünge aus kurzem mittlerem Anlauf zur Anwendung kommen.
(4) In der Laufentwicklung sollen nach submaximaler Vorbereit Läufe zur Entwicklung der Beschleunigungsfähigkeit und Laufschnelligkeit zur Anwendung kommen.
(5) Die Laufschnelligkeitsentwicklung sollte über die Intensitätsstufen 3 und 2 zur Stufe 1 geführt werden.

Ziele und Aufgaben der speziellen Vorbereitunqsphase

(1) Hier erfolgen die Entwicklung des speziellen Leistungsvermögens sowie die Ausprägung der Technik durch mittlere bis lange Anläufe.
(2) Schwerpunkt muß die Umsetzung der erworbenen Laufgeschwindigkeit in den Anlauf sein.
(3) Die Kraftfähigkeiten sind auf ein Höchstmaß auszuprägen.

Ziele und Aufgaben in der Wettkampfphase

(1) Die spezielle Leistungsfähigkeit ist voll auszuprägen. Ein zielgerichtetes Zwischenwettkampftraining ist wichtig.
(2) Die Belastung darf nicht zu stark reduziert werden.
(3) Die entwickelten koordinativen und konditionellen Voraussetzungen müssen in dieser langen Phase erhalten und stabilisiert werden.
(4) Eine Steigerung in allen Leistungsparametern ist in dieser Phase anzustreben.

2.4 Dreisprung

Abb. 55: Kernphasen der Dreisprungtechnik

2.4.1 Biomechanische Grundlagen des Dreisprungs

Die Disziplin Dreisprung erfordert

Schnelligkeit

- Zyklische Schnelligkeit (Sprintschnelligkeit);
- Azyklische Schnelligkeit der Absprünge (Sprung- und Schwungbewegungen);

Kraft

- Reaktive Sprungkraft beider Beine („Muskelstiffness" und „Dehnungsreflex");
- Vorrangig konzentrische Kraft der Hüftmuskulatur und der (Schwung-)-Arme;
- Isometrische Kraft der Bauch- und Rückenmuskulatur.

Flexibilität

- Dehnfähigkeit und Beweglichkeit für große Bewegungsweiten, besonders im Bereich der Hüftgelenke.

Koordinative Fähigkeiten

- Gleichgewichtsfähigkeit als Voraussetzung, um bei den Absprüngen seinen Körperschwerpunkt so genau zu treffen, daß Rotationen vermieden werden und der Sprung geradeaus verläuft;
- Rhythmusfähigkeit als Voraussetzung für die Ökonomie des Sprunges;
- Kopplungsfähigkeit für die Verbindung des (zyklischen) Anlaufes mit dem (azyklischen) Absprung und der unterschiedlichen Sprünge miteinander.

Psychische Fähigkeiten

- Die Willens-Stoßkraft als die wichtigste psychische Fähigkeit im Wettkampf, um die vorhandenen Leistungsvoraussetzungen maximal auszuschöpfen;
- Die Willens-Spannkraft als die Voraussetzung dafür, im Wettkampf vom ersten bis zum letzten Versuch maximale Leistungen zu erzielen;
- Die Konzentrationsfähigkeit zum Erlernen und zur Beherrschung der Dreisprungtechnik, auch in der größten Anspannung und Belastung;
- Die Beharrlichkeit als Voraussetzung für den jahrelangen Trainingsaufbau.

Die aerobe Ausdauer ist Grundlage für die Belastbarkeit im und zur besseren Regeneration nach dem Training. Da die Dauer eines Dreisprunges inclusive Anlauf etwa 7 Sekunden beträgt und er mit größter Intensität ausgeführt wird, kommt zur ATP-Erzeugung in erster Linie das Kreatinphosphat in Frage und der Energiestoffwechsel verläuft anaerob-alaktazid. Demzufolge ist die Wiederholungsmethode die typische Trainingsmethode für den Dreispringer. Die Dauermethode dient im Training in erster Linie der Regeneration.

Die Entwicklung der aufgeführten Leistungsvoraussetzungen und das Erreichen von Spitzenleistungen im Dreisprung setzt ein langjähriges Training in dieser Disziplin voraus. Der Durchschnitt der Ewigen Weltbestenliste weist eine individuelles Hochleistungsalter von 24 Jahren aus. Das schließt allerdings erhebliche individuelle Unterschiede ein.

Für die mehrjährige Vorbereitung von Spitzenleistungen im Seniorenbereich sollte die folgender Tabelle dargestellte Leistungsentwicklung im Aufbaubereich angestrebt werden. Dabei zielen die gekennzeichneten Erweiterungen

- in den Altersklassen 15/16 auf eventuelle Quereinsteiger bzw. Spätentwickler,
- in den Altersklassen 18/19 auf hochveranlagte Junioren, die sich auf die Teilnahme an einem internationalen Juniorenwettkampfhöhepunkt (JEM, JWM) vorbereiten.

Alter	15	16	17	18	19
Jungen	13,00-13,50	14,00-14,50	14,50-15,00	15,00-15,50	15,50-15,80
Mädchen	10,00-10,40	10,80-11,20	11,50-12,00	12,00-12,60	12,40-13,00

Tab. 25   Anzustrebende Leistungsentwicklung für junge Dreispringer/innen

Biomechanische Grundlagen:

Es gilt die Regel:

> **Weite des Sprungs**
>
> **=**
>
> **Horizontalgeschwindigkeit * Dauer des Sprunges**

Dabei ist die *Horizontalgeschwindigkeit* des Sprunges abhängig von einer hohen Anlaufgeschwindigkeit, deren Verluste während der Absprünge durch betonte Hüftstreckungen minimiert werden müssen.

Die biomechanischen Messungen bei den letzten Top-Ereignissen zeigen, daß die besten Dreispringer den besten Weitspringern in der Anlaufgeschwindigkeit mittlerweile ebenbürtig sind: Mike Conley (10,75 m/s bei 17,86)war in Stuttgart bei der WM 1993 schneller als Mike Powell (10,62 m/s bei 8,59 m). Ralf Jaros war zweitschnellster Dreispringer mit 10,50-10,46 m/sec, der beste deutsche Weitspringer in der WM (Andre Müller mit 7,83) erreichte bei seinen Sprüngen ca. 10,20 m/s (10,46m/s im Abschnitt 11-6m).

Die Dauer der Flugphasen und damit des Sprunges läßt sich durch aktive Absprünge mit höchster Muskel-Vorinnervation erhöhen.

Für alle einbeinigen leichtathletischen Absprünge (aus dem Anlauf) ist typisch, daß erforderliche Flughöhen (vertikale Geschwindigkeiten bzw. Flugzeiten) nur mit einem Verlust an Horizontalgeschwindigkeit im Absprung erreicht werden können. Zwischen beiden Größen Flughöhe und Horizontalgeschwindigkeit - die beide die Weite der Flugparabel bestimmen - ist also zu optimieren. Das trifft in besonderem Maße beim Dreisprung zu, wo der Springer im 2. und 3. Absprung die Flughöhe des vorangegangenen Teilsprunges abfangen und die des folgenden Teilsprunges erzeugen muß und wo die Horizontalgeschwindigkeit des 1. Teilsprunges leistungsbestimmende Ausgangsbedingungen für den folgenden 2. Sprung usw. ist.

Ein zweites wesentliches Merkmal einer optimalen Technik ist das Verhältnis von Hop zu Step. Als Grundregel sollte gelten, daß die Dauer von Hop und Step gleich ist. Das gilt besonders als Orientierung im ABT, weil bei dieser Gestaltung

- geringe horizontale Geschwindigkeitsverluste vorhanden sind und
- die Belastung und Verletzungsgefahr für den Stütz- und Bandapparat im 2. Absprung geringer sind als bei einem übermäßig hohen Hop.

Wenn diese Orientierung auf die Weite der Teilsprünge übertragen wird, dann ergibt sich ein prozentuales Verhältnis der Teilweiten von 35-36% Hop, 30-31% Step und 33-35% Jump. Diese Teilweiten entsprechen dem Verhältnis der Horizontalgeschwindigkeiten der Teilsprünge zueinander.

2.4.2 Technikmodell Dreisprung

Bildreihe: Ralf Jaros EC-Finale 1991, Frankfurt 17,66 m

DREISPRUNG

Anlauf

Im Anlauf muß der Dreispringer
- eine hohe Anlaufgeschwindigkeit erreichen,
- den Absprungbalken mit einer möglichst geringen Differenz zur Ableselinie treffen und
- den Hop-Absprung vorbereiten.
- Im Anlauf muß durch den Hop hindurch beschleunigt werden, der Hop sollte als Bestandteil des Anlaufs angesehen werden.
- Die Geschwindigkeit, die vom Anlauf zum Hop verlorengeht, verliert der Springer auch für den Step und Jump!

Beginn: aus der Schritt- oder Grundstellung.

Anlauflänge: 16 Jahre/14-16 AS, 19 Jahre: 17-19 AS. Es sollte nur mit der Anlauflänge dreigesprungen werden, mit der technisch sauber gearbeitet werden kann!

Der Anlauf besteht in der Regel aus zwei Phasen, wobei allerdings eine eindeutige Abgrenzung nur bedingt möglich ist. Er beginnt mit einem 8 - 16 Schitte umfassenden Beschleunigungsabschnitt. Der 2. Abschnitt enthält auf den letzten 4 - 6 Schritten die Vorbereitung auf den 1. Absprung zum Hop und muß die möglichst maximale Nutzung der Anlaufschnelligkeit sichern. Er ist durch eine Erhöhung der Schrittfrequenz, einen leicht betonten Kniehub und das Aufrichten des Oberkörpers gekennzeichnet. (Abb. 4/ Pkt. 1).

Abhängig von der Ausrichtung auf eine gute Gesamtweite aller drei Teilsprünge ist ein optimal weiter und flacher Hop mit möglichst geringem Geschwindigkeitsverlust am Balken zu gestalten. Eine ausgepräge Absprungvorbereitung ist nicht erforderlich.

In der Trainingspraxis hat sich eine Einstellung des Dreispringers bewährt, noch über den Balken hinaus zu beschleunigen.

Was das Verhältnis der Anlaufgeschwindigkeit auf den beiden Teilstrecken 11 - 6 m zu 6 -1 m angeht, weisen Spitzenathleten eine Steigerung der Geschwindigkeit bis zu 0,4 m/s auf bzw. halten die Höchstgeschwindigkeit). Bei Steigerungen über 0,6 m/s ist auch bei Nachwuchssportlern zu prüfen, ob der Anlauf verlängert werden kann bzw. ob der erste Anlaufteil zu passiv gestaltet wird.

Hop, Step und Jump

Das technische Leitbild sollte die biomechanischen Prinzipien möglichst genau widerspiegeln.

Hop
- Aufrechter Oberkörper
- Gegengleiche Diagonalarmführung
- Flacher Fußaufsatz
- Schnelles Schwungbein, das im Flug als langes Pendel fast gestreckt zurückgeführt wird
- Das Sprungbein wird im Flug wieder in eine hohe Ausholstellung gebracht.

Step
- Während des aktiven, greifenden Bodenfassens werden Knie und Hüfte gestreckt.
- Aktiver, flacher Fußaufsatz auf gespannter Fußsohle (Zehen bis zum Fußaufsatz angehoben)
- Die Bahn wird mit gestrecktem Bein nach hinten-unten weggeschlagen.
- Schwungbeinoberschenkel bis zur waagerechten, dabei bilden Unterschenkel und Oberschenkel einen rechten Winkel.
- Der Rumpf bleibt aufrecht.
- Aktiver Armeinsatz.
- Der hintere Fuß soll beim Nachschwingen im Step nicht über Hüfthöhe schwingen, da sonst eine Vorwärtsrotation eingeleitet wird.

Jump
- Der dritte Absprung, der nun auf dem anderen Bein erfolgt, sollte wie der zweite Absprung ausgeführt werden.
- Schwungbeineinsatz und Körperstreckung

Landung
- Gebräuchliche Techniken im Jump sind Hock- und Hangsprung. Nur bei langen Flughasen ist ein Laufsprung möglich.
- Heben der Beine bei gleichzeitigem Rückführen der Arme
- Erst bei Bodenkontakt Vorschwung der Arme
- Rück-Hochführrng nur eines Armes leitet eine Seitwärtslandung ein

2.4.3 Trainingsmethodische Hauptaufgaben im Dreisprung

Koordination und Technik

a) *Dreisprung-spezifisches Sprung-ABC*

Übung	Zielsetzung	Beobachtungspunkte
Gehen („Stolzieren")	Abdruck nach vorn	Betonter Vorwärtsabdruck mit völliger Streckung in Hüfte, Knie- und Fußgelenk „Arbeite aus Po und Fuß"
Schreiten	Abdruck nach vorn und Greifbewegung	Weite Schritte mit über hüfthohem Kniehub, weitem Ausgreifen des Unterschenkels, gestrecktem Setzen (Knie, Hüfte und ganzflächiger Fußaufsatz) Schub in die Hüfte weitergeben bis zum gestreckten Abdruck
Schersprunglauf	Aktive Schlagbewegung mit gestrecktem Bein	Sich mit gestrecken Beinen vorwärtsschlagen Nach dem Fußaufsatz erfolgt eine vollkommene Fußstreckung Dabei Oberkörper aufrecht, Fußspitzen beim Vorschwung anziehen „Arbeite aus Po und Fuß"
Kniehebelauf	Aktiver Kniehub	über hüfthoher Kniehub ohne Hüftknick, Oberkörper aufrecht, gestrecktes Abdruckbein, aktiver Armeinsatz
Ausgreifender Kniehebelauf	Kniehub und Greifen	wie Kniehebelauf plus aktives Ausgreifendes Unterschenkels Achte besonders auf aufrechte Oberkörperhaltung und völlige Abdruckstreckung
Wiederholung Schreiten	Kopplung Kniehub-Greifen-Schlagen	Ausführung wie „Schreiten", achte auf die exakte Ausführung Kniehub, Greifen, Schlagen, weitergeben, Abdruck
Hopserlauf	Übertragung des Erlernten in einfache horizontale Sprungübungen	Über hüfthoher, rechtwinkliger/offener Kniehub, greifendes. gestrecktes Schlagen, gestreckter Abdruck nach vorn, Oberkörper aufrecht, rechtwinkliges und hüfthoch gehaltenes Schwungbeinknie, Fußspitze angezogen, Fußaufsatz ganzflächig, aktiver Armschwung, auf Hüftstreckung achten

Alters- und ausbildungsstandgerechter Einsatz horizontaler Sprünge

- Sprunglauf bergauf, in der Ebene, Wechselsprungvarianten, Einbeinsprünge, Sprunglauf bergab...

b) Mit dem folgenden Übungsaufbau kann die Dreisprungtechnik für den Anfängerbereich erarbeitet werden:

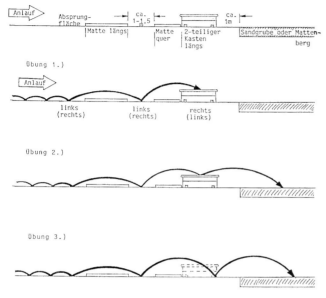

Ziel:

Erlernen des Steps

Häufige Fehler:

- Zu hoher Hop! Bei Anfängern das Weit- oder Hochsprungbein an den Schluß setzen
- Step nur als Schritt ausgeführt
- Zu tiefes Nachgeben in den Absprüngen
- Ausweichen der Hüfte nach der Seite oder nach hinten, instabiler Rumpf, unruhiger Oberkörper
- Verstärkung von Rotationsbewegungen durch zu nahes Heranziehen der Extremitäten in der Flugphase

Abb. 56: *Übungsaufbau Dreisprung-Anfängertraining*

- Zu geringe Anzahl von vorbereitenden Sprungübungen im Vergleich zum Techniktraining
- Zu geringe Einsatzbereitschaft im Sprungkrafttraining und daraus resultierend schlechte technische Ausführung
- Fußaufsatz auf Ballen oder Ferse
- Ungünstige Kopplung von Trainingsschwerpunkten im Wochenrhythmus

Die relativ hohe Wiederholungszahl, die bei Sprungserien erzielt werden kann, versetzt den Springer in die Lage, sich selbst von Sprung zu beobachten, zu kontrollieren und zu korrigieren. Dieses methodische Prinzip sollte unbedingt ausgenützt werden, da ansonsten auch eine Verfestigung von Fehlern die Folge sein kann.

Fortgeschrittenenmethodik

Die folgenden Kernsätze sollen die wesentlichen methodischen Überlegungen transparant machen:

- Steigerung der horizontalen und vertikalen Sprunggeschwindigkeiten durch Übergang von Zehner-Sprungläufen und -Sprüngen hin zu Fünferhop und Fünferwechsler aus immer schnelleren Anläufen.
- Ausprägung der Aushol- und Schwungbewegungen: Ausgreifen der Schwung- und Sprungelemente: Armschwünge werden koordinierter und effektiver.
- Ausprägung des aktiven Fußaufsatzes („Frühzündung"): Die Streckung in Knie, Hüfte und Fuß erfolgt einen Moment vor dem Fußaufsatz
- Effektiver und stabiler Hüfteinsatz bei allen Absprüngen (Anbahnung, Rollerfahren, Holzibeck, Gummischarren, „Arsch anspannen", Hüfte nach vorne schieben)
- Ständige Kurz-Anlaufsprünge auf Weite führen zur Ausprägung einer falschen Technik und damit zur frühzeitigen Stagnation

Zentrale Übungen zur technischen Vorbereitung:

Vorbereitende analytische Anlauf-Hop-, Hop-Step-, Step-Jump-Sprünge sollten nach Möglichkeit immer wieder in den Gesamtablauf integriert werden. Übungsauswahl, Intensität und Umfang richten sich an einer möglichst immer 100%ig richtigen Bewegungsausführung.

Im Technikzyklus sollten technisch richtige Sprünge aus dem schnellstmöglichen Anlauf durchgeführt werden. Vorher durchgeführte Sprünge aus verkürztem Anlauf sollten nicht auf Weite durchgeführt werden, sondern dienen genau definierten technischen Zielstellungen. Die Anlauflänge/-geschwindigkeit in jedem Techniktraining so weit steigern, wie sie noch einen technisch sauberen Dreisprung zuläßt.

Der Abstand von Techniktraining zu Techniktraining oder Wettkampf sollte mindestens vier Tage betragen, um die hochbeanspruchten neuromuskulären Strukturen weitestgehend regenerieren zu können!

Kraft- und Sprungkrafttraining im Dreisprung

Einleitend zur Systematik der Sprung- und Kraftübungen sollen zwei wesentliche Punkte zur Leistungsstruktur des Dreisprungs kurz erläutert werden:

Zur Frage der Bodenbeschaffenheit

Die Kraftentfaltung des Sprungbeines im Absprung wird vom Niveau der *reaktiven Sprungkraft* getragen, d.h. von der Fähigkeit, in einem schnellen Dehnungs-Verkürzungs-Zyklus (DVZ) höchste Kräfte unter exzentrischen und folgend konzentrischen Arbeitsbedingungen zu entwickeln.

Abhängig von der Geschwindigkeit (und der damit eingeleiteten stoßartigen Belastung) und der Vorinnervation werden im Zusammenspiel von Reflexaktivitäten und Elastizitätsverhalten des Muskel-Sehnenapparates (Muskelstiffness) unter exzentrischen (nachgebunden) Arbeitsbedingungen höchste Kräfte entwickelt, die über die willkürlich zu aktivierenden hinausgehen. Im schnellen DVZ des Absprungs sind diese Kräfte in Verbindung mit der Freisetzung der gespeicherten elastischen Energie Ausgangsniveau für die nachfolgende konzentrische Kraftentfaltung, die allerdings nicht die Höhe der exzentrischen erreicht.

Die gleichzeitig explosiv-konzentrische Arbeit der Muskelantriebe des Schwungbeines und der Arme beeinflußt diesen schnellen DVZ und vermutlich vor allem den zeitlichen Übergang von der exzentrischen zur konzentrischen Arbeitsweise.

Unter diesen Bedingungen erreichen 17 m-Dreispringer bei den Absprüngen zu Step und Jump das 4-bis 5fache des Körpergewichtes als Mittelwert (einbeinig), während 120 bis 170 Millisekunden Dauer des Stützkontaktes.

Diese Zusammenhänge haben für das Verständnis der Rolle der Geschwindigkeit, für das Krafttraining sowie weiteren Fragen Bedeutung.

Das betrifft z.B. den *Untergrund*, auf dem gesprungen (auch gesprintet) wird: Werden z.B. Mehrfachsprünge auf weichen elastischen Matten durchgeführt, fehlt die stoßartig-eingeleitete Belastung und vermutlich auch der Muskel-Dehnungsreflex, die elastische Speicherung von Kräften wird von den Matten übernommen, der Absprung wird zeitlich verlängert und die Muskulatur trainiert nicht diese entscheidende Voraussetzung für weite Dreisprünge.

Das merkt man besonders dann, wenn man von den elastischen Untergründen wieder auf den festen Boden zurückkehrt. Dem Springer fehlt jegliche Elastizität, er „zerschellt" fast auf dem Boden.

Daher lieber von Beginn an mit kleineren, flacheren Sprüngen auf einem festen Untergrund trainieren und dem Körper Gelegenheit geben, die für den Dreisprung notwendigen Nerv-, Muskel- und Sehnenfunktionen bei aktivem Fußeinsatz zu erlernen.

Wenn man den Knochen, Bändern, Sehnen und Gelenken genügend Zeit läßt, sich an den festen Untergrund zu gewöhnen, danken sie es dem Springer später mit größter Belastungsfähigkeit. Anfangs ist es auch sinnvoll, auf „gewachsenen" Böden wie Rasen oder Parkwegen zu trainieren, sofern diese völlig eben sind, oder im Falle von Kunststoffböden auf Filzläufern zu springen, die keine elastische Eigendynamik haben.

Zur Frage der Anlauflänge

Für alle leichtathletischen Absprünge aus dem Anlauf ist charakteristisch,

- daß das Erreichen erforderlichen Weiten mit einem Geschwindigkeitsverlust im Absprung verbunden ist
- und daß in der Bremsphase des Absprungs höhere Kraftwerte als in der folgenden Beschleunigungsphase entwickelt werden.

Vergleichende Untersuchungen von Mehrfachsprüngen ergaben, daß die Geschwindigkeit die bestimmende Ausgangsgröße für die Größe sprungspezifischer Anforderungen und Belastungswirkungen ist:

Horizontale Mehrfachsprünge aus dem Stand führen zu relativ geringen Anforderungen in der Bremsphase, zu tiefen Beugestellungen im Sprungbein-Kniegelenk, zu starker Rumpfvorlage und langer Absprungdauer. Diese Merkmale sind besonders für die ersten fünf Absprünge typisch und werden mit zunehmender Geschwindigkeit von Sprung zu Sprung geringer.

Bei Mehrfachsprüngen aus dem Anlauf werden mit zunehmender Anlaufgeschwindigkeit die Kraftanforderungen in der Bremsphase höher, der Körper richtet sich auf, Beugewinkel und Absprungdauer verringern sich. Im Gegensatz zu den Standsprüngen verringern sich aber von Absprung zu Absprung die Geschwindigkeit und damit auch die erhöhten Anforderungen.

D.h. individuell unterschiedlich ist nach etwa 5-6 Absprüngen sowohl aus dem Stand als auch aus dem Anlauf in etwa gleiches Geschwindigkeits- und Anforderungsniveau erreicht. Unter diesem Aspekt ergibt sich für die ersten fünf Absprünge eine spezifische Trainingswirkung in Abhängigkeit von der Anlaufgeschwindigkeit.

Horizontales Sprungtraining

Der Dreisprung ist eine leichtathletische Disziplin, die ohne entsprechende Vorbereitung des Athleten nicht wettkampfmäßig durchgeführt werden sollte.

Der Weg zum Erlernen geht über die vielfältigen Formen der einbeinigen horizontalen Mehrfachsprünge, die in allen Sprungdisziplinen der Sprungkraftentwicklung dienen, im Drei sprung aber eine besondere Bedeutung haben, da sie den technischen Grundanforderungen des Dreisprungs nachkommen.

Die Basisübung ist der Zehner- oder Fünfer-Sprunglauf (re-li-re-li usw.). Er wird zuerst aus dem Stand oder Angehen begonnen, wobei von Anfang an darauf geachtet wird, daß

- der Fuß auf der ganzen Sohle aufsetzt,
- das aufsetzende Bein sich nach hinten unten bewegt,
- gleichzeitig damit die Hüfte und das Schwungbein nach vorne- oben und
- dabei das Schwungbeinknie so hoch wie möglich gebracht wird.

Im Flug bildet der Unterschenkel des führenden Schwungbeines mit dem Oberschenkel einen rechten Winkel, ebenso wie Unter- und Oberschenkel des locker nachschwingenden Sprungbeines. In dieser Flugphase wird der Körper einen Moment fixiert, wenn die Dauer des Sprunges dies zuläßt. Der Rumpf bleibt dabei aufrecht und die Arme werden gegengleich, wie beim Lauf, geführt.

Dann wird, mit dem Herabsetzen des führenden Beines, der Unterschenkel ausgreifend zum aktiven scharrenden Fußaufsatz auf der ganzen Sohle vorgependelt.

Zuerst kann dieser Sprunglauf auch bergauf (maximal 5-8 % Steigung) durchgeführt werden, um die Fallgeschwindigkeit zu mildern. Die endgültige Technik ist aber nur in der Ebende zu erlernen.

Der Sprunglauf wird mit zunehmender Anlauf-und Sprung-Geschwindigkeit durchgeführt. Die Intensität steigt mit der Geschwindigkeit. Dabei wird auch der Fußaufsatz immer aktiver durchgeführt. Aktiv bedeutet, daß das Bein und der Fuß nicht verharren und auf den Bodenkontakt warten, sondern kurz vorher aktiv gegen den Boden gestreckt oder „geschlagen" werden, ähnlich einer Frühzündung beim Verbrennungsmotor im Auto.

Erst wenn der Sprunglauf mit den aktiven Absprüngen erlernt ist, soll der Athlet zu fortgesetzten Einbeinsprüngen in Form der Wechselsprünge (auch als Zweiersprünge bezeichnet) übergehen, bei denen rechts-rechts-links-links-rechts-rechts usw. als fortlaufende Sprungfolge durchgeführt werden. Die Technik der Wechselsprünge ist folgendermaßen:

Der Beinwechsel erfolgt wie beim Sprunglauf und endet mit einem aktiven Aufsatz des jeweiligen Sprungbeines, das fast gestreckt, rückwärts-abwärts-schlagend auf den Boden aufgesetzt wird. Bei geringer Amortisation des Sprungbeines werden die Hüfte und das rechtwinklig im Knie gebeugte Schwungbein schnell nach vorn-oben-geführt.

Das Schwungbein soll nach dem Vorschwung wieder zurückgeführt und dabei gestreckt werden, während das Sprungbein im Knie gebeugt nach -vorn oben in eine hohe Ausholstellung kommen soll. Aus dieser Position wird der aktiv, schlagende Fußaufsatz eingeleitet, während das Sprungbein im Kniegelenk streckt.

Beim rückwärts-abwärts schlagenden Fußaufsatz soll der Fuß ebenso schnell nach hinten bewegt werden, wie sich der Rumpf des Springers vorwärts bewegt, dadurch wird die Anpassung der Horizontalgeschwindigkeit des aufsetzenden Fußes an die Sprungbahn erreicht.

Wenn die Wechselsprünge erlernt sind, kann der Athlet mit fortlaufenden Einbeinsprüngen beginnen: links-links-links... oder rechts-rechts -rechts...! Die Bewegungsabläufe werden wie bei den Wechselsprüngen beschrieben durchgeführt, sind aber anfangs noch sehr flach und erfolgen aus dem Stand oder aus dem Angehen. Erst allmählich wird die Intensität dieser Einbeinsprünge durch eine Steigerung der Geschwindigkeit erhöht.

Erst dann, wenn die Technik der Einbeinsprünge erlernt wurde, ist es sinnvoll, die Technik des Dreisprunges zu erlernen: Aus einigen Angehschritten erfolgen zwei sehr flache Sprünge von gleicher Sprungdauer auf dem sprungstärkeren Bein, dann ein abschließender Weitsprung auf dem anderen Bein in die Sprunggrube.

Wenn es nach einigen Üben gelingt, die ersten beiden Sprünge flach und von gleichem Rhythmus durchzuführen und einen betonten Weitsprung anzuschließen, erhöhen wir allmählich die Geschwindigkeit des Anlaufes und besonders der Sprünge.

Die Horizontalgeschwindigkeit des Dreisprunges wird zunächst bei rhythmischen, schnellen und flachen Sprüngen gefördert, dann werden die Höhe und die Weite des Jump entwickelt und verbessert. Erst danach steigert man die Dauer und Weite des Step, der der schwierigste und somit auch der wichtigste Sprung des Dreisprunges ist.

Der Hop wird in den ersten Jahren nur über eine Steigerung seiner Horizontalgeschwindigkeit verbessert.

Der Dreisprung wird nach dieser bewährten Methode über die Horizontalgeschwindigkeit und eine allmähliche Erhöhung der Einzelsprünge von hinten (Jump) nach vorne (dann Step) gesteigert. Die Höhe des Hop entwickelt sich erst dann weiter, wenn die Sprungkraft nach etlichen Jahren des Trainings ein entsprechendes Niveau erreicht hat, das es zuläßt, die Höhe und Weite des Hop zu steigern, ohne einen größeren Geschwindigkeitsverlust in Kauf zu nehmen.

Bei den Dreisprüngen aus unterschiedlichen Anlauflängen sind folgende Zusammenhänge zu berücksichtigen:

Die Horizontalgeschwindigkeit bestimmt die Dauer des Absprungs über die Stützweite, so daß mit zunehmender Geschwindigkeit eine verringerte Dauer gegeben ist. Damit sind durch den Sportler höhere Kräfte aufzubringen, um einen gleichen Absprungimpuls zu erreichen. Die Fähigkeit, mit größeren Horizontalgeschwindigkeiten wirksam abzuspringen, ist das Indiz für eine bessere Absprungqualität.

Große Absprungimpulse bei geringen Geschwindigkeiten aus kurzen Anläufen täuschen eine Sprungkraft vor, die bei schnellen, maximalen Anläufen nicht vorhanden ist.

Deshalb muß es ein Ziel des Trainings sowohl im langfristigen Leistungsaufbau als auch in der Vorbereitung der Hallen- oder Sommerwettkämpfe sein, systematisch zum Wettkampfanlauf hinzuführen. Das bedeutet u.a., daß Techniksprünge vorrangig mit der größtmöglichen Anlaufgeschwindigkeit durchgeführt werden sollten, mit der sie technisch noch möglich sind! Das können beim Anfänger drei Anlaufschritte sein, beim Fortgeschrittenen 11 (und beim Spitzenathleten 18 bis 23 Anlaufschritte) und ist auch von der jeweiligen Tagesform abhängig.

In Zusammenhang mit dem Absprungimpuls soll noch ein Punkt angesprochen werden: Je geringer die Körpermasse, das Körpergewicht des Athleten, im Verhältnis zum Absprungimpuls ist, desto größer sind die Vertikalgeschwindigkeiten und damit die Dauer der Flugphasen.

Auch die Anfälligkeit für Verletzungen im Bereich der Fuß- und Kniegelenke steigt mit höherem Körpergewicht.

Krafttraining

Da die Belastungen des Dreisprunges sehr hoch sind, ist es notwendig, den Körper des Springers durch die Entwicklung. einer vorwiegend stützenden, isometrisch arbeitenden Rumpfmuskulatur,

- einer vorwiegend dynamisch, konzentrisch arbeitenden Arm-Schulter- und Hüftmuskulatur
- sowie einer reaktiv arbeitenden Beinmuskulatur zu entwickeln.

Dieses Krafttraining darf nie eine völlig eigenständige Bedeutung erlangen. Es dient der Vorbereitung auf die immer intensivere Sprungbelastung und stärkt auch die Muskulatur, die beim Sprint oder Anlauf besonders wichtig ist.

Im vorangegangenen Grundlagentraining sollen junge Nachwuchs Dreispringer etwa bis zur Leistung von 13-14 m hauptsächlich das Krafttraining der Rumpfmuskulatur mit dem eigenen Körpergewicht durchführen. Für das Training der Beinmuskulatur sollen noch keine Zusatzlasten verwendet werden. Ausfallschrittgehen oder Einbeinige Kniebeugen mit dem eigenen Körpergewicht sind völlig ausreichende Kraftreize zur Entwicklung der Beinstrecker in diesem Entwicklungsabschnitt.

In der ersten Phase des Aufbautrainings etwa bis zu einer Leistung von 15 m Dreisprung wird das Sprungbein mit konzentrischen (überwindenen) Krafttrainingsformen ergänzend vorbereitet. Dabei dominiert die Methode der mittleren Wiederholungszahlen (10-20) und Widerstandsgrößen (Zusatzlasten) von 40-60 % des Maximums. Dabei entspricht es den sprungspezifischen Anforderungen, wenn bei einem Teil der Übungen die Bewegungsausführung explosiv und mit großer Bewegungsgeschwindigkeit erfolgt.

In der zweiten Phase des Aufbautrainings gewinnen neben der Weiterführung der Methode der mittleren Widerholungszahlen und Widerstandsgrößen (bis 70 %) die Methode der wiederholten submaximalen Krafteinsätze mit 5-12 Wiederholungen bei Zusatzlasten zwischen 75-90 % an Bedeutung, z.B. in der Organisationsform der Pyramidenmethode. Abhängig vom Ausbildungsstand kann schrittweise eine Hinführung zur Methode der maximalen Krafteinsätze erfolgen, bei der mit Zusatzlasten von 90-100 % 1-3 Wiederholungen (max. 5) möglich sind.

Krafttrainingsformen mit Belastungen über 100 % der willentlich maximal erreichbaren Kraft, die als exzentrische (nachgebende) Trainingsformen zur Anwendung kommen, bleiben dem Spitzenbereich der Senioren vorbehalten. Damit ist ein exzentrisches Krafttraining gemeint, bei dem Last so hoch ist, daß der Athlet sie konzentrisch nicht mehr bewegen kann und sie auch nicht mehr isometrisch fixieren kann.

An dieser Stelle soll nochmals auf die große Bedeutung der Kräftigung des Rumpfes mittels Übungen für die Bauch-Rücken-Hüftmuskulatur verwiesen werden. Die

Stabilität des Rumpfes ist sowohl für die Kraftübertragung bei den Absprüngen, als auch für die Gesunderhaltung der Wirbelsäule entscheidend. Deshalb ist schon zu Beginn des Sprungtraining mit dem Hopserlauf bei den Schülern ein ergänzendes Training der Bauch- und Rückenmuskulatur durchzuführen. Entsprechend den Anforderungen ist für die Rumpfmuskulatur ein hoher Anteil von statischen (isometrischen) Übungsformen zu empfehlen. Diese Übungen kommen ganzjährig zum Einsatz.

Lauf-, Sprint- und Anlauftraining

Wald- oder Geländeläufe dienen der Regeneration und verbessern die aerobe Kapazität als allgemeine Grundlage für die Belastungsverträglichkeit und eine schnellere Wiederherstellung. Ziel ist also nicht eine persönliche Streckenbestleistung, sondern ein ruhiges Laufen (besser über eine bestimmte Zeit z.B. 30 min ohne Streckenvorgabe).

Zu Beginn des Trainingshalbjahres können sie auch einer Körpergewichtsreduzierung dienen.

Die Tempoläufe dienen vorrangig der Schulung einer ökonomischen kraftsparenden Schrittgestaltung und nicht der Ausbildung der Schnelligkeitsdauer. Eine stark ermüdete Muskulatur gestaltet nachfolgend kein wirksames Training der reaktiven Sprungkraft, dessen Entwicklung Vorrang hat.

Gute Erfahrungen mit Tempoläufen der Dreispringer bestehen, wenn sie als Tempowechsel-Läufe (Ins-and-outs) durchgeführt werden und dabei besonders die Entspannung im „Freilauf" geübt wird.

Der Sprint des Springers verlangt eine hohe Hüftführung mit aufrechtem Oberkörper und betontem Knieschub bei maximaler Schnelligkeit.

Die wichtigste Koordinations-Vorbereitung für das Sprinttraining der Springer ist der Kniehebelauf mit hoher Hüfte, bei dem auch auf die betonte Streckung des Abdruckbeines mit Knie- und Fußstreckung geachtet werden soll.

Kurze Sprints bis 60 m sind die häufigste Trainingsform zur Entwicklung der Sprintschnelligkeit, besonders wenn die Entspannung im Sprint dabei beachtet wird.

Zur Entwicklung und auch zur Kontrolle der Maximalgeschwindigkeit dienen fliegende Sprints über 10 bis 30 m, nach einer vorangegangenen Beschleunigung über 30- 40 m.

Der Athlet soll bei allen Formen des Sprinttrainings besonders auf die Entspannung Wert legen.

Das Schlepptraining (Speedy-Gerät) und das Zugwiderstandstraining sollten als hochintensive und sehr spezielle Trainingsformen dem Hochleistungsbereich vorbehalten bleiben.

Wichtig für den Dreispringer ist das Erlernen des Dreisprung-Anlauf-Rhythmus, bei dem der Athlet auf den letzten 4-6 Schritten die Schrittfrequenz erhöht. Zum Erlernen hat sich folgende Methode bewährt:

Nach dem Aufwärmen und der Gymnastik werden Laufkoordinationsübungen mit Kniehebelauf oder Skippings mit hoher Knieführung durchgeführt. Dann soll der Athlet aus dem mäßigen Tempo einer submaximalen Beschleunigung an einer Markierung oder auf Zuruf in einen schnellen Kniehebelauf übergehen. Anschließend soll dieser Übergang aus immer höheren Geschwindigkeiten geübt werden.

Wenn der Übergang aus der Beschleunigung in den schnellen Kniehebelauf keine Schwierigkeit mehr bereitet, soll sich ein schneller flacher Hop an den Kniehebelauf anschließen.

Sobald der Anlauf genügend gefestigt ist, wird er zuerst auf der Sprintgeraden von einer festen Bahnmarkierung beginnend, wiederholt durchgeführt. Auch hier schließt ein Absprung in einen schnellen flachen Hop den Anlauf ab: Der Hop gehört zum Anlauf. Wenn sich eine bestimmte Absprungstelle herausgebildet hat, wird die Strecke „Ablaufmarke bis Absprungstelle" ausgemessen und auf die Sprunganlage übertragen.

2.4.4 Zum Trainingsaufbau

Während zu Beginn des Aufbautrainings die Sportler von beinahe jeder Form des Trainings Leistungssteigerungen zu verzeichnen haben, sind Leistungssteigerungen bei fortgeschrittenen Athleten hauptsächlich von 2 Prinzipien abhängig:

- Die Effektivität des Trainings ist größer, wenn die Trainingsarbeit an den Defiziten oder Schwächen im Vordergrund steht.

Es ist besser die Leistungsentwicklung vorwiegend über das Training an den Schwächen oder Defiziten voran zu treiben und diese auszugleichen, als den frühen Erfolg über die zu schnelle Steigerung der Intensität zu suchen.

- Mit wachsendem Leistungsstand müssen die Trainingsübungen intensiver werden, um weitere Leistungssteigerungen zu erreichen.

Wenn diese intensivere Trainingsformen zum ersten Mal angewendet werden, sind sie besonders wirkungsvoll und überwinden oft ein Leistungsplateau. Die vorzeitige Anwendung hochintensiver Trainingsformen (wie z.B. Tiefsprünge) reduziert allerdings die Trainingswirkung von weniger intensiven Trainingsformen. Deshalb sollte solange noch eine Leistungsentwicklung bei weniger intensiven Trainingsformen stattfindet, die Intensität des Training nicht erhöht werden.

Die positiven Veränderungen durch das Training erfolgen nicht nur im Bereich der Muskulatur, sondern durch die langfristigen Belastungen auch im Bereich der Sehnen und der Knochen, deren Struktur sich den Kraft- und Sprungbelastungen anpaßt.

Die Trainingsformen müssen dem Leistungsstand adäquat sein. Es ist schlecht für die individuelle Entwicklung, wenn wichtige Entwicklungs- Trainingsstufen einfach übersprungen werden. D.h. beispielsweise bei der Entwicklung der Sprungkraft, daß bei Schülern oder Anfängern zuerst das Training des Hopserlaufes im Vordergrund stehen sollen, daraus der Sprunglauf entwickelt wird, der anfangs hauptsächlich bergauf trainiert wird, um die Fall- Belastung zu reduzieren. Dann erfolgen hauptsächlich Sprünge in der Ebene. In dieser Entwicklungsstufe soll schon ein Training der Rumpfmuskulatur durchgeführt werden.

Der Übergang vom Sprunglauf zu den Einbeinsprüngen sollte erst in der Jugendklasse beginnen und wird durch das zunehmende allgemeine Krafttrainings gestützt.

Teil 3 Planung und Kontrolle des Trainingsprozesses

3.1 Trainingsplanung

3.1.1 Der Mehrjahresaufbau

Wie im Band „Grundprinzipien" bereits erläutert wurde, muß der Abschnitt des Aufbautrainings in zwei Teilabschnitte zerlegt werden: den Ersten und den Zweiten Abschnitt des Aufbautrainings. Im ersten „blockübergreifenden" Teil wurden bereits generelle Aussagen zur Vorgehensweise getätigt.

Während im ersten Abschnitt des Aufbautrainings in Anknüpfung an das Grundlagentraining eine breiter angelegte, „blockorientierte" Ausbildung erfolgen sollte, sollte im zweiten Abschnitt eine eindeutige Entwicklungsrichtung eingeschlagen werden.

Diese allgemeinen Prinzipien schlagen sich auch in unseren Belastungskennziffern nieder, die im „Baustein-Modell" der Trainingsplanung ihren Niederschlag finden (siehe folgende Seiten). In diesem Bausteinmodell wird, festgelegt für die acht Teil-Abschnitte des Trainingsjahres, die Anzahl von Trainingsschwerpunkten pro Trainingswoche eines dieser acht Abschnitte vorgegeben.

Dies ergibt eine erste grobe Vorstrukturierung des Trainingsjahres, auf deren Basis dann konkrete, individuelle Trainingspläne ausgearbeitet werden können.

1. Phase Aufbautraining:

Bereich	Inhalte	A1	A2	A3	A4	A5	A6	A7	A8	∑
Allgemeine athletische Ausbildung	Aerobe Ausdauer	2	1	1	1	2	1	1	1	10
	Allgemeines Krafttraining	2	2	2	1	2	2	2	1	·14
	Gymnastik	4	4	3	3	4	4	3	3	28
	Turnen, Wurfübungen, Spiele	5	3	2	1	5	3	2	1	22
Koordination/Technik	Hürden/Andere Sprungdisziplinen	2	1	1	1	2	1	1	1	10
	Sprint/Sprung-ABC	5	4	3	2	5	4	3	2	28
	Elemente, Anlauf / Absprung, Gesamtablauf	1	2	3	2	1	2	3	2	16
Kraft	Sprungkraft beidbeinig	2	1			2	1		1	7
	Sprungkraft ein- / wechselbeinig	1	2	1		1	2	1	1	9
	Spezielle Sprungkraftübungen		1	2	2		1	2	2	10
	Krafttraining an und mit Geräten	1	2	1		1	2	1	1	9
	Spezielle Kraft Stab hoch		1	1			1	1		4
Schnelligkeit	Kurze Koordinationsläufe (bis 80m)	1	2	1	2	1	2	1	2	12
	Beschleunigung / Schnelligkeit max	1	2	2	1	1	2	2	1	12
	Lange Koordinationsläufe (80-300 m)	1	2			1	2			6
Regeneration				1	1			1	1	4
Wettkämpfe	Sprint / Hürden / Sprung				1				1	2
	Gesamt:	28	30	24	18	28	30	24	21	203

2. Phase Aufbautraining:

Bereich	Inhalte	A1	A2	A3	A4	A5	A6	A7	A8	Σ
Allg. athletische Ausbildung	Gymnastik	5	4	4	4	5	4	4	4	34
	Spiele, Turnen, Wurfübungen	6	2	2	1	6	2	2	1	22
	Aerobe Ausdauer	2	1	1	1	2	1	1	1	10
	Hürdensprint / Andere Sprünge	1	1	1	1	1	1	1	1	8
Koordination/Technik	Sprint/Sprung-ABC	5	4	3	2	5	4	3	2	28
	Anlauf-/ Absprungvorbereitung			2	1		1	1	1	6
	Elemente	2	1			2	1			6
	Gesamtablauf verkürzter Anlauf	1	2		1	1	2		1	8
	Gesamtablauf wettkampfmäßig			2	1			2	1	6
Kraft	Sprungkraft beidbeinig	3	1			3	1		1	9
	Sprungkraft ein/wechselbeinig	1	2	2		1	2	2	1	11
	Spezielle Sprungkraftübungen		1	3	2		1	3	2	12
	Krafttraining an und mit Geräten	1	2	1	1	2	3	1	1	12
	Spezielle Kraft Stabhoch	1	2	1		1	2	1		8
Schnelligkeit	Kurze Koordinationsläufe (bis 80m)	2	2	2	2	2	2	2	2	16
	Beschleunigung (max)		1	1	1		1	1	1	6
	Schnelligkeit (max)		1	2	2		1	2	2	10
	Lange Koordinationsläufe (80-300 m)	1	2	1	1	1	2	1	1	10
	Sprint / Hürden / Sprung				1				1	2
Regeneration		2	2	2	2	2	2	2	2	16
	Gesamt:	33	31	30	24	34	33	29	26	240

3.1.2 Der Jahresaufbau

Monat	Wo	Periode	A	1. Phase des Aufbautrainings	L	A	2. Phase des Aufbautrainings	L
Oktober	41	1. Vorbereitungs-Periode	1.	Grundlegender, allgemeiner Aufbau (AV1)	8	1.	Grundlegender, allgemeiner Aufbau (AV1)	6
	42							
	43							
	44							
November	45							
	46							
	47					2.	Disziplinspezifischer Leistungsaufbau (SV1)	6
	48							
Dezember	49		2.	Disziplinspezifischer Leistungsaufbau (SV1)	4			
	50							
	51							
	52							
Januar	1		3.	Spezieller Leistungsaufbau (TZ1)	4-5	3.	Spezieller Leistungsaufbau (TZ1)	4-5
	2							
	3							
	4							
	5							
Februar	6	Hallen-WK-Periode	4.	Wettkampfvorbereitung und -Teilnahme	4	4.	Wettkampfvorbereitung und -Teilnahme	4
	7							
	8							
	9							
März	10	2. Vorbereitungs-Periode	5.	Grundlegender, allgemeiner Aufbau (AV2)	4	5.	Grundlegender Leistungsaufbau (AV/SV2)	6
	11							
	12							
	13							
April	14		6.	Disziplinspezifischer Leistungsaufbau (SV2)	4-5			
	15							
	16					6.	Spezieller und disziplinspezifischer Leistungsaufbau (SV/TZ2)	6
	17							
	18							
Mai	19		7.	Spezieller Leistungsaufbau (TZ2)	4			
	20							
	21							
	22							
Juni	23	1. Wettkampf-Periode	8.	WK-Vorbereitung und -Teilnahme	8	7.	WK-Vorbereitung und -Teilnahme	8
	24							
	25							
	26							
Juli	27							
	28							
	29							
	30							
	31							
August	32	Ferienabschnitt	9.	Erholung	4	8.	Erholung oder UWV	2
	33							
	34							
	35						WK-Vorbereitung und -Teilnahme	
September	36	2. Wettkampf-Periode	10.	WK-Vorbereitung und -Teilnahme	4	9.	WK-Vorbereitung und -Teilnahme	6
	37							
	38							
	39/40			Übergang zum neuen Trainingsjahr			Übergang zum neuen Trainingsjahr	

3.1.3 Der Aufbau eines Mesozyklus

Im Jahresaufbau der Trainingsbelastung, der nach dem Prinzip der „Doppelperiodisierung" zwei Wettkampfetappen (Halle und Freiluft) vorsieht, wird eine gestaffelte Akzentuierung der Trainingsbelastung verschiedener Trainingsinhalte vorgeplant. Wie in einem Räderwerk treiben die Trainingsfortschritte in allgemeinen Trainingsbereichen spätere Fortschritte in spezielleren Bereichen an. Die zunehmende Spezifik der Trainingsmittel im Jahresablauf kann in folgenden Schwerpunktsätzen zusammengefaßt werden:

Abschnitte	Trainingsziele und -inhalte
1./5. Abschnitt: **Allgemeine Vorbereitungsperiode** *„Allgemeine Grundlagen aufbauen und entwickeln"*	Umfassende athletische Ausbildung durch lange Läufe, vielseitiges Krafttraining, Turnen und Spiele Vielseitige koordinativ-technische Vorbereitung durch elementare Koordinations- und Rhythmusschulung Schnelligkeits- und Techniktraining im submaximalen Bereich
2./6. Abschnitt: **Spezielle Vorbereitungsperiode** *„Spezielle Leistungsvoraussetzungen entwickeln"*	Schnelligkeitstraining mit Ausrichtung auf die Beschleunigungskomponente Verbesserung der allgemeinen und speziellen Kraftvoraussetzungen (insbesondere Rumpfkraft und Sprungkraft) unter Wahrung des Gleichgewichts zwischen Kraft und Beweglichkeit Technische Vervollkommnung, insbesondere Überlernen fehlerhafter Technikelemente durch Elementarschulung und Gesamtablauf in niedriger Intensität
3./7. Abschnitt: **Technik- und Schnelligkeitszyklus** *„Maximale Schnelligkeit entwickeln und in die „optimale" Technik integrieren"*	Entwicklung der maximalen Schnelligkeit und der Anlaufschnelligkeit Schnellkraftentwicklung durch intensivieres und spezielleres Kraft- und Sprungkrafttraining bei abnehmendem Umfang Technische Vervollkommnung schwerpunktmäßig im Gesamtablauf der Bewegung Evtl. Teilnahme an 1-2 Kontrollwettkämpfen
4./8. Abschnitt: **Wettkampf-Periode** *„Leistungen vorbereiten und darstellen"*	Stabilisierung der entwickelten Fähigkeiten und Fertigkeiten Ausprägung der speziellen Leistungsfähigkeit Abstimmung der Trainingsbelastung auf eine optimale Wettkampfvorbereitung Taktische Vervollkommnung (Anfangshöhe, Steigerung etc.) Vor- und Nachbereitung der Wettkämpfe auf der Basis der Zielsetzung in der Wettkampfplanung Dieser Abschnitt kann durch einen Ferienabschnitt unterbrochen werden.

Tab. 26: Die Hauptaufgaben der Trainingsgestaltung im Jahresablauf

Die Einteilung des Trainingsjahres in mehrwöchige Mesozyklen hat zum Ziel, den Einsatz der Trainingsinhalte, die Übungs- und Methodenwahl vorzustrukturieren. Wie eben dargestellt wurde, steht jeder Mesozyklus unter einem bestimmten Motto, das in konkrete Trainingsmaßnahmen umgesetzt werden muß.

Zu diesem Zweck können drei unterschiedliche Arten von Mesozyklen unterschieden werden, deren Charakteristik wie folgt zusammengefaßt werden kann:

Typus	Umfang	Intensität	Spezifik
„Einführender" oder „Vorbereitender" Mesozyklus	Niedrig bis mittel	Niedrig	Unspezifisch, Sehr variabel
„Entwickelnder" Mesozyklus	Mittel bis Hoch Individuelles Maximum wird erreicht	Mittel bis Hoch Individuelles Maximum wird erreicht	Steigende Spezifik, Variabilität eingeengt Individuelles Maximum wird erreicht
„Erhaltender" Mesozyklus	Mittel bis niedrig	Mittel bis Hoch	Mittlere bis Hohe Spezifik, Hohe Variabilität

Tab. 27: Charakteristik unterschiedlicher Typen von Mesozyklen

Diese Übersicht macht die Belastungsdynamik innerhalb eines Mesozyklus und zwischen unterschiedlichen Typen von Mesozyklen deutlich.

Im Mittelpunkt der Belastungssteuerung innerhalb eines Mesozyklus steht neben der Umfangs- und Intensitätsgestaltung die Frage, *wie variabel* die Trainingsbelastung gehalten werden muß, um effektiv zu bleiben. Hier können die folgenden Anhaltspunkte gegeben werden:

- Da neuromuskuläre Prozesse den Kern des Trainings von Springern ausmacher, muß beachtet werden, daß sich gerade dieses Organsystem besonders schnell an gleichförmige Trainingsbelastungen anpassen kann.

- Nach dem Einsatz von ca. sechs Trainingsreizen mit derselben Übungsauswah', derselben Umfangs- und Intensitätsgestaltung werden „Deckeneffekte" sichtbar: Das Training in gleichbleibender Form „bringt" kaum noch etwas.

- Insbesondere in Mesozyklen mit „einführendem" oder „erhaltendem" Charakter ist es wichtig, die Wirksamkeit der Trainingsreize durch eine hohe Variabilität in der Übungsauswahl und in der Gestaltung der Übungsbedingungen zu sichern.

3.1.4 Der Aufbau der Trainingswoche

Der Zeitabschnitt mit der wohl größten Bedeutung für die Planungsüberlegungen des Trainers ist die Trainingswoche: Einengungen des Zeitbudgets finden in den wöchentlich festgelegten Zeitplänen der Übungsstättenvergabe ihren Niederschlag; Zeitliche Belastungen durch Schule und Beruf spiegeln sich in Wochenstundenplänen von Athletinnen und Athleten. Daher unterliegt die Trainingsplanung innerhalb der Trainingswoche sehr häufig Zwängen, die „optimale" Trainingspläne unmöglich machen.

Trainingsmethodisch gesehen steht jedoch die Frage im Mittelpunkt, in welcher Aufeinanderfolge der Trainingseinheiten mit unterschiedlichen Zielsetzungen (Technik, Schnelligkeit, Kraft, Beweglichkeit, Ausdauer etc.) die geringste gegenseitige Störung der Trainingseinheiten untereinander gesichert werden kann.

Wegen der Vielzahl der Organsysteme, die im Trainingsprozeß des Springers angesprochen werden, und der vorhin erwähnten organisatorischen Beeinträchtigungen sind hier „optimale" Empfehlungen unmöglich. Die folgende Tabelle zeigt die Zeiträume, die für die regeneration unterschiedlicher Organsysteme angenommen werden müssen:[8]

Regenerations-prozesse	Aerobe Energie-bereitstellung	Anaerobe Energie-bereitstellung	Anaerob-Alakt. Energie-bereitstellung	Neuromuskuläre Beanspruchung (Kraft, Schnelligkeit, Technik)
Laufende Regeneration	Bei sehr niedriger Intensität (ca. 50 - 60 %)	---	---	Bei Anwendung der Wiederholungsmethode mit großen Pausen
Schnell-Regeneration (sehr unvollständig)	---	ca. 1,5 - 2 Stunden	ca. 2 - 3 Stunden	
90 - 95 % (gute Leistungsbereitschaft)	ca. 12 Stunden	ca. 12 Stunden	ca. 12 - 18 Stunden	ca. 18 Stunden
Vollständig (erhöhte Leistungsfähigkeit)	ca. 24 - 36 Stunden	ca. 48 - 72 Stunden	ca. 48 - 72 Stunden	ca. 72 Stunden

Tab. 28: Zeitbedarf zur Regeneration unterschiedlicher Organsysteme

Es wird deutlich, daß der *optimale Einsatzrhythmus* für die meisten Trainingsinhalte des Springers im Aufbautraining ca. *zweimal pro Woche* sein dürfte: Einmal pro Woche ist weit über dem „optimalen" Zeitbedarf, so daß wieder mit einem Nachlassen der Leistungsfähigkeit gerechnet werden muß. Ein dreimaliger Einsatz pro

---

[8] Nach GROSSER (1986)

Woche führt aber auf die Dauer „in den Keller" und sollte nur in den „entwickelnden" Mesozyklen praktiziert werden.

Wie soll aber vorgegangen werden, wenn die organisatorischen Zwänge eine Optimierung *aller* Regenerationsprozesse innerhalb der Trainingswoche ausschließen? Hier müssen Prioritäten gesetzt werden. Die folgende Tabelle schlägt vor, welche Trainingsinhalte in welchem Mesozyklus unbedingt optimale Regenerationszeiten erhalten sollten.

Mesozyklus	Vorrang für...
1. / 5.	Allgemeine Kraft, Beweglichkeit, Ausdauer
2. / 6.	Maximalkraft, Spezielle Kraft, Sprungkraft
3. / 7.	Schnelligkeit, Technik
4. / 8.	Technik, Wettkampfvorbereitung, Schnelligkeit

Tab. 29: *Prioritätsliste für optimale Regenerations-Dauer*

Abschließend ist noch einmal festzuhalten, daß im Bereich der *Schnelligkeits-* und komplexen *Technikschulung* möglichst niemals im unvollständig regenerierten Zustand trainiert werden sollte.

3.1.5 Der Aufbau einer Trainingseinheit

Der traditionelle Aufbau einer Trainingseinheit in Aufwärmen, Hauptteil und Ausklang hat auch für das Aufbautraining im Sprung Gültigkeit. Allerdings müssen diese Grundsätze erweitert werden, wenn die Vielzahl der Trainingsanforderungen in vier bis sieben Trainingseinheiten erfüllt werden sollen.

Leitfragen sind:

- Welche Maßnahmen des Aufwärmens sind sinnvoll, welcher Zeitbedarf angemessen?
- Welche Trainingsziele können ohne gegenseitige Störung innerhalb einer Trainingseinheit durchgeführt werden?
- Welche Maßnahmen sind am Ende einer Trainingseinheit sinnvoll?

Die folgende Übersicht zeigt mehrere alternative Möglichkeiten für einen empfehlenswerten Aufbau einer Trainingseinheit auf.

Zeitbedarf	Ziel	Trainingsinhalte			
5 - 10 min	Allg. Aufwärmen	Traben und Dehnen, evtl. Spiel			
10 - 15 min	Spezielles Aufwärmen	Gymnastik zur Kräftigung und Anbahnung Sprint-Sprung-ABC			
20 - 45 min	Erster Schwerpunkt	Schnelligkeit oder Sprungkraft oder Technik	Technik	Schnelligkeit oder Kraft (Halbes Programm)	Schnelligkeit oder Kraft
20 - 45 min	Zweiter Schwerpunkt	Allgemeine Kraft oder Spiel	---	Technik	Kraft oder Schnelligkeit
10 - 15 min	Ausklang oder „Cool-Down"	Auslaufen, Stretching oder Autogenes Training Regenerations- und Kompensationsmaßnahmen (Massage, Schwimmen, Sauna)			

Tab. 30: Varianten des Aufbaus von Trainingseinheiten

3.1.6 Diagnosebogen zur Vorbereitung der individuellen Trainingsplanung

Auf der folgenden Seite ist ein Formular abgebildet, das in dieser oder in einer ähnlichen Form geeignet wäre, insbesondere zu Beginn eines Trainingsjahres aus den vorliegenden Erfahrungen und Ergebnissen die Ziele und Aufgaben für die zukünftige Trainingsgestaltung abzuleiten.

Disziplinspezifische Parameter sind zu ergänzen.

Ausgangsfragestellungen:

- Wo stehe ich?
- Welche Stärken und Schwächen bestimmen meine Leistungsfähigkeit?
- Wo will ich hin?
- Welche Schwerpunkte führen mich im nächsten Jahr zum Erfolg?
- Welche Schwerpunkte müssen gesetzt werden, um den langfristigen Erfolg zu sichern?

Die einzelnen Parameter aus den Bereichen *Allgemeine Leistungsvoraussetzungen, Spezielle Leistungsvoraussetzungen, Leistungsdarstellung und Technik* sollen im Arbeitsschritt *„Diagnose"* zunächst im Schulnotensystem von 1 - 6 bewertet werden, um den Ist-Zustand zu ermitteln. Aus dieser komplexen Bestandsaufnahme sollen im Arbeitsschritt *„Bewertung"* je drei Hauptstärken und Hauptschwächen benannt werden. Im Schritt *„Zusammenfassende Interpretation"* sollen die Bewertungen aus den drei Bereichen verglichen und in ihrer gegenseitigen Abhängigkeit dargestellt werden. Im letzten Arbeitsschritt „Trainingsschwerpunkte im kommenden Jahr" wird die Planung für das kommende Jahr vorbereitet.

Individuelle Leistungsdiagnose und Planungsschwerpunkte

	Allgemeine Leistungsvoraussetzungen	**Spezielle Leistungsvoraussetzungen**	**Leistungsdarstellung und Technik**
Diagnose	Bereich .... Note Allg. Ausdauer .... Beweglichkeit: Wirbelsäule .... Hüfte / Becken / Ischio .... Fuß .... Knie .... Schultergürtel .... Stabilität / Kraft: Fuß / Wade .... Hüfte / Becken / Ischio .... Bauch .... Rücken .... Gesundheit .... Trainingsverhalten	Bereich .... Note Schnelligkeit: Laufkoordination .... Grundschnelligkeit flg. .... Grundschnelligkeit Beschl. .... Reaktive Sprungkraft: Sprungkoordination .... Beidbeinig .... Sprunglauf .... Einbeinsprünge ....und weitere (disziplinspezifisch festlegen)	Bereich .... Note Technik: Anlauf .... Absprungvorbereitung .... Absprung .... Flug .... Lattenüberquerung .... (disziplinspezifisch festlegen) Biomechanik: Anlaufgeschwindigkeit .... Technik-Index 1 .... Technik-Index 2 .... Technik-Index 3 .... (disziplinspezifisch festlegen) Bestleistung .... Wettkampfverhalten ....
Bewertung	Hauptstärken: 1. .... 2. .... 3. .... Hauptschwächen: 1. .... 2. .... 3.	Hauptstärken: 1. .... 2. .... 3. .... Hauptschwächen: 1. .... 2. .... 3.	Hauptstärken: 1. .... 2. .... 3. .... Hauptschwächen: 1. .... 2. .... 3. ....
Zusammenfassende Interpretation			
Trainingsschwerpunkte im kommenden Jahr	1. .... 2. .... 3.	1. .... 2. .... 3.	Technik: 1. .... 2. .... 3. .... Wettkampf 1. .... 2. .... 3. ....

3.2 Trainingsempfehlungen

Im folgenden Kapitel werden die in den Teilen 1 und 2 dieses Buchs formulierten allgemeinen und speziellen Gesetzmäßigkeiten und Prinzipien der Trainingsgestaltung in konkrete Trainingsempfehlungen umgesetzt. Das Ziel dieser Darstellungen besteht nicht in der Darbietung von allgemeingültigen Trainingsprogrammen, sondern in der Darstellung realisierbarer Belastungsgrößen, die den Periodisierungsgrundsätzen entsprechen.

Diese Trainingsempfehlungen basieren auf dem Bausteinmodell der Trainingsbelastung in Teil 3.1 und sollen helfen, konkrete Trainingspläne zu erarbeiten, die den Rahmenvorgaben dieses RTP entsprechen. Die individuelle Übungsauswahl, der tatsächliche Belastungsumfang und die tatsächliche Intensität des Trainings muß den individuellen Erfordernissen des Athleten angepaßt werden.

3.2.1 Belastungsempfehlungen 1. Phase des Aufbautrainings

Dauerlauf und lange Koordinationsläufe („Tempoläufe"), (1. Phase ABT)

MEZ	KW	SP	Σ	Aerobes Lauftraining	SP	Σ	Lange Koordinatinsläufe
1.	40	2	5,0	Dauerlauf, Streckenverlängerung bei	1	0,4	3 - 5 x STL 150 m
	41	2	5,0	gleichbleibender Geschwindigkeit um	1	0,4	Int: niedrig - locker
	42	2	8,0	5 - 6 min pro km	1	0,6	Pausen: bis 3 min
	43	2	8,0		1	0,6	
	44	2	10,0		1	0,75	
	45	2	8,0		1	0,75	
2.	46	1	5,0	Dauerlauf (konstante Streckenlänge)	2	0,8	4 - 6 x STL 120 m
	47	1	5,0		2	1,0	Int:: mittel, - locker
	48	1	5,0		2	1,2	Pausen: bis 3 min
	49	1	5,0		2	1,0	
	50	1	5,0		2	0,8	
	51	1	5,0		-	-	
3.	52	1	5,0	Fahrtspiel über ca. 30 min mit			
	01	1	3,0	Tempoeinlagen bis zu 200 m			
	02	1	3,0				
	03	1	3,0				
4.	04	1	3,0	wie 3. MEZ			
	05	1	3,0				
	06	1	3,0				
	07	1	3,0				
5.	08	2	5,0	DL-Streckenverlängerung bei gleicher			4 - 6 x STL 120 m
	09	2	8,0	Geschwindigkeit	1	0,6	Int: niedrig - locker
	10	2	10,0		1	0,6	P: bis 10 min
	11	2	15,0		1	0,75	
	12	2	10,0		1	0,75	
	13	2	8,0		1	0,9	
6.	14	1	5,0	Dauerlauf, leichte Steigerung der	2	1,0	5 - 8 x STL 100 m
	15	1	5,0	Geschwindigkeit bei konstanter	2	1,4	Int: Mittel - locker
	16	1	5,0	Strecke	2	1,6	P: 10 - 15 min
	17	1	5,0		2	1,2	
	18	1	3,0		2	1,0	
7.	19	1	3,0	Im Wechsel: Dauerlauf ca 5 km und			Nach Notwnedigkeit wie 6. MEZ
	20	1	5,0	Fahrtspiel (3 km mit Tempoeinlagen			
	21	1	3,0	bis schneller Lauf 150 - 200 m)			
	22	1	5,0				
	23	1	3,0				
	24	1	5,0				
	25	1	3,0				
	26	1	5,0				
	27	1	3,0				
	28	1	5,0				
8.	29	1	3,0	Wie 7. MEZ			Nach Notwnedigkeit wie 6. MEZ
	30	1	5,0				
	31	1	3,0				
	32	1	5,0				
	33	1	3,0				
	34	1	5,0				
	35	1	3,0				
	36	1	5,0				
	37	1	3,0				
	38	1	5,0				
	39	1	3,0				

Kurze Koordinationsläufe und Beschleunigung / Schnelligkeit (1. Phase ABT)

MEZ	KW	SP	Σ	Kurze Koordinationsläufe	SP	Σ	Beschleunigung / Schnelligkeit
1.	40	1	180	3 - 4 x STL 60 - 80 m			5 - 8 x Antritte 15 m
	41	1	180	Int: Niedrig			Int: submaximal
	42	1	180	P: bis 3 min			P: 3 - 4 min
	43	1	240		1	75	
	44	1	240		1	105	
	45	1	320		1	120	
2.	46	2	320	4 - 6 x STL 40 - 60 m	2	210	Im Wechsel:
	47	2	400	Int: ansteigend	2	230	Be: 3 - 5 x TST/HST 20 - 30 m,
	48	2	500	P: 4 - 6 min	2	230	Int: subamximal, P: 3 - 4 min
	49	2	600		2	260	S: 3 - 4 x STL 30 m / 20 m FLG, Int:
	50	2	720		2	300	submaximal, P: 3 - 4 min
	51						
3.	52	1	480	5 - 8 x STL 40 - 60 m	2	360	5 - 8 x TST / HST 30 m
	01	1	420	Int: mittel	2	420	Int maximal
	02	1	360	P: 3 - 6 min	2	480	P: 4 - 5 min
	03	1	300		2	360	
4.	04	2	460	STL 3 x 30 m / 2 x 40 m / 1 x 60 m	1	270	3 - 4 x TST 30 m
	05	2	460	Int: mittel	1	180	2 - 3 x STL 30 m / 20 m FLG
	06	2	460	P: 3 - 6 min	1	270	Int: maximal
	07	2	460		1	180	P: 4 - 5 min
5.	08			6 - 8 x STL 40 - 60 m			6 - 8 Antritte 20 m
	09	1	240	Int: niedrig			Int: submaximal
	10	1	360	P: bis 3 min			P: 3 - 4 min
	11	1	240		1	120	
	12	1	360		1	140	
	13	1	480		1	160	
6.	14	2	600	5 - 8 x STL 60 m	2	260	Im Wechsel:
	15	2	600	Int: mittel	2	360	Be: 4 - 6 x TST/HST 40 m, Int: maximal,
	16	2	720	P: 3 - 5 min	2	440	P: 4 - 5 min
	17	2	960		2	460	S: 4 - 6 x STL 30 m / 20 m FLG, Int:
	18	2	720		2	540	maximal, P: 4 - 5 min
7.	19	2	160	Im Wechsel:	1	320	Im Wechsel:
	20	1	240	4 - 6 x STL 40 m	2	420	2 - 3 x (STL 30 m – FLG 20 m)
	21	2	460	oder	1	260	oder
	22	1	240	STL 3 x 30 m, 2 x 40 m, 1 x 60 m	2	360	3 - 6 x TST / HST 20 m
	23	2	460		1	160	2 - 4 x TST / HST 30 m
	24	1	240	Int: Mittel	2	260	1 - 2 x TST / HST 40 m
	25	2	460	P: 3 - 5 min	1	160	
	26	1	240		2	310	
	27	2	460		1	160	
	28	-			-	-	
8.	29	-		– wie 7. MEZ –	-	-	– wie 7. MEZ –
	30	1	240		2	260	
	31	2	460		1	160	
	32	1	240		2	260	
	33	2	460		1	160	
	34	1	240		2	310	
	35	2	460		1	160	
	36	1	240		2	260	
	37	2	460		1	160	
	38	1	240		2	260	
	39	2	460		1	160	

Sprungkraft beidbeinig (1. Phase ABT)

MEZ	KW	SP	∑	Übungsprogramm-Vorschlag
1.	40	1	255	**1. Programm:** 3-5 Serien, Serienpause bis 5 min, Pause bis 3 min
	41	2	306	❶ Beidbeinige Kniebeugen im Stand ohne zusätzliche Belastung bis zur halben Beugetiefe .... 8 - 10 Wdh
	42	2	306	❷ Fortlaufende vertikale Strecksprünge am Ort .... bis 10 Wdh
	43	2	408	❸ Vorwärtsgehen in tiefer Hockstellung .... bis 10 Schritte
	44	2	408	❹ Schrägstand, Drücken in den Zehenstand (5s) und Senken auf die ganze Sohle (5s) .... bis 6 Wdh
	45	2	>510	❺ Beidbeinige Auf- und Absprünge auf einer Langbank (bis 40 cm Höhe) .... bis 15 Sprünge
2.	46	2	306	**2. Programm:** Reduzieren des 1. Programms auf 2-3 Serien und 1 SP pro Woche sowie folgende Veränderung
	47	1	153	der Übungsausführung:
	48	1	153	❶ ... bis tiefe Kniebeugen .... 8 - 10 Wdh
	49	1	102	❷ ... mit Anhocken der Beine .... bis 10 Wdh
	50	1	102	❺ ... ohne Zwischenhüpfer .... bis 15 Sprünge
	51			
3.	52			
	01			
	02			
	03			
4.	04			
	05			
	06			
	07			
5.	08			**3. Programm:** Wie Programm 1 mit Steigerung der Belastung: 4 - 6 Serien, SP: bis 6 min, P: bis 3 min
	09	2	408	❶ Im Wechsel halbe Kniebeugen und tiefe Kniebeugen .... bis 15 Wdh
	10	2	544	❷ Fortlaufende vertikale Strecksprünge am Ort mit Anhocken der Beine im Sprung .... bis 10 Wdh
	11	2	680	❸ Vorwärtsgehen in tiefer Hockstellung .... bis 15 Schritte
	12	2	680	❹ Schrägstand, Drücken in den Zehenstand (5sec) und Senken auf die ganze Sohle (5sec) .... bis 8 Wdh
	13	2	>816	❺ Prellsprünge ohne Beugen der Beine, auf und von einer Langbank (maximal 40 cm Höhe) ... bis 15 Sprünge
6.	14	2	544	**4. Programm:** Reduzierung des 3. Programms auf 3-4 Serien und auf ❷, ❸ und ❺ mit den gleichen
	15	1	160	Wiederholungen innerhalb der Serie.
	16	1	160	
	17	1	120	
	18	1	120	
7.	19			**4. Programm:** Schwerpunktmäßiger Einsatz 14tägig, im Wechsel mit den Programmen des Einbeinigen und
	20	1	120	Wechselbeinigen Sprungkrafttrainings
	21			
	22	1	120	
	23			
	24	1	120	
	25			
	26	1	120	
	27			
	28			
8.	29			**4. Programm:** Schwerpunktmäßiger Einsatz 14tägig, im Wechsel mit den Programmen des Einbeinigen und
	30	1	120	Wechselbeinigen Sprungkrafttrainings
	31			
	32	1	120	
	33			
	34	1	120	
	35			
	36	1	120	
	37			
	38	1	120	
	39			

Sprungkraft ein- und wechselbeinig (1. Phase ABT)

MEZ	KW	SP	∑	Übungsprogramm-Vorschlag
1.	40	1	135	**9. Programm: 3 - 5 Serien, Serienpause bis 6 min, Pause bis 3 min**
	41	1	135	❶ Wechselhüpfer (Prellhopser) vorwärts .... 15-20 Sprünge
	42	1	150	❷ Sprunglauf aus dem Stand, horizontal orientiert .... bis 15 Sprünge
	43	1	180	❸ Wechselsprünge aus dem Stand (li - li - re - re) .... bis 10 Sprünge
	44	1	200	❹ Einbeinsprünge / Hops aus dem Stand, flach nach vorne orientiert, wechselseitig re – li .... bis 5 Sprünge
	45	1	250	
2.	46	2	300	**10. Programm: 4 - 6 Serien, Serienpause bis 6 min, Pause bis 3 min. Folgende Veränderungen:**
	47	2	400	❶ - ❹ ...aus dem Angehen, bis 3 Anlaufschritte
	48	2	450	
	49	2	>500	
	50	2	450	
	51			
3.	52	1	200	**11. Programm: Umfangsreduzierung auf 2 - 4 Serien, Serienpause bis 4 min, Pause bis 2 min.**
	01	1	180	
	02	1	150	
	03	1	100	
4.	04			
	05			
	06			
	07			
5.	08			**12. Programm: Wie 11. Programm, Anlaufverlängerung auf bis zu 5 Schritte, wenn möglich.**
	09	1	100	
	10	1	150	
	11	1	180	
	12	1	200	
	13	1	200	
6.	14	2	300	**13. Programm: 4 - 6 Serien des 9. Programms. Serienpause: 4 - 6 min, Pause: bis 3 min mit**
	15	2	450	**weiterer Anlaufverlängerung**
	16	2	540	❶ - ❹ ... aus 5 AS
	17	2	>600	
	18	2	500	
7.	19	1	200	**14. Programm: Reduzierung des 13. Programms auf 2 - 4 Serien. Serienpause: bis 6 min, Pause: bis**
	20			**3 min. Weitere Anlaufverlängerung**
	21	1	200	14-tägiger Einsatz im Wechsel mit den Programmen des beidbeinigen Sprungkrafttrainings
	22			
	23	1	200	
	24			
	25	1	200	
	26			
	27	1	200	
	28			
8.	29			**14. Programm**
	30			
	31	1	100	
	32			
	33	1	200	
	34			
	35	1	100	
	36			
	37	1	200	
	38			
	39	1	100	

Spezielle Sprungkraft (1. Phase ABT)

MEZ	KW	SP	Σ	Übungsprogramm-Vorschlag
1.	40 41 42 43 44 45			
2.	46 47 48 49 50 51	1 1 1 1 1 -	20 20 20 20 20 -	**21. Programm:** 3 - 5 Serien, Serienpause bis 6 min, Pause bis 3 min ❶ Steigesprung mit dem Sprungbein, vertikal betonten Absprung und Landung auf dem Schwungbein. Anlauf aus dem Gehen oder leichten Traben bis 5 AS .... bis 10 Sprünge ❷ Hochsprung / Hocksprung von vorn mit dem Sprungbein aus 3 - 5 AS .... bis 10 Sprünge im Wechsel mit: Weit-/Hochsprung mit dem Sprungbeinb, aus dem Angehen, bis 5 lockere Anlaufschritte ..... bis 12 Sprünge
3.	52 01 02 03	2 2 2 2	24 24 32 **40**	**22. Programm:** 1 Schwerpunkt pro Woche. 21. Programm mit 22. Programm im Wechsel mit 22. Programm: 24 bis 40 Sprünge, Pause: 2 min. ❸ Schrittweitsprung, mit Absprung vom Sprungbein aus 5 AS
4.	04 05 06 07	2 2 2 2	24 24 24 24	**23. Programm:** 12 Spezielle Sprünge pro SP, Pause: 2 min. ❹ Steigesprung oder Schrittweitsprung, mit Absprung vom Sprungbein aus 5 AS
5.	08 09 10 11 12 13			
6.	14 15 16 17 18	1 1 1 1 1	20 20 20 20 20	**24. Programm:** Wiederholung des 21. Programms, aber ❶ und ❷ aus 5 - 7 AS
7.	19 20 21 22 23 24 25 26 27 28	2 2 2 2 2 2 2 2 2 -	24 24 24 24 24 24 24 24 24 -	**25. Programm:** Wiederholung des 23. Programms, aber ❹ aus 5 bis 7 AS
8.	29 30 31 32 33 34 35 36 37 38 39	- 2 2 2 2 2 2 2 2 2 2	- 24 24 24 24 24 24 24 24 24 24	**25. Programm**

Krafttraining an und mit Geräten (1. Phase ABT)

MEZ	KW	SP	Σ	Übungsprogramm-Vorschlag
1.	40	1	196	**30. Programm: 2-3 Serien, SP: bis 5 min, P: bis 2 min**
	41	1	196	❶ „Aufsteiger" an unterschiedlichen Geräten (Bank, Kasten, Sprossenwand) mit einer Höhe von 40 cm, ohne
	42	1	196	zusätzliche Belastung .... bis 15 Wdh
	43	1	294	❷ Seilspringen beidbeinig, mit betontem Abdruck aus dem Sprunggelenk .... bis 20 Sprünge
	44	1	294	❸ Medizinball zurückstoßen im Liegen .... bis 15 Wdh
	45	1	294	❹ Strecken und Beugen beider Unterschenkel im Sitz auf einer Bank .... bis 10 Wdh
				❺ „Kosakentanz" mit Partnerhilfe oder festhalten an der Sprossenwand, seitwärts oder vorwärts in der
				Halbkniebeuge .... bis 8 Wdh
				❻ Anfersen im Gehen, wechselseitig .... bis 20 Wdh
				❼ Kugel- oder Medizinballschocken (2-3 kg) vorwärts oder rückwärts aus dem Grätschstand .... bis 10 Wdh
2.	46	2	392	**31. Programm: Wie 30. Programm, mit Steigerung des Umfangs bis auf 4 Serien mit SP: bis 6 min**
	47	2	392	**und P: bis 2 min**
	48	2	392	
	49	2	588	
	50	2	**784**	
	51			
3.	52	1	70	**32. Programm: Wie 30. Programm, aber nur noch 1 Serie mit 10 Versuchen je Übung**
	01	1	70	
	02	1	70	
	03	1	70	
4.	04			
	05			
	06			
	07			
5.	08			**31. Programm**
	09	2	392	
	10	2	392	
	11	2	588	
	12	2	**784**	
	13	2	588	
6.	14	2	392	**30 Programm**
	15	1	294	
	16	1	294	
	17	1	196	
	18	1	196	
7.	19	1	70	**32. Programm**
	20	1	70	
	21	1	70	
	22	1	70	
	23	1	70	
	24	1	70	
	25	1	70	
	26	1	70	
	27	1	70	
	28			
8.	29			**32. Programm**
	30	1	70	
	31	1	70	
	32	1	70	
	-	-	...	
	39	1	70	

TRAININGSPLANUNG UND -DOKUMENTATION   189

Allgemeines Krafttraining, Gymnastik, Turnen, Wurfübungen, Spiele (1. Phase)

MEZ	KW	SP	Σ	Allgemeines Krafttraining	SP	Σ min	Gymnastik	SP	Σ min	Turnen, Wurfübungen, Spiele
1.	40	1	90	1 x Kreis- oder Stationstraining	2	50	Stabilisation, Kräftigung und	3	60	2 x Spiele 20 - 30 min
	41	2	140	pro SP	4	80	Anbahnung 15 - 20 min	5	100	2 x Würfe 20 - 30 min
	42	2	160	2 - 4 Serien / bis 8 Übg	4	80	pro SP	5	100	1 x Turnen 20 - 30 min
	43	2	160	6 - 8 Wdh pro Übung	4	80	Stretching und Mobilisation	5	120	
	44	2	180		4	100	15 - 20 min pro SP	5	120	
	45	2	210	im Wechsel mit:	4	100		5	150	
2.	46	2	260		4	100	– wie 1. MEZ –	3	120	2 x Spiele 30 - 40 min
	47	2	300	1 x Krafttraining an / mit	4	100		3	110	1 x Turnen 30 - 40 min
	48	2	340	Geräten, mit Partner bzw.	4	120		3	100	
	49	2	260	eig. Körpergewicht	4	120		3	90	
	50	2	200	8 - 10 Übungen mit je 6 -	4	100		3	90	
	51		180	8 Wdh	3	90				
3.	52	2	180	Nur noch 5 Übungen, 2 - 3	3	60	– wie 1. MEZ –	2	60	1 x Spiele 20 - 30 min
	01	2	100	Serien mit je 5 Wdh pro	3	40		2	60	1 x Turnen 30 - 40 min
	02	2	100	Serie; Intensivere	3	60		2	40	
	03	2	75	Ausführung!	3	40		2	40	
4.	04	1	50	Nur noch 3 - 4 Übungen	3	60	– wie 1. MEZ –	1	30	1 x Spiele 20 - 30 min
	05	1	25		3	45		1	30	im Wechsel mit
	06	1	50		3	60		1	30	1 x Turnen 30 - 40 min
	07	1	25		3	45		1	30	
5.	08			Kreis- oder Stationstraining	2	30	– wie 1. MEZ –	-	-	
	09	2	180	pro SP:	4	80		5	100	3 x Spiele 20 - 30 min
	10	2	180	Bis zu 10 Übungen	4	80		5	120	2 x Turnen 30 - 40 min
	11	2	200	3 - 4 Serien pro Übung	4	80		5	150	
	12	2	240	6 - 8 Wdh. pro Serie	4	80		5	170	
	13	2	180		4	100		5	120	
6.	14	2	100	Krafttraining an und mit	4	120	– wie 1. MEZ –	3	90	1 x Spiele 20 - 30 min
	15	2	60	Geräten bzw.	4	120		3	90	1 x Würfe 20 - 30 min
	16	2	50	Körpergewicht	4	100		3	80	1 x Turnen 20 - 30 min
	17	2	40	10 Übungen mit 4 - 6 Wdh,	4	80		3	70	
	18	2	40	schnelle Ausführung	4	80		3	70	
7.	19	2	25	Ähnlich 6. / 7. MEZ, nur noch	3	60	– wie 1. MEZ –	2	60	2 x Spiele 30 - 40 min
	20	2	50	6 Übungen, 2 Serien, 4 - 6	3	45		2	60	1 x Turnen 30 - 40 min
	21	2	35	Wdh	3	60		2	60	
	22	2	25		3	45		2	60	
	23	2	50		3	60		2	60	
	24	2	35		3	45		2	60	
	25	2	70		3	60		2	60	
	26	2	25		3	45		2	60	
	27	2	50		3	60		2	60	
	28				2	30				
8.	29			– wie 7. MEZ –	2	30	– wie 1. MEZ –			
	30	1	25		3	45		1	30	
	31	1	50		3	60		1	30	
	32	1	35		3	45		1	30	
	33	1	70		3	60		1	30	
	34	1	25		3	45		1	30	
	35	1	50		3	60		1	30	
	36	1	35		3	45		1	30	
	37	1	70		3	60		1	30	
	38	1	35		3	45		1	30	
	39	1	25		3	45		1	30	

Andere Sprint/Sprung-Disziplin, Sprint-Sprung-ABC, Technik (1. Phase ABT)

MEZ	KW	SP	Σ Wdh	Hürdenlauf oder Andere Sprungdisziplin	SP	Σ Wdh	Sprint/Sprung-ABC	SP	Σ Wdh	Technik der Spezialdisziplin
1.	40	2	25	1 x Hürdenlauf (5 - 6 x 3 Hürden)	3	450	Pro SP ca. 150 Übg., extensiv, umfangs- und koordinations- orientiert	1	6	Elemente, Anlauf-Absprung- Schulung und Gesamtablauf aus kurzem Anlauf Individuelle Zielsetzungen und Belastungsgrößen
	41	2	25		5	500		1	10	
	42	2	30		5	600		1	12	
	43	2	30	1 x Technik einer Nicht- Spezialdisziplin aus kurzem Anlauf (10 x)	5	750		1	12	
	44	2	25		5	750		1	12	
	45	2	25		5	600		1	12	
2.	46	1	25	Im Wechsel: Hürdenlauf 6 - 8 x 4 Hü mit Technik Nicht-Spezial- disziplin aus mittl. Anlauf (10-12 x)	4	480	Pro SP ca. 120 Übg, schnelligkeits- orientiert, koordi- nativ sauber	2	18	Elemente, Anlauf-Absprung- Schulung und Gesamtablauf aus mittlerem Anlauf Individuelle Zielsetzungen und Belastungsgrößen
	47	1	12		4	350		2	18	
	48	1	25		4	400		2	24	
	49	1	12		4	480		2	24	
	50	1	30		4	400		2	24	
	51									
3.	52	1	18	Wie 2. MEZ bei größerer Intensität und gerin- gerem Umfang	3	300	Pro SP ca. 120 Übg, schnelligkeits- orientiert koordinativ sauber	3	20	Anlauf-Absprung-Schulung und Gesamtablauf aus mittl. Anl. Individuelle Zielsetzungen und Belastungsgrößen
	01	1	6		3	360		3	30	
	02	1	12		3	300		3	30	
	03	1	6		3	250		3	30	
4.	04	1	12	Wie 3. MEZ	2	200	Pro SP ca. 80 - 120 Übungen, schnell- igkeitsorientiert koordinativ sauber	2	12	Wettkampfvorbereitung
	05	1	6		2	240		2	12	
	06	1	18		2	200		2	12	
	07	1	6		2	240		2	12	
5.	08						Wie 1. MEZ			Elemente, Anlauf-Absprung- Schulung und Gesamtablauf aus kurzem Anlauf Individuelle Zielsetzungen und Belastungsgrößen
	09	2	30	Wie 1. MEZ	5	600		1	12	
	10	2	40		5	700		1	24	
	11	2	40		5	800		1	24	
	12	2	30		5	1000		1	24	
	13	2	30		5	800		1	24	
6.	14	1	30	Wie 2. MEZ	4	600	Wie 2. MEZ	2	12	Elemente, Anlauf-Absprung- Schulung und Gesamtablauf aus mittlerem Anlauf Individuelle Zielsetzungen und Belastungsgrößen
	15	1	35		4	500		2	12	
	16	1	40		4	500		2	12	
	17	1	40		4	400		2	12	
	18	1	30		4	400		2	12	
7.	19	1	16	Wie 3. MEZ	3	360	Wie 3. MEZ	3	24	Anlauf-Absprung-Schulung und Gesamtablauf aus mittl. Anl. Wettkampfvorbereitung Individuelle Zielsetzungen und Belastungsgrößen
	20	1	8		3	300		3	24	
	21	1	20		3	300		3	24	
	22	1	8		3	300		3	24	
	23	1	24		3	240		3	24	
	24	1	12		3	300		3	24	
	25	1	20		3	500		3	24	
	26	1	8		3	360		3	24	
	27	1	24		3	300		3	24	
	28									
8.	29									Wettkampfvorbereitung Individuelle Zielsetzungen und Belastungsgrößen
	30	1	16	Wie 7. MEZ	2	150	Wie 4. MEZ	2	12	
	31	1	8		2	150		2	12	
	32	1	20		2	200		2	12	
	33	1	8		2	250		2	12	
	34	1	24		2	200		2	12	
	35	1	12		2	200		2	12	
	36	1	20		2	250		2	12	
	37	1	8		2	200		2	12	
	38	1	20		2	150		2	12	
	39	1	8		2	150		2	12	

3.2.2 Belastungsempfehlungen 2. Phase des Aufbautrainings

Dauerlauf, lange und kurze Koordinationsläufe („Tempoläufe", 2. Phase ABT)

MEZ	KW	SP	Σ	Aerobes Lauftraining	SP	Σ	Lange Koordinationsläufe	SP	Σ	Kurze Koordinationsläufe
1.	40	1	5,0	Verlängerung der Lauf-	1	0,6	4 - 5 x STL 150 - 200 m	1	240	4 - 5 x STL 60 - 80 m
	41	2	10,0	strecke bei gleicher	1	0,6	Int: niedrig - locker	1	300	Int: niedrig
	42	2	12,0	Geschwindigkeit bei 5	1	0,9	P: bis 10 min	1	320	P: 3 - 4 min
	43	2	12,0	min pro km	1	1,2		1	320	
	44	2	15,0		1	1,2		1	400	
	45	2	12,0		1	1,0		1	320	
2.	46	1	8,0	DL-Leichte Steigerung der	2	1,2	6 - 8 x STL 120 - 150 m	2	480	6 - 8 x STL 40 - 60 m
	47	1	5,0	erarbeiteten Ge-	2	1,2	Int: mittel - locker	2	640	Int: ansteigend
	48	1	5,0	schwindigkeit auf	2	1,5	P: 10 - 15 min	2	720	P: 3 - 4 min
	49	1	5,0	konstanter Strecke	2	1,2		2	840	
	50	1	5,0		2	0,9		2	960	
	51	1	5,0							
3.	52	1	5,0	DL: Anwendung der	1	0,6	3 - 6 x STL 80 - 100 m	2	720	4 - 6 x STL 40 - 60 m
	01	1	3,0	erarbeiteten Ge-	1	0,4	Int: niedrig	2	600	Int: mittel
	02	1	3,0	schwindigkeit auf	1	0,4	P: 10 - 15 min	2	600	P: 4 - 6 min
	03	1	3,0	verkürzten Strecken	1	0,3		2	400	
4.	04	1	3,0	Fahrtspiel über ca. 3 km	1	0,2	3 - 4 x TL 80 m	1	360	STL 4 x 30 m
	05	1	3,0	mit Tempoeinlagen	1	0,2	Int: niedrig	1	360	3 x 40 m
	06	1	3,0	bis zu 300 m	1	0,2	P: bis 10 min	1	360	2 x 60 m
	07	1	3,0		1	0,2		1	360	Int: mittel, P: 3 - 6 min
5.	08	2	8,0	DL-Streckenverlängerung	1	0,6	4 - 6 x STL 200 - 300 m	2	600	5 - 6 x STL 60 - 80 m
	09	2	10,0	bei gleichbleibender	1	0,6	Int: niedrig	2	720	Int: niedrig
	10	2	12,0	Geschwindigkeit von	1	0,8	P: bis 15 min	2	720	P: 3 - 4 min
	11	2	15,0	ca. 5 min/km	1	0,9		2	800	
	12	2	12,0		1	1,2		2	720	
	13	2	10,0		1	0,8				
6.	14	1	8,0	DL-Leichte Steigerung der	2	0,9	4 - 6 x STL 120 - 150 m	2	640	6 - 8 x STÖ 60 - 40 m
	15	1	5,0	Geschwindigkeit bei	2	1,4	Int: mittel	2	720	Int: mittel
	16	1	5,0	konstanter Strecke	2	1,8	P: 10 - 15 min	2	840	P: 4 - 6 min
	17	1	5,0		2	1,4		2	960	
	18	1	5,0		2	0,9		2	840	
7.	19	1	3,0	Im Wechsel:	1	0,7	3 - 5 x STL 100 - 150 m	1	360	Im Wechsel:
	20	1	5,0		1	0,5	Int: mittel	1	300	5 - 6 x STL 60 - 40 m
	21	1	3,0	DL (5 km) und Fahrtspiel	1	0,3	P: 10 - 15 min	1	360	Int: mittel, P: 3 - 6 min
	22	1	5,0	(3 km mit Tempo-	1	0,5		1	240	
	23	1	3,0	einlagen bis 250m)	1	0,7		1	360	STL 4 x 30 m
	24	1	5,0		1	0,5		1	300	3 x 40 m
	25	1	3,0		1	0,3		1	360	2 x 60 m
	26	1	5,0		1	0,5		1	240	Int: mittel
	27	1	3,0		1	0,3		1	300	P: 3 - 6 min
	28	1	5,0							
8.	29	1	3,0	– Wie 7. MEZ –	1		– Wie 7. MEZ –			– Wie 7. MEZ –
	30	1	5,0		1	0,3		1	240	
	31	1	3,0		1	0,5		1	300	
	32	1	5,0		1	0,7		1	360	
	33	1	3,0		1	0,5		1	300	
	...	...	...		1	...		...	...	
	38	1	5,0		1	0,5		1	240	
	39	1	3,0		1	0,3		1	360	
									240	

Beschleunigung und Schnelligkeit (2. Phase)

MEZ	KW	SP	Σ	Beschleunigung	SP	Σ	Schnelligkeit
1.	40						
	41						
	42						
	43						
	44						
	45						
2.	46	1	120	3 - 4 x TST/HST 40 m	1	200	4 - 6 x STL 30 m, FLG 20 m
	47	1	160	Int: submax	1	200	Int: submaximal
	48	1	120	P: 3 - 4 min	1	250	P: 3 - 5 min
	49	1	160		1	250	
	50	1	120		1	300	
	51						
3.	52	1	180	6 - 8 x TST/HST 30 m	2	360	6 - 8 x STL 30 m, FLG 30 m
	01	1	240	Int maximal	2	360	Int: maximal
	02	1	210	P: 5 - 6 min	2	420	P: 5 - 6 min
	03	1	180		2	480	
4.	04	1	120	4 - 6 x TST/HST 20 m	2	300	2 - 3 x STL 30 m, FLG 20 m
	05	1	100	Int: maximal	2	200	
	06	1	100	P: 5 - 6 min	2	300	
	07	1	80		2	200	
5.	08			3 - 4 x TST/HST 40 m			
	09			Int: submaximal			
	10			P: 3 - 4 min			
	11	1	120				
	12	1	120				
	13	1	160				
6.	14	1	180	5 - 7 x TST/HST 30 m	1	350	5 - 8 x STL 40 m, FLG 30 m
	15	1	180	Int: maximal	1	350	Int: maximal
	16	1	210	P: 5 - 6 min	1	420	P: 5 - 6 min
	17	1	180		1	490	
	18	1	150		1	560	
7.	19	1	160	Im Wechsel:	2	480	Im Wechsel:
	20	1	120		2	360	
	21	1	160	4 - 6 x TST/HST 20 m	2	480	3 - 4 x 60 m TWL (20 m submaximal, 20
	22	1	100		2	360	m maximal, 20 m submaximal)
	23	1	160	mit	2	480	
	24	1	80		2	360	mit
	25	1	160	TST/HST 3 x 20 m	2	480	
	26	1	120	2 x 30 m	2	360	3 - 4 x STL 30 m, FLG 30 m
	27	1	160	1 x 40 m	2	480	Int: maximal, P: 5 - 6 min
	28						
8.	29						
	30	1	80	– Wie 7. MEZ –	2	360	– Wie 7. MEZ –
	31	1	160		2	480	
	32	1	100		2	360	
	33	1	160		2	480	
	34	1	120		2	360	
	35	1	160		2	480	
	36	1	100		2	360	
	37	1	160		2	480	
	38	1	80		2	360	
	39	1	160		2	480	

Sprungkraft beidbeinig (2. Phase ABT)

MEZ	KW	SP	Σ	Übungsprogramm-Vorschlag
1.	40	1	294	**5. Programm: 4-6 Serien, Serienpause bis 6 min, Pause bis 3 min**
	41	2	588	❶ Halbe Kniebeugen im Stand ohne zusätzliche Belastung in schneller Ausführung .... bis 8 Wdh
	42	3	588	❷ Fortlaufende beidbeinige Schlußsprünge über hohe Hindernisse bis 50 cm, auch m. Zw.-Hü. bis 10 Sprünge
	43	3	735	❸ Beidbeinige Strecksprünge vorwärts auf Weite aus tiefer Hockstellung (Hasensprünge) .... bis 8 Sprünge
	44	3	735	❹ Strecken in den Zehenstand bei Stand auf einer Erhöhung auf den Fußballen .... bis 15 Sprünge
	45	3	882	❺ Auf- und Niedersprünge auf Kastenteile (Höhe bis 50 cm) .... bis 8 Sprünge
2.	46	2	588	**6. Programm:** Reduzierung des 5. Programms auf 2-3 Serien mit folgender Veränderung der
	47	1	294	Übungsausführung:
	48	1	147	❶ ... Ausführung der Streckung bis in den Zehenstand .... 8 - 10 Wdh
	49	1	147	❷ ... ohne Zwischenhüpfer .... bis 10 Sprünge
	50	1	98	❸ ... Weitenvorgabe für 8 Sprünge (6 bis 7,50 m) .... bis 15 Sprünge
	51			
3.	52			
	01			
	02			
	03			
4.	04			
	05			
	06			
	07			
5.	08			**7. Programm:** 6-8 Serien pro SP des 5. Programms, (SP bis 6 min, Pause bis 2 min). Veränderungen:
	09	2	588	❶ Habkniebeuge als Tempokniebeuge auf Zeit, Zeitvorgabe 6 bis 7 sec. .... bis 15 Wdh
	10	3	735	❷ Höhe der Hindernisse bis 60 cm .... bis 10 Wdh
	11	3	882	❸ Steigerung der Weitenvorgabe: 6,50 m bis 8,00 m .... bis 15 Schritte
	12	3	1028	❹ ... mit zusätzlicher leichter Belastung (Sandsack o.ä. bis 20 kg) .... bis 8 Wdh
	13	3	1176	❺ ... keine Veränderungen .... bis 15 Sprünge
6.	14	2	784	**8. Programm:** Reduzierung des 7. Programms auf 3-5 Serien. Serienpause bis 5 min, Pause bis 2 min.
	15	1	245	Schwerpunktmäßige Anwendung alle 14 Tage im 7. und 8. Abschnitt des Trainingsjahres.
	16	1	245	
	17	1	147	
	18	1	147	
7.	19			**8. Programm**
	20	1	147	
	21			
	22	1	245	
	23			
	24	1	147	
	25			
	26	1	245	
	27			
	28			
8.	29			**8. Programm**
	30	1	147	
	31			
	32	1	245	
	33			
	34	1	147	
	35			
	36	1	245	
	37			
	38	1	147	
	39			

Sprungkraft ein- und wechselbeinig (2. Phase ABT)

MEZ	KW	SP	∑	Übungsprogramm-Vorschlag
1.	40	1	240	**15. Programm: 3 - 5 Serien pro TE, SP: bis 6 min, P: bis 3 min**
	41	1	240	❶ Hopserlauf aus 3 - 5 Anlaufschritten, mit vertikal orientierter Absprungrichtung .... bis 20 Sprünge
	42	1	240	❷ Sprunglauf aus 3 - 5 Anlaufschritten .... bis 20 Sprünge
	43	1	320	❸ Einbeinige Steigesprünge (Sprungbein) mit vertikaler Orientierung .... bis 15 Sprünge
	44	1	320	❹ Einbeinsprünge aus 3 Anlaufschritten (Sprungbein bei jeder Serie wechseln) .... bis 5 Sprünge
	45	1	400	❺ Wechselsprünge aus 3 Anlaufschritten (li – li – re – re) .... bis 20 Sprünge
2.	46	2	480	**16. Programm: SP: 6 - 8 min, P: bis 3 min**
	47	2	640	4 - 6 Serien des 15. Programms, mit dem Versuch, ❶ bis ❺ aus 5 Anlaufschritten auszuführen
	48	2	800	
	49	2	400	
	50	2	800	
	51			
3.	52	2	640	**17. Programm: SP: bis 6 min, P: bis 3 min**
	01	2	640	Reduzierung des Umfangs auf 2 - 4 Serien
	02	2	480	
	03	2	480	
4.	04			
	05			
	06			
	07			
5.	08			**18. Programm: SP: bis 5 min, P: bis 3 min**
	09	1	320	Wiederholung des 17. Programms
	10	1	320	
	11	1	400	
	12	1	456	
	13	1	480	
6.	14	2	640	**19. Programm**
	15	2	800	4 - 6 Serien des 15. Programms, aber aus 5 - 7 Anlaufschritten
	16	2	912	
	17	2	960	
	18	2	800	
7.	19	2	640	**20. Programm: SP: bis 5 min, P: bis 3 min**
	20	1	320	reduzierung des 19. Programms auf 2 bis 4 Serien
	21	1	240	
	22	1	160	
	23	1	240	
	24	1	320	
	25	1	240	
	26	1	160	
	27	1	240	
	28			
8.	29			**20. Programm**
	30	1	160	
	31	1	240	
	32	1	160	
	33	1	240	
	34	1	320	
	35	1	240	
	36	1	160	
	37	1	240	
	38	1	160	
	39	1	160	

Spezielle Sprungkraft (2. Phase ABT)

MEZ	KW	SP	Σ	Übungsprogramm-Vorschlag
1.	40			
	41			
	42			
	43			
	44			
	45			
2.	46	1	30	**26. Programm: 30 Spezielle Sprünge pro Schwerpunkt, ❶ – ❸ aus 5 AS, P: bis 2 min**
	47	1	30	❶ Steigesprung vom Sprungbein, mit Schwungbein- oder Sprungbeinlandung .... bis 10 Sprünge
	48	1	30	❷ Schrittweitsprung vom Sprungbein .... bis 10 Sprünge
	49	1	30	❸ Hochsprung / Hocksprung von vorn, mit dem Sprungbein aus 3 - 5 AS .... bis 10 Sprünge
	50	1	30	im Wechsel mit
	51	1	30	Weit-/Hochsprung mit dem Sprungbein (mit Höhenvorgabe und Landezone aus 5 AS)
3.	52	3	35	**27. Programm: 15 - 20 spezielle Sprünge pro Schwerpunkt, P: 3 min**
	01	3	35	1. Schwerpunkt: Wiederholung ❶ und ❸ aus dem 26. Programm .... bis 20 Sprünge
	02	3	40	2. Schwerpunkt: Wiederholung ❷ aus dem 26. Programm .... bis 15 Sprünge
	03	3	50	3. Schwerpunkt: Weitsprung auf Weite mit Absprungbein, aus 5 - 7 AS .... bis 15 Sprünge
4.	04	2	24	**28. Programm: 12 Spezielle Sprünge pro Schwerpunkt, P: 3 min**
	05	2	24	❹ 6 Steigesprünge aud 6 Schrittweitsprünge aus 5 - 7 AS .... ges. 12 Sprünge
	06	2	24	
	07	2	24	
5.	08			
	09			
	10			
	11			
	12			
	13			
6.	14	1	30	**29. Programm: 30 Spezielle Sprünge pro Schwerpunkt**
	15	1	30	Wiederholung 26. Programm mit Anlaufverlängerung für ❸ auf 7 Anlaufschritte
	16	1	30	
	17	1	30	
	18	1	30	
7.	19	2	24	**28. Programm**
	20	2	24	
	21	2	24	
	22	2	24	
	23	2	24	
	24	2	24	
	25	2	24	
	26	2	24	
	27	2	24	
	28			
8.	29			**28. Programm**
	30	2	24	
	31	2	24	
	32	2	24	
	33	2	24	
	34	2	24	
	35	2	24	
	36	2	24	
	37	2	24	
	38	2	24	
	39	2	24	

Krafttraining an und mit Geräten (2. Phase ABT)

MEZ	KW	SP	∑	Übungsprogramm-Vorschlag
1.	40	1	220	**33. Programm: 2 - 3 Serien pro Schwerpunkt, SP: bis 5 min, P: bis 2 min**
	41	1	220	❶ „Aufsteiger" an unterschiedlichen Geräten (Bank, Kasten, Sprossenwand), 60 cm Höhe ...... bis 20 Versuche
	42	1	220	❷ Strecken in den Tehenstand auf einer Erhöhung mit leichter Zusatzlast (20-40 kg) .... bis 20 Versuche
	43	1	330	❸ Kniebeugen und -strecken aus dem Liegen gegen Partnerwiderstand .... bis 10 Versuche
	44	1	330	❹ Strecken / Beugen beider Unterschenkel im Sitz auf Bank mit Sandsack zwischen Füßen .... bis 15 Wdh
	45	1	330	❺ Einbeinige Kniebeugen in unterschiedlicher Beugetiefe, mit Stütz an einer Wand .... bis 10 Versuche
				❻ Kniehebelauf, hohe Frequenz .... bis 20 Wdh
				❼ Kugelschocken (3 - 4 kg) vorwärts/Rückwärts aus dem Grätschstand .... bis 15 Versuche
2.	46	2	440	**34. Programm: SP: bis 4 min, P: 2 min**
	47	2	660	Steigerung des 33. Programms auf 4 - 5 Serien mit den gleichen Übungen
	48	2	660	
	49	2	880	
	50	2	1100	
	51			
3.	52	2	660	**35. Programm**
	01	1	220	Einschränkung des 33. Programms auf 1 - 2 Serien und auf 10 Versuche je Übung
	02	1	220	
	03	1	110	
4.	04	1	220	**35. Programm**
	05	1	110	
	06	1	220	
	07	1	110	
5.	08			**36. Programm: SP: bis 6 min, P: 2 min**
	09	3	440	3 - 4 Serien des 33. Programms, ❶ - ❹ mit systematischer Erhöhung der Zusatzlast, ❺ mit geringer
	10	3	660	Unterstützung durch Halten an der Wand, ❻ in höchster Frequenz, ❼ auf Weite
	11	3	880	1 SP pro Woche zum Training der Gewichtheberübungen: Umsetzen, Reißen, Kniebeugen etc.
	12	3	1320	
	13	3	880	
6.	14	2	660	**37. Programm: SP: bis 5 min, P: 2 min**
	15	2	440	Reduzierung des veränderten 36. Programms auf 2 - 3 Serien
	16	2	330	
	17	2	330	
	18	2	220	
7.	19	1	220	**38. Programm: SP bis 4 min, P: bis 2 min**
	20	1	110	Weitere Reduzierung auf 1 - 2 Serien
	21	1	220	
	22	1	110	
	23	1	220	
	24	1	110	
	25	1	220	
	26	1	110	
	27	1	220	
	28			
8.	29			**33. Programm**
	30	1	110	
	31	1	220	
	32	1	110	
	-	...	...	
	39	1	110	

Allgemeines Krafttraining, Gymnastik, Turnen, Wurfübungen, Spiele

MEZ	KW	SP	Σ	Allgemeines Krafttraining	SP	Σ min	Gymnastik	SP	Σ min	Turnen, Wurfübungen, Spiele
1.	40	2	250	1 - 2 x Stations- oder Kreistraining (2 - 4 Kreise, 10 - 12 Übungen, 8 - 10 Wdh. pro Übung) 1 x Techniktraining Gewichthebeübungen	3	45	• Individuell zusammen gestellte Übungsprogramme zur funktionellen Dehnung, Kräftigung und Anbahnung	4	90	3 x Spiele ...... 20 – 30 min
	41	3	300		5	80		6	120	2 x Würfe .... 20-40 min
	42	3	400		5	100		6	150	1 x Turnen ..... 20 – 40 min
	43	3	450		5	125		6	180	
	44	3	400		5	100		6	180	
	45	3	300		5	80		6	210	
2.	46	2	250		4	100	– dto. –	4	160	1 x Spiele ...... 20 – 30 min
	47	2	250		4	100		2	80	1 x Turnen ..... 20 – 40 min
	48				4	120		2	70	
	49				4	120		2	60	
	50				4	80		2	60	
	51				2	40				
3.	52				4	80	– dto. –	2	60	1 x Spiele ...... 20 – 30 min
	01				4	60		2	60	1 x Turnen ..... 20 - 30 min
	02				4	80		2	40	
	03				4	60		2	40	
4.	04				4	60	– dto. –	1	30	• Spiele im Wechsel mit Turnen
	05				4	80		1	30	
	06				4	60		1	30	
	07				4	80		1	30	
5.	08				3	100	– dto. –	2	60	3 x Spiele ...... 20 – 30 min
	09	2	200	• Wie 1. MEZ • Bei den Gewichthebenübungen steigende Zusatzlast bis 40 % des Körpergewichts.	5	100		6	120	2 x Turnen ..... 20 – 40 min
	10	3	400		5	120		6	150	1 x Würfe .... 20 – 40 min
	11	3	450		5	120		6	180	
	12	3	400		5	100		6	200	
	13	2	300		5	100		6	170	
6.	14				4	80	– dto. –	4	120	1 x Spiele ...... 20 – 30 min
	15				4	120		2	60	1 x Würfe .... 20 – 40 min
	16				4	100		2	60	
	17				4	80		2	50	
	18				4	80		2	50	
7.	19				4	60	– dto. –	2	60	1 x Spiele ...... 20 – 30 min
	20				4	40		2	60	1 x Würfe .... 20 – 30 min
	21				4	60		2	60	
	22				4	40		2	60	
	23				4	60		2	60	
	24				4	40		2	60	
	25				4	60		2	60	
	26				4	40		2	60	
	27				4	60		2	60	
	28				2	30				
8.	29				2	30	– dto. –			Spiele im Wechsel mit Wurfübungen (bis 30 min)
	30				4	40		1	30	
	31				4	60		1	30	
	32				4	40		1	30	
	33				4	60		1	30	
	34				4	40		1	30	
	35				4	60		1	30	
	36				4	40		1	30	
	37				4	60		1	30	
	38				4	40		1	30	
	39				4	60		1	30	

Andere Sprint/Sprung-Disziplin, Sprint-Sprung-ABC, Technik

MEZ	KW	SP	Σ Wdh	Hürdenlauf oder Andere Sprungdisziplin	SP	Σ Wdh	Sprint/Sprung-ABC	SP	Σ Wdh	Technik der Spezialdisziplin
1.	40	2	25	1 x Hürdenlauf (5 - 6 x 3 Hürden)	3	450	Ca. 6 x 25 Übg./SP Orientierung:	1	6	Schwerpunkt: Individuelle Programme zur Elementarschulung der Technik
	41	2	25		5	500		1	10	
	42	2	30	1 x Technikelemente anderer Sprünge aus kurzem Anlauf (bis 10 Versuche)	5	600	• Koordinativ-technisch	1	12	
	43	2	30		5	750		1	12	
	44	2	25		5	750	• extensiv	1	12	
	45	2	25		5	600		1	12	
2.	46	1	25	Im Wechsel: Hürdenlauf (6 - 8 x 4 Hü) mit Technik Anlauf-Absprung- oder Gesamtschulung aus mittlerem Anlauf	4	480	Ca. 6 x 20 Übg./SP Orientierung:	2	18	Schwerpunkt: Individuelle Programme zur Schulung der Technik aus mittlerem Anlauf
	47	1	15		4	350		2	18	
	48	1	25		4	400	• Koordinativ-technisch	2	24	
	49	1	12		4	480		2	24	
	50	1	30		4	400	• intensiv-schnell	2	24	
	51									
3.	52	1	18	Im Wechsel: Hürdenlauf (6 - 8 x 4 Hü) Technik Gesamtschulung aus mittlerem Anlauf	3	300	– wie 2. MEZ –	3	20	Schwerpunkt: Individuelle Programme zur Technikschulung aus Wettkampfanlauf
	01	1	6		3	360		3	30	
	02	1	12		3	300		3	30	
	03	1	6		3	250		3	20	
4.	04	1	12	– wie 3. MEZ –	2	200	– wie 3. MEZ, aber geringerer Umfang –	2	12	Schwerpunkt: Individuelle Wettkampfvorbereitung
	05	1	6		2	240		2	12	
	06	1	18		2	200		2	12	
	07	1	6		2	240		2	12	
5.	08									
	09	2	30	– wie 1. MEZ bei erhöhter Spezifik und Intensität –	5	600	– wie 1. MEZ, aber auf höherem Niveau –	1	12	– wie 1. MEZ, aber auf höherem Niveau –
	10	2	40		5	700		1	24	
	11	2	40		5	800		1	24	
	12	2	30		5	1000		1	24	
	13	2	30		5	800		1	24	
6.	14	1	30	– wie 2. MEZ bei erhöhter Spezifik und Intensität –	4	600	– wie 2. MEZ, aber auf höherem Niveau –	2	12	– wie 2. MEZ, aber auf höherem Niveau –
	15	1	35		4	500		2	12	
	16	1	40		4	500		2	12	
	17	1	40		4	400		2	12	
	18	1	30		4	400		2	12	
7.	19	1	16	– wie 3. MEZ bei erhöhter Spezifik und Intensität mit Wettkampfvorbereitung–	3	360	– wie 3. MEZ, aber auf höherem Niveau –	3	24	– wie 3. MEZ, aber auf höherem Niveau –
	20	1	8		3	300		3	24	
	21	1	20		3	300		3	24	
	22	1	8		3	300		3	24	
	23	1	24		3	240		3	24	
	24	1	12		3	300		3	24	
	25	1	20		3	500		3	24	
	26	1	8		3	360		3	24	
	27	1	24		3	300		3	24	
	28									
8.	29									
	30	1	16	– wie 4. MEZ als Wettkampfvorbereitung –	2	150	– wie 4. MEZ, aber auf höherem Niveau –	2	12	– wie 4. MEZ, aber auf höherem Niveau –
	31	1	8		2	150		2	12	
	32	1	20		2	200		2	12	
	33	1	8		2	250		2	12	
	34	1	24		2	200		2	12	
	35	1	12		2	200		2	12	
	36	1	20		2	250		2	12	
	37	1	8		2	200		2	12	
	38	1	20		2	150		2	12	
	39	1	8		2	150		2	12	

3.3 Trainingsdokumentation

Die Planung des Trainings ist eine wichtige Voraussetzung für eine wirksame, individuell ausgerichtete Trainingsbelastung. Im langfristigen Verlauf spielt dabei das „Lernen aus Erfahrung" eine besonders wichtige Rolle bei der Formulierung eines wirksamen, individuellen Trainingsplans.

Zwei alternative Formblätter sollen hier zur Verwendung angeboten werden. Das *Protokollformular 1* folgt den bisher üblichen Protokollrastern, und gliedert das Trainingsgut in insgesamt 30 Kategorien, deren Trainingsumfang für bis zu zwei Trainingseinheiten pro Tag erfaßt und zu einer Wochensumme zusammengefaßt werden kann.

Diese detaillierte Gliederung ermöglicht es dem Trainer sehr schnell zu erfassen, welche Trainingsbereiche in welcher Form im Training berücksichtigt worden ist. Der Nachteil dieser Form der Protokollierung besteht darin, daß der Athlet sehr genau wissen muß wohin er welche Zahl schreibt, wenn die Analyse dieses Protokolls noch etwas mit dem konkret geleisteten Training zu tun haben soll.

Das *Protokollformular 2* versucht dieses Dilemma dadurch zu lösen, daß nur eine Gliederung in vier Kategorien, Lauf / Schnelligkeit, Kraft / Sprungkraft, Technik und Anderes vorgegeben ist. Dieses Raster ist erheblich schneller und leichter auszufüllen, da nur das tasächlich absolvierte Training im zutreffenden Kästchen aufnotiert werden muß. Der analysierende Trainer kann aufgrund der Grobeinteilung in die vier wichtigsten Bereiche auf einen Blick die Belastungsstruktur und auf einen zweiten Blick die Feinheiten herauslesen. Der Nachteil besteht darin, daß der Trainingsumfang nur durch erheblich aufwendigeres „Kopfrechnen" ermittelt werden kann, als im Protokollformular 1.

Egal, ob eines dieser beiden vorgeschlagenen Formulare Verwendung findet, oder ob ein formloses Trainingstagebuch beschrieben wird: wichtig ist, daß Athlet und / oder Trainer eine Möglichkeit haben, nach längeren Zeitabschnitten das absolvierte Training zu analysieren, und Rückschlüsse auf effektivere Trainingsmaßnahmen zu ziehen.

Trainingsprotokoll 1

Name:		Woche:			von		bis			
		MO	**DI**	**MI**	**DO**	**FR**	**SA**	**SO**	**Σ**
TE	Anz	1 | 2	1 | 2	1 | 2	1 | 2	1 | 2	1 | 2	1 | 2	
Trainingszeit	hmm								
Allg. Athletische Ausbildung									
Gymnastik (Dehnung)	hmm								
Gymnastik (Stabilisat./ Kräft.)	hmm								
Spiele	hmm								
Turnen	hmm								
Wurfübungen	hmm								
Hürdenlaufen/Andere Sprünge	hmm								
Aerobe Ausdauer	hmm								
Technik									
Sprint/Sprung-ABC	km								
Anlauf- / Absprungvorbereitung	Anz								
Elemente	Anz								
Gesamtablauf verk. Anlauf	Anz								
Gesamtablauf Wettk.-Bed.	Anz								
Laufkoordination / Schnelligkeit									
Submaximale Läufe (< 80m)	km								
Beschleunigung (max)	km								
Schnelligkeit (max)	km								
Tempoläufe (80-300 m)	km								
Kraft und Sprungkraft									
Sprungkraft beidbeinig	Anz								
Sprungkraft ein/wechselbeinig	Anz								
Spez. Sprungkraftübungen	Anz								
Allg. Krafttraining	hmm								
Streckübungen	Anz								
Fuß / Wade	Anz								
Oberkörper / Arme	Anz								
Spezielle Kraft	Anz								
_____									
Regeneration	hmm								
WK Sprint/Hürden/Sprung									

Trainingsprotokoll 2

Name: Woche: von   bis

Tag	Schnelligkeit/Lauf					Technik			Kraft/Sprungkraft				Anderes/Wettkampf
	Ser	Strecke	Zeit	P	P	Anzahl	Übung	Anlauflänge	Ser	Anzahl	Übung	Anlaufl/kg	
Montag Aufwärmen: Ausklang:													
Dienstag Aufwärmen: Ausklang:													
Mittwoch Aufwärmen: Ausklang:													
Donnerstag Aufwärmen: Ausklang:													
Freitag Aufwärmen: Ausklang:													
Samstag Aufwärmen: Ausklang:													
Sonntag Aufwärmen: Ausklang:													

3.4 Zuordnung der Übungen zu Trainingsinhalten und Haupttrainingsbereichen

Die folgenden Tabellen erläutern die Zurordnung von bestimmten Trainingsübungen zu den einzelnen Haupttrainingsbereichen.

Haupt-Trainingsbereich	Trainingsbereich	Beispiele
Allg. athletische Ausbildung	Gymnastik	Kräftigung, Dehnung und Anbahnung
	Spiele	Große und Kleine Spiele
	Turnen	Bodenturnen/Akrobatik, Hang- und Stützübungen
	Wurfübungen	Alle beid- und einarmigen Wurf- und Stoßübungen
	Aerobe Ausdauer	Jogging, Skilanglaufen, Radfahren
	Lange Koordinationsläufe (80-300 m)	Tempoläufe

Tab. 31: Allgemeine athletische Ausbildung

Haupt-Trainingsbereich	Trainingsbereich	Beispiele
Koordination/Technik	Sprint/Sprung-ABC	Elementarschulung der Geh-, Lauf- und Sprungkoordination: Gehübungen, Laufübungen, Sprungübungen
		Verbindungen und Übergänge hin zum submaximalen Sprint, Disziplinspezifisches Sprung-ABC
	Hürdenlaufen	Schulung der Hürdentechnik und des Hürden-Rhythmus
	Andere Sprungtechniken	Techniktraining in anderen Sprungdisziplinen
	Anlauf-/Absprungvorbereitung	Schulung der Absprungvorbereitung und des Absprungs, Wettkampfanlauf-Simulation
	Elemente	Simulation und Übung von Teilphasen der Zieltechnik
	Gesamtablauf	Schulung des Gesamtablaufs der Wettkampfdisziplin mit unterschiedlichen Aufgabenstellungen aus kurzem, mittlerem und Wettkampfanlauf

Tab. 32: Koordinations- und Techniktraining

Haupt-Trainingsbereich	Trainingsbereich	Beispiele
Kraft und Sprungkraft	Allgemeines Krafttraining	Allgemeine körperbildende Übungen mit kräftigender Wirkung, i.A. mit oder an Geräten, Circuittraining
		Training mit der Langhantel: Umsetzen, Anreißen, Beidbeinige Kniebeuge
	Maximale Kraft	IK-Training der Streckschlinge
	Spezielle Kraft	Tempo-Kniebeuge
		Einbeinige Kniebeuge schnell
		Spezialübungen der einzelnen Disziplinen
	Sprungkraft beidbenig	Beidbeinige Schlußsprünge horizontal
		Fußgelenks- und Prellsprünge vertikal
		Kastenauf- und Absprünge, Hürdensprünge
	Sprungkraft wechselbeinig und einbeinig	Fußgelenks- und Prellsprünge horizontal
		Sprunglauf, Schrittsprünge, Wechselrhythmen, Einbeinsprünge
	Spezielle Sprungkraftübungen	Nach den Erfordernissen der Disziplin

Tab. 33: Kraft- und Sprungkrafttraining

Haupt-Trainingsbereich	Trainingsbereich	Beispiele
Schnelligkeit	Kurze Koordinationsläufe (bis 80m)	Steigerungsläufe
		Submaximale Sprints
	Beschleunigung (submax. und max.)	Maximale Sprints bis 40 m
		Berganläufe
	Schnelligkeit (suabmax. und max.)	Maximale Sprints 40-80 m
		Bergabläufe

Tab. 34: Schnelligkeitstraining

Haupt-Trainingsbereich	Trainingsbereich	Beispiele
Wettkämpfe		Sprint/Hürden/Sprung
Regeneration		Sauna, Massage, Bestrahlung

Tab. 35: Wettkämpfe und Regeneration

3.5 Trainingsbausteine

Die auf den folgenden Seiten abgebildeten „Trainingsbausteine", getrennt dargestellt für den ersten und den zweiten Abschnitt des Aufbautrainings, können benutzt werden, um ein individuelles Trainingsprogramm nach den Vorgaben des Rahmentrainingsplans zusammenzustellen.

Diese Trainingsbausteine ermöglichen es insbesondere dem weniger erfahrenen Trainer, mit vergleichsweise geringem Aufwand eine hohe Qualität der Trainingsplanung zu erreichen.

Folgendes Arbeitsschritte werden empfohlen:

1. Die Bausteine vergrößert aus dem Buch herauskopieren, am besten in Vergrößerung von DIN A5 nach DIN A4 und den benannten Farben entsprechend auf farbiges Papier.
2. Das im Anschluß abgebildete Wochenraster kopieren und auf DIN A3 vergrößern.
3. Die Bausteine nach Farben und Trainingsbereichen (Hauptüberschriften) sortieren und einzeln ausschneiden.
4. Je nach Trainingsperiode kann nun unter Beachtung der auf jedem einzelnen Baustein verzeichneten Häufigkeit pro Woche im jeweils zutreffenden Trainingsabschnitt ein individuelles Wochen-Trainingsprogramm zusammengestellt werden, das auf den Vorschlägen des Rahmentrainingsplans basiert.
5. Für die konkrete Ausfüllung der einzelnen Bausteine mit Übungen, Umfängen und Intensitäten sollten am Besten die Belastungs-Vorschläge aus dem Kapitel 3.2 herangezogen werden.
6. Ziel sollte es sein, nur die Bausteine übrig zu lassen, die unter Beachtung aller individuellen Vorgaben tatsächlich nicht zur Anwendung kommen sollten. Die Joker-Bausteine können benutzt werden, um individuelle Schwerpunkte für die Trainingsgestaltung zu ermöglichen.
7. Nach der Verteilung der Bausteine auf die Trainingswoche kann eine detaillierte Ausformulierung der einzelnen Trainingseinheiten erfolgen. Diese kann entweder auf den Bausteinen selbst, oder aber auf einem eigenen Blatt vorgenommen werden.
8. Im Rahmen der Trainerausbildung kann diese Übung in Form von Gruppen- oder Einzelarbeit durchgeführt werden. Zusätzliche Erkenntnismöglichkeiten

bietet die Diskussion einzelner Lösungsbeispiele im Plenum oder in Arbeitsgruppen.

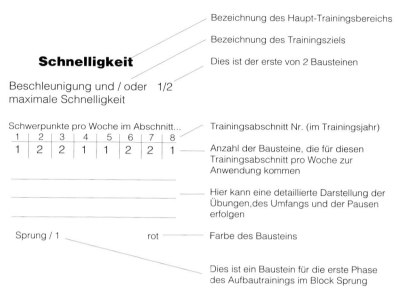

Abb. 57: Aufbau eines Trainingsbausteins

Diese Form der Trainingsplanung mit Hilfe der Bausteine ist insbesondere in der Trainerausbildung ein hervorragendes Mittel zur Vermittlung des Rahmentrainingsplans. Folgende *Lernziele* können innerhalb weniger Stunden erreicht werden:

1. Detaillierter Einblick in die Inhalte des Rahmentrainingsplans;
2. Erstellen eines individuellen Trainingsplans mit „eingebauter" Sicherheit, die Anforderungen des Rahmentrainingsplans zu erfüllen;
3. Einblick in die Probleme des sinnvollen Aufbaus einer Trainingseinheit;
4. Einblick in die Probleme der Aufeinanderfolge von Trainingseinheiten mit unterschiedlichen Belastungsschwerpunkten im Wochenverlauf;
5. Erfahrungsaustausch bei der praktischen Lösung von Planungs- und Umsetzungsproblemen.

1. Abschnitt des Aufbautrainings

Allgemeine athletische Ausbildung	Allgemeine athletische Ausbildung	Allgemeine athletische Ausbildung
Aerobe Ausdauer 1/2	Allgemeines Krafttraining 2/2	Gymnastik 3/4
Schwerpunkte pro Woche im Abschnitt... 1 2 3 4 5 6 7 8 2 | 1 | 1 | 1 | 2 | 1 | 1 | 1	Schwerpunkte pro Woche im Abschnitt... 1 2 3 4 5 6 7 8 2 | 2 | 2 | 1 | 2 | 2 | 2 | 1	Schwerpunkte pro Woche im Abschnitt... 1 2 3 4 5 6 7 8 4 | 4 | 3 | 3 | 4 | 4 | 3 | 3
Sprung/1 grün	Sprung/1 grün	Sprung/1 grün
Allgemeine athletische Ausbildung	**Allgemeine athletische Ausbildung**	**Allgemeine athletische Ausbildung**
Aerobe Ausdauer 2/2	Gymnastik 1/4	Gymnastik 4/4
Schwerpunkte pro Woche im Abschnitt... 1 2 3 4 5 6 7 8 2 | 1 | 1 | 1 | 2 | 1 | 1 | 1	Schwerpunkte pro Woche im Abschnitt... 1 2 3 4 5 6 7 8 4 | 4 | 3 | 3 | 4 | 4 | 3 | 3	Schwerpunkte pro Woche im Abschnitt... 1 2 3 4 5 6 7 8 4 | 4 | 3 | 3 | 4 | 4 | 3 | 3
Sprung/1 grün	Sprung/1 grün	Sprung/1 grün
Allgemeine athletische Ausbildung	**Allgemeine athletische Ausbildung**	**Allgemeine athletische Ausbildung**
Allgemeines Krafttraining 1/2	Gymnastik 2/4	Lange Koordinationsläufe 2/2 (80-300 m)
Schwerpunkte pro Woche im Abschnitt... 1 2 3 4 5 6 7 8 2 | 2 | 2 | 1 | 2 | 2 | 2 | 1	Schwerpunkte pro Woche im Abschnitt... 1 2 3 4 5 6 7 8 4 | 4 | 3 | 3 | 4 | 4 | 3 | 3	Schwerpunkte pro Woche im Abschnitt... 1 2 3 4 5 6 7 8 2 | 1 | | | 2 | 1 | |
Sprung/1 grün	Sprung/1 grün	Sprung/1 grün

Abb. 58: Trainingsbausteine „Allgemeine athletische Ausbildung" 1. Abschnitt ABT

Allgemeine athletische Ausbildung	Allgemeine athletische Ausbildung
Lange Koordinationsläufe 1/2 (80-300m)	Turnen, Wurfübungen, Spiele 3/5
Schwerpunkte pro Woche im Abschnitt... 1 2 3 4 5 6 7 8 2 1 2 1	Schwerpunkte pro Woche im Abschnitt... 1 2 3 4 5 6 7 8 5 3 2 1 5 3 2 1
Sprung/1 grün	Sprung/1 grün
Allgemeine athletische Ausbildung	**Allgemeine athletische Ausbildung**
Turnen, Wurfübungen, Spiele 1/5	Turnen, Wurfübungen, Spiele 4/5
Schwerpunkte pro Woche im Abschnitt... 1 2 3 4 5 6 7 8 5 3 2 1 5 3 2 1	Schwerpunkte pro Woche im Abschnitt... 1 2 3 4 5 6 7 8 5 3 2 1 5 3 2 1
Sprung/1 grün	Sprung/1 grün
Allgemeine athletische Ausbildung	**Allgemeine athletische Ausbildung**
Turnen, Wurfübungen, Spiele 2/5	Turnen, Wurfübungen, Spiele 5/5
Schwerpunkte pro Woche im Abschnitt... 1 2 3 4 5 6 7 8 5 3 2 1 5 3 2 1	Schwerpunkte pro Woche im Abschnitt... 1 2 3 4 5 6 7 8 5 3 2 1 5 3 2 1
Sprung/1 grün	Sprung/1 grün

Abb. 59:   Trainingsbausteine „Allgemeine athletische Ausbildung" 1. Abschnitt ABT

Koordination/Technik

Elemente, Anlauf- und Absprungvorbereitung,							1/3
Schwerpunkte pro Woche im Abschnitt...							
1	2	3	4	5	6	7	8
1	2	3	2	1	2	3	2

Sprung/1   gelb

Koordination/Technik

Hürdenlauf oder andere Sprungdisziplinen							1/1
Schwerpunkte pro Woche im Abschnitt...							
1	2	3	4	5	6	7	8
1	1	1	1	1	1	1	1

Sprung/1   gelb

Koordination/Technik

Sprint/Sprung-ABC							3/4
Schwerpunkte pro Woche im Abschnitt...							
1	2	3	4	5	6	7	8
3	4	3	3	3	4	3	3

Sprung/1   gelb

Koordination/Technik

Elemente, Anlauf- und Absprungvorbereitung,							2/3
Schwerpunkte pro Woche im Abschnitt...							
1	2	3	4	5	6	7	8
1	2	3	2	1	2	3	2

Sprung/1   gelb

Koordination/Technik

Sprint/Sprung-ABC							1/4
Schwerpunkte pro Woche im Abschnitt...							
1	2	3	4	5	6	7	8
3	4	3	3	3	4	3	3

Sprung/1   gelb

Koordination/Technik

Sprint/Sprung-ABC							4/4
Schwerpunkte pro Woche im Abschnitt...							
1	2	3	4	5	6	7	8
3	4	3	3	3	4	3	3

Sprung/1   gelb

Koordination/Technik

Elemente, Anlauf- und Absprungvorbereitung,							3/3
Schwerpunkte pro Woche im Abschnitt...							
1	2	3	4	5	6	7	8
1	2	3	2	1	2	3	2

Sprung/1   gelb

Koordination/Technik

Sprint/Sprung-ABC							2/4
Schwerpunkte pro Woche im Abschnitt...							
1	2	3	4	5	6	7	8
3	4	3	3	3	4	3	3

Sprung/1   gelb

Abb. 60: Trainingsbausteine „Koordination und Technik" 1. Abschnitt ABT

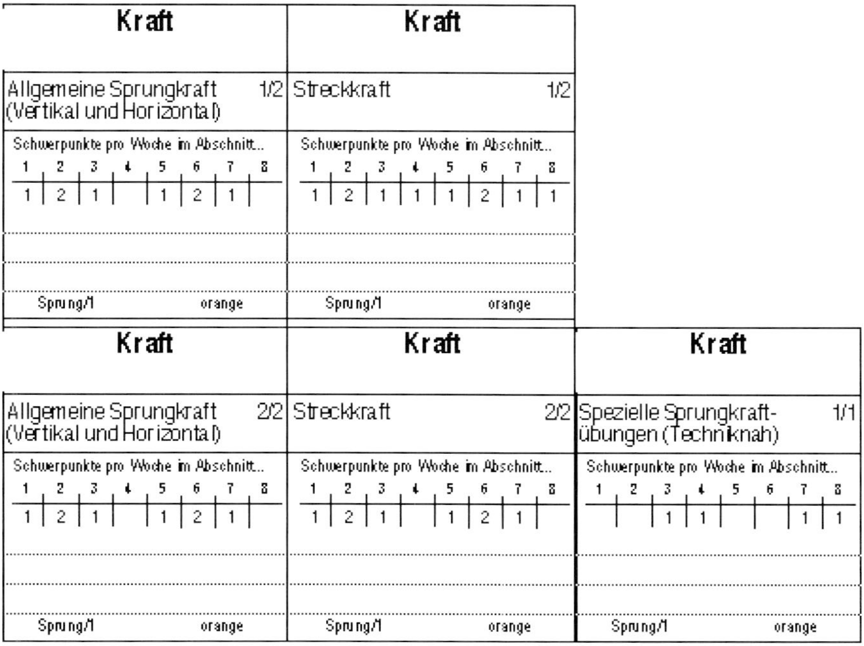

TRAININGSPLANUNG UND -DOKUMENTATION

Kraft		**Kraft**			
Allgemeine Sprungkraft (Vertikal und Horizontal)	1/2	Streckkraft	1/2		
Schwerpunkte pro Woche im Abschnitt...		Schwerpunkte pro Woche im Abschnitt...			
1 2 3 4 5 6 7 8		1 2 3 4 5 6 7 8			
1 | 2 | 1 | | 1 | 2 | 1 |		1 | 2 | 1 | 1 | 1 | 2 | 1 | 1			
Sprung/1 orange		Sprung/1 orange			
Kraft		**Kraft**		**Kraft**	
Allgemeine Sprungkraft (Vertikal und Horizontal)	2/2	Streckkraft	2/2	Spezielle Sprungkraft-übungen (Techniknah)	1/1
Schwerpunkte pro Woche im Abschnitt...		Schwerpunkte pro Woche im Abschnitt...		Schwerpunkte pro Woche im Abschnitt...	
1 2 3 4 5 6 7 8		1 2 3 4 5 6 7 8		1 2 3 4 5 6 7 8	
1 | 2 | 1 | | 1 | 2 | 1 |		1 | 2 | 1 | 1 | 1 | 2 | 1 |		1 | 1 | | | | 1 | 1	
Sprung/1 orange		Sprung/1 orange		Sprung/1 orange	

Abb. 61: Trainingsbausteine „Krafttraining" 1. Abschnitt ABT

Schnelligkeit		**Schnelligkeit**	
Beschleunigung und/oder maximale Schnelligkeit	1/2	Kurze Koordinationsläufe (bis 80m)	2/2
Schwerpunkte pro Woche im Abschnitt... 1 2 3 4 5 6 7 8 / 1 2 2 1 1 2 2 1		Schwerpunkte pro Woche im Abschnitt... 1 2 3 4 5 6 7 8 / 1 2 1 2 1 2 1 2	
Sprung/1 rot		Sprung/1 rot	

Schnelligkeit	
Beschleunigung und/oder maximale Schnelligkeit	2/2
Schwerpunkte pro Woche im Abschnitt... 1 2 3 4 5 6 7 8 / 1 2 2 1 1 2 2 1	
Sprung/1 rot	

Schnelligkeit		**Regeneration**	
Kurze Koordinationsläufe (bis 80m)	1/2	Regeneration und Kompensation	1/1
Schwerpunkte pro Woche im Abschnitt... 1 2 3 4 5 6 7 8 / 1 2 1 2 1 2 1 2		Schwerpunkte pro Woche im Abschnitt... 1 2 3 4 5 6 7 8 / 1 1 1 1 1 1 1 1	
Sprung/1 rot		Sprung/1 grau	

Abb. 62: Trainingsbausteine „Schnelligkeit" und „Regeneration" 1. Abschnitt ABT

2. Abschnitt des Aufbautrainings

Allgemeine athletische Ausbildung	Allgemeine athletische Ausbildung	Allgemeine athletische Ausbildung
Aerobe Ausdauer 1/2	Gymnastik 3/5	Lange Koordinationsläufe 2/2 (80-300 m)
Schwerpunkte pro Woche im Abschnitt... 1 2 3 4 5 6 7 8 — 2 2 1 1 2 2 1 1	Schwerpunkte pro Woche im Abschnitt... 1 2 3 4 5 6 7 8 — 5 4 4 4 5 4 4 4	Schwerpunkte pro Woche im Abschnitt... 1 2 3 4 5 6 7 8 — 2 1 1 1 2 1 1 1
Sprung/2	Sprung/2	Sprung/2
Allgemeine athletische Ausbildung	**Allgemeine athletische Ausbildung**	**Allgemeine athletische Ausbildung**
Aerobe Ausdauer 2/2	Gymnastik 4/5	Spiele 1/2
1 2 3 4 5 6 7 8 — 2 2 1 1 2 2 1 1	1 2 3 4 5 6 7 8 — 5 4 4 4 5 4 4 4	1 2 3 4 5 6 7 8 — 2 1 1 1 2 1 1 1
Sprung/2	Sprung/2	Sprung/2
Allgemeine athletische Ausbildung	**Allgemeine athletische Ausbildung**	**Allgemeine athletische Ausbildung**
Gymnastik 1/5	Gymnastik 5/5	Spiele 2/2
1 2 3 4 5 6 7 8 — 5 4 4 4 5 4 4 4	1 2 3 4 5 6 7 8 — 5 4 4 4 5 4 4 4	1 2 3 4 5 6 7 8 — 2 1 1 1 2 1 1 1
Sprung/2	Sprung/2	Sprung/2
Allgemeine athletische Ausbildung	**Allgemeine athletische Ausbildung**	**Allgemeine athletische Ausbildung**
Gymnastik 2/5	Lange Koordinationsläufe 1/2 (80-300 m)	Turnen 1/2
1 2 3 4 5 6 7 8 — 5 4 4 4 5 4 4 4	1 2 3 4 5 6 7 8 — 2 1 1 1 2 1 1 1	1 2 3 4 5 6 7 8 — 2 1 1 2 1
Sprung/2	Sprung/2	Sprung/2

Abb. 63: Trainingsbausteine „Allgemeine athletische Ausbildung" 2. Abschnitt ABT

Allgemeine athletische Ausbildung		Allgemeine athletische Ausbildung		Allgemeine athletische Ausbildung	
Turnen	2/2	Wurfübungen	1/2	Wurfübungen	2/2
Schwerpunkte pro Woche im Abschnitt...		Schwerpunkte pro Woche im Abschnitt...		Schwerpunkte pro Woche im Abschnitt...	
1 2 3 4 5 6 7 8 2 1 1 2 1		1 2 3 4 5 6 7 8 2 2		1 2 3 4 5 6 7 8 2 2	
Sprung/2		Sprung/2		Sprung/2	

Abb. 64: Trainingsbausteine „Allgemeine athletische Ausbildung" 2. Abschnitt ABT

Trainingsplanung und -Dokumentation

Kraft	**Kraft**	**Kraft**
Allgemeines Krafttraining 1/3	Allgemeines Krafttraining 2/3	Allgemeines Krafttraining 3/3
Schwerpunkte pro Woche im Abschnitt... 1 2 3 4 5 6 7 8 3 | 1 | 1 | 1 | 3 | 1 | 1 | 1	Schwerpunkte pro Woche im Abschnitt... 1 2 3 4 5 6 7 8 3 | 1 | 1 | 1 | 3 | 1 | 1 | 1	Schwerpunkte pro Woche im Abschnitt... 1 2 3 4 5 6 7 8 3 | 1 | 1 | 1 | 3 | 1 | 1 | 1
Sprung/2 orange	Sprung/2 orange	Sprung/2 orange
Kraft	**Kraft**	**Kraft**
Maximale Kraft 1/2	Maximale Kraft 2/2	Schnellkraft 1/1

Schwerpunkte pro Woche im Abschnitt...
 1 2 3 4 5 6 7 8
   | | 2 | | | 2 | |
	Schwerpunkte pro Woche im Abschnitt...
	 1 2 3 4 5 6 7 8
	   | | 2 | | | 2 | |
		Schwerpunkte pro Woche im Abschnitt...
		 1 2 3 4 5 6 7 8
		 1 | 1 | | | 1 | 1 | |

Sprung/2 orange	Sprung/2 orange	Sprung/2 orange
Kraft	**Kraft**	**Kraft**
Spezielle Sprungkraftübungen 1/2	Spezielle Sprungkraftübungen 2/2	Sprungkraft horizontal 1/2
Schwerpunkte pro Woche im Abschnitt... 1 2 3 4 5 6 7 8 1 | 2 | 2 | | 2 | 2 | 2 |	Schwerpunkte pro Woche im Abschnitt... 1 2 3 4 5 6 7 8 1 | 2 | 2 | | 2 | 2 | 2 |	Schwerpunkte pro Woche im Abschnitt... 1 2 3 4 5 6 7 8 1 | 2 | 1 | | 2 | 1 | 1 |
Sprung/2 orange	Sprung/2 orange	Sprung/2 orange
Kraft	**Kraft**	**Kraft**
Sprungkraft horizontal 2/2	Sprungkraft vertikal 1/2	Sprungkraft vertikal 2/2
Schwerpunkte pro Woche im Abschnitt... 1 2 3 4 5 6 7 8 1 | 2 | 1 | | 2 | 1 | 1 |	Schwerpunkte pro Woche im Abschnitt... 1 2 3 4 5 6 7 8 2 | 1 | 1 | | 1 | 1 | 1 |	Schwerpunkte pro Woche im Abschnitt... 1 2 3 4 5 6 7 8 2 | 1 | 1 | | 1 | 1 | 1 |
Sprung/2 orange	Sprung/2 orange	Sprung/2 orange

Abb. 65: Trainingsbausteine „Krafttraining" 2. Abschnitt ABT

Koordination/Technik	Koordination/Technik	Koordination/Technik
Andere Sprungtechniken 1/1	Anlauf-/ Absprungvorbereitung 1/2	Anlauf-/ Absprungvorbereitung 2/2
Schwerpunkte pro Woche im Abschnitt... 1 2 3 4 5 6 7 8 / 1 | | | 1 | 1 | | | 1	Schwerpunkte pro Woche im Abschnitt... 1 2 3 4 5 6 7 8 / | 1 | 2 | 1 | | 1 | 2 | 1	Schwerpunkte pro Woche im Abschnitt... 1 2 3 4 5 6 7 8 / | 1 | 2 | 1 | | 1 | 2 | 1
Sprung/2 gelb	Sprung/2 gelb	Sprung/2 gelb
Koordination/Technik	**Koordination/Technik**	**Koordination/Technik**
Elemente 1/2	Elemente 2/2	Gesamtablauf verkürzter Anlauf 1/2
1 2 3 4 5 6 7 8 / 2 | 2 | 1 | | 2 | 2 | 1 |	1 2 3 4 5 6 7 8 / 2 | 2 | 1 | | 2 | 2 | 1 |	1 2 3 4 5 6 7 8 / 1 | 2 | 1 | 2 | 1 | 2 | 1 | 2
Sprung/2 gelb	Sprung/2 gelb	Sprung/2 gelb
Koordination/Technik	**Koordination/Technik**	**Koordination/Technik**
Gesamtablauf verkürzter Anlauf 2/2	Gesamtablauf wettkampfmäßig 1/2	Gesamtablauf wettkampfmäßig 2/2
1 2 3 4 5 6 7 8 / 1 | 2 | 1 | 2 | 1 | 2 | 1 | 2	1 2 3 4 5 6 7 8 / | | | 2 | 1 | | 2 | 1	1 2 3 4 5 6 7 8 / | | | 2 | 1 | | 2 | 1
Sprung/2 gelb	Sprung/2 gelb	Sprung/2 gelb
Koordination/Technik	**Koordination/Technik**	**Koordination/Technik**
Hürdenlaufen 1/2	Hürdenlaufen 2/2	Sprint/Sprung-ABC 1/5
1 2 3 4 5 6 7 8 / 1 | 2 | 1 | 1 | 1 | 2 | 1 | 1	1 2 3 4 5 6 7 8 / 1 | 2 | 1 | 1 | 1 | 2 | 1 | 1	1 2 3 4 5 6 7 8 / 5 | 4 | 2 | 3 | 5 | 4 | 2 | 3
Sprung/2 gelb	Sprung/2 gelb	Sprung/2 gelb

Abb. 66: Trainingsbausteine „Koordinations- und Techniktraining" 2. Abschnitt ABT

Trainingsplanung und -Dokumentation

Koordination/Technik		Koordination/Technik		Koordination/Technik	
Sprint/Sprung-ABC	2/5	Sprint/Sprung-ABC	3/5	Sprint/Sprung-ABC	4/5
Schwerpunkte pro Woche im Abschnitt...		Schwerpunkte pro Woche im Abschnitt...		Schwerpunkte pro Woche im Abschnitt...	
1 2 3 4 5 6 7 8		1 2 3 4 5 6 7 8		1 2 3 4 5 6 7 8	
5 4 2 3 5 4 2 3		5 4 2 3 5 4 2 3		5 4 2 3 5 4 2 3	
Sprung/2	gelb	Sprung/2	gelb	Sprung/2	gelb

Koordination/Technik	
Sprint/Sprung-ABC	5/5
Schwerpunkte pro Woche im Abschnitt...	
1 2 3 4 5 6 7 8	
5 4 2 3 5 4 2 3	
Sprung/2	gelb

Abb. 67: Trainingsbausteine „Koordinations- und Techniktraining" 2. Abschnitt ABT

Regeneration		Regeneration	
Regeneration und Kompensation	1/2	Regeneration und Kompensation	2/2
Schwerpunkte pro Woche im Abschnitt...		Schwerpunkte pro Woche im Abschnitt...	
1 2 3 4 5 6 7 8		1 2 3 4 5 6 7 8	
2 2 2 2 2 2 2 2		2 2 2 2 2 2 2 2	
Sprung/2	grau	Sprung/2	grau

Abb. 68: Trainingsbausteine „Regenerations- und Kompensationsmaßnahmen" 2. Abschnitt ABT

Schnelligkeit	Schnelligkeit	Schnelligkeit
Beschleunigung (max)　　1/1	Kurze Koordinationsläufe　1/2 (bis 80m)	Kurze Koordinationsläufe　2/2 (bis 80m)
Schwerpunkte pro Woche im Abschnitt... 1　2　3　4　5　6　7　8 　1　1　1　　　1　1　1	Schwerpunkte pro Woche im Abschnitt... 1　2　3　4　5　6　7　8 2　2　2　2　2　2　2　2	Schwerpunkte pro Woche im Abschnitt... 1　2　3　4　5　6　7　8 2　2　2　2　2　2　2　2
Sprung/2　　　　rot	Sprung/2　　　　rot	Sprung/2　　　　rot

Schnelligkeit	Schnelligkeit
Schnelligkeit (max)　　1/2	Schnelligkeit (max)　　2/2
Schwerpunkte pro Woche im Abschnitt... 1　2　3　4　5　6　7　8 　1　2　2　　　1　2　2	Schwerpunkte pro Woche im Abschnitt... 1　2　3　4　5　6　7　8 　1　2　2　　　1　2　2
Sprung/2　　　　rot	Sprung/2　　　　rot

Abb. 69: Trainingsbausteine „Schnelligkeitstraining" 2. Abschnitt ABT

Wettkämpfe
Sprint/Hürden/Sprung　　1/1
Schwerpunkte pro Woche im Abschnitt... 1　2　3　4　5　6　7　8 　　　1　　　　1
Sprung/2　　　　gelb

Abb. 70: Trainingsbausteine „Wettkämpfe" 2. Abschnitt ABT

Wochenraster

Sonntag		
Samstag		
Freitag		
Donnerstag		
Mittwoch		
Dienstag		
Montag		

Abb. 71: Wochenraster für Trainingsplanung

Literatur

In dieser Literaturübersicht werden diejenigen Veröffentlichungen der letzten Jahre zusammengefaßt, die von besonderer Relevanz für das Anliegen dieses Rahmentrainingsplans erscheint.

Um die aus unserer Sicht besonders empfehlenswerte „Standardliteratur" von der „weiterführenden Literatur" zu unterscheiden, erfolgt die Darstellung der Literatur in zwei Teilen.

A) Standardliteratur:

Bauersfeld, K.-H. und Schröter, G.: Grundlagen der Leichtathletik. Berlin 1986

Bauersfeld, Monika und Voß, Gerald: Neue Wege im Schnelligkeitstraining. Münster 1992

Ballreich Rainer, Kuhlow Angela (Hrsg): Biomechanik der Leichtathletik. Stuttgart, Enke 1986. 124 S.

Carl Klaus, Schiffer Jürgen (Red): Zur Praxis des Sprungkrafttrainings. Köln, Bundesinst. für Sportwiss. 1986. 112 S.

Dickwach Hartmut: Leichtathletik: Sprung. Analysen und Empfehlungen für die Disziplinen Hochsprung Stabhochsprung Weitsprung und Dreisprung. Berlin, Sportverl. 1991. 120 S.

Dombrowski Oda, Schenk Hans: Leichtathletik. Springen. Berlin, Bartels u. Wernitz 1982. 108 S.

Geese Rolf: Biomechanische und traingswissenschaftliche Untersuchung zum Stabhochsprung. Frankfurt, Deutsch 1991.

Grosser Manfred et.al.: Training der konditionellen Fähigkeiten. Band 20 der Studienbriefe der Trainerakademie Köln. Schorndorf (1993)

Grosser Manfred: Schnelligkeitstraining. München, Wien, Zürich (1991)

Haberkorn, C. und Plaß, W.: Leichtathletik 2. München 1991

Hay James: Die Haytechnik: Das Nonplusultra im Hochsprung?. Leistungssport, Münster 3 (1973), 4, S. 309-315

Houvion Maurice: Der Stabhochsprung. Educ. phys. et Sport, Paris (1988), 209, S. 45-48

Hutt, Eckhard: Dreisprung für Praktiker I: Das Training. Lehre der Leichtathletik Nr. 4, 5 und 6/1990 in: Leichtathletik Nr. 5, 6 und 7 1990

Hutt, Eckhard: Dreisprung für Praktiker II: Die Technik. Lehre der Leichtathletik Nr. 21, 22 und 23/1990 in: Leichtathletik Nr. 27, 28 und 31 1992

Joch, Winfried: Das sportliche Talent. Aachen 1992

Joch, Winfried (Hrsg.): Rahmentrainingsplan für das Aufbautraining Band 7: Grundprinzipien

Killing Wolfgang: Technik Training und Wettkampf des Hochspringers (1.Teil). Leichtathletiktraining, Münster 3 (1992), 1, S. 9-18

Kreer V. A., Popov V. B.: Leichtathletische Sprünge. Moskau, FiS 1986. 173 S.

Krzesinski Andrzej: Meine Ansichten zum Stabhochsprung. Leichtathletik, Berlin 30 (1979), 15, Beil.- Die Lehre der Leichtathletik,1314, S. 461-468, 4 Darst., 2 Tab., 16, Beil.- D.L.d.L., 15, S. 495-498,17,Beil.- D.L.d.L., 16, S. 527-530

Kurschilgen Thomas, Pejic Franc: Bericht über die Stabhochsprungschule Donezk. Leichtathletik, Berlin 39 (1988), Bd. 38, Beil.: Die Lehre d. Leichtathletik27 (1988), 32 u. 33, S. 1211-1214, 1299-1302

Lehnertz, Klaus und Rieder, Hermann: Bewegungslernen und Techniktraining. Band 21 der Studienbriefe der Trainerakademie Köln. Schorndorf (1991)

Petrov Vitaly: Stabhochsprungtechnik. Track Tech., Los Altos (Cal.) (1985), 93, S. 2962-2964, 2969

Ritzdorf Wolfgang: Aspekte der Trainingssteuerung im Mikrozyklus. in- Appell, Hans-Joachim; Mester, Joachim (Hrsg.), Trainingsoptimierung.Sankt Augustin, Richarz 1987. S. 208-217

Strähl Ernst: Fehlerkorrektur in der Leichtathletik. Eine Einführung in die Korrekturtabellen. Jugend u. Sport, Magglingen 34 (1977), 5, S. 144-168

Tancic Dragan: Moderne Techniken des Hochsprungs. Leichtathletik, Berlin 29 (1978), 22, Beil.- Die Lehre d. Leichtathletik, 23,S. 753-756, 23, Beil.- s.o., 24, S. 790-792, 24, Beil.- s.o., 25, S. 825-828, 20 Abb., 1 Darst., 25, Beil.- s.o., 26, S. 861-864, Leichtathletik, Berlin 29 (1978)

Tancic Dragan: Organisation und Kontrolle des Hochsprungtrainings. Track and Field quart. Rev., Kalamazoo (Mich.) 85 (1985, 4, S. 17-22

Tidow G.: Modelle für das leichtathletische Techniktraining. Stabhochsprung. Lehre d. Leichtathletik, Berlin 30 (1991), 1; 2, S. 19-22; 19-22

Veldmann Bernd: Ein Technik-Hochsprung-Modell (Flop Männer). Lehre d. Leichtathletik, Berlin 28 (1989), 1516, S. 493-500

Werchoshanskij Juri: Effektiv trainieren. Berlin 1988

Woznik Thomas, Geese Rolf: Modell zur Bestimmung biomechanischer Einflußgrößen der Stabhochsprungleistung und zur Schätzung ihrer Einflußhöhe. Leistungssport, Berlin 10 (1980), 4, S. 315-327

B) *Weiterführende Literatur:*

Adamczewski H., Dickwach H.: Zum Zusammenhang zwischen Anlaufgeschwindigkeit und Sprungleistung. Arbeitserfahrungen und Untersuchungsergebnisse zum Weit- Drei- und Stabhochsprung. Lehre d. Leichtathletik, Berlin 30 (1991), 18;19;20, S. 15-18;15-18;15-17

Adamczewski Horst, Dickwach Hartmut: Stabhochsprung und Weitsprung der Jugend. Auswertung der Deutschen Jugendmeisterschaften 1991. Lehre d. Leichtathletik, Berlin 31 (1992), 18;19;20, S. 15-17;15-10;15-17

Alabin V. G., Krivonosov M. P.: Trainingshilfen und spezielle Übungen in der Leichtathletik. Athletic Asia, Patiala 17 (1988), Bd. 2, S. 23-29

Appell H. -J., de Brigard J. E., Jonath U: Der Stabhochsprung aus funktionell-anatomischer Sicht. Leichtathletik, Berlin 34 (1983), 27, Beil.- Lehre der Leichtathletik, 20, S.919-920, 925-296

Bojko V., Nikonov I.: Neues im Stabhochsprung. Leg. Atlet., Moskau (1989), 10, S. 30-31

Bothmischel E.: Kennzeichnung der Zieltechnik im Hochsprung. Leichtathlet, Berlin (1990), 8;10, S. 6-7;6-9

Bothmischel E.: Modellmerkmale des Hochsprunganlaufs. Mod. Athlete & Coach, Adelaide 28 (1990), 4, S. 3-6

Brüggemann Gert-Peter, Rühl Jochim K. (Hrsg): Technik der Leichtathletik; der erste internationale Kongreß Köln 7. b s 9. Juni 1990. Bd. 1. Hauptkongreß - Programmatische Symposien; Bd. 2.Hauptkonferenz - Freie Kommunikationssitzungen. Köln, Sport und Buch Strauss E. Sport 1990. 833 S.

Bussabarger David: Die Wichtigkeit der abschließenden Phasen des Stabhochsprungs. Track Tech., Los Altos (Cal.) (1991), 117, S. 3724-3739

Chlebarov Dimitar: Herausbildung und Vervollkommnung der Stabhochsprungtechnik im Jahrestrainingszyklus. Vapr. na fiz. Kult., Sofia 35 (1990), 11, S. 56-66

Chlebarov Dimitar: Entwicklung der wesentlichen physischen Eigenschaften bei Stabhochspringern. Vapr. na fiz. Kult., Sofia 36 (1991), 1, S. 63-68

Czingon H., Kruber D.: Entwicklung eines Analysebogens „Stabhochsprung" - Ein Beitrag zur Koordination der Lehrmeinungen. Leichtathletik, Berlin 32 (1981), 38, Beil.- Lehre d. Leichtathletik, 31, S.1279, 1282, 39, Beil.- Lehre d. Leichtathletik, 32, S. 1309,1312-1313, 1316

Czingon Herbert: Zur Praxis des Techniktrainings. Leistungssport, Münster 13 (1983), 5, S. 5-11

Czingon Herbert: Tips für die richtige Auswahl von Stabhochsprungstäben. Leichtathletik, Berlin 32 (1981), 17, Beil.- Die Lehre der Leichtathletik,16, S. 531-534, 2 Abb., 3 Tab., 18, Be l.- Die Lehre der Leichtathletik, 17,S. 566

Dapena Jesus: Grundsätzliche und angewandte Forschung hinsichtlich der biomechanischenAbläufe beim Hochsprung. in- Gheluwe, B. van Atha, John

(Hrsg.), Current research in sportsbiomechanics. Basel u.a., Karger 1987. S. 19-33

Dapena Jesus: Biomechanische Analyse des Fosbury-Flop Teil II. Track Tech., Los Altos (Cal.) (1988), Bd. 105, S. 3343-3350, Abb. ja, Tab.nein, Lit. nein

Dapena Jesus: Biomechanische Analyse des Fosbury-Flop. Track Tech., Los Altos (Cal.) (1988), Bd. 104, S. 3307-3317

Dapena Jesus,McDonald Craig,Cappärt Jane: Eine Regressionsanalyse der Hochsprungtechnik. Int. J. of Sport Biomech., Champaign (Ill.) 6 (1990), 3, S. 246-261

Dyatchkov V. M.: Die Vorbereitungsperiode von Spitzenhochspringern. Mod. Athlete and Coach, Adelaide 22 (1984), 2, S. 33-35, 1 Abb.

Dyson Geoffrey H. G.: Biomechanik der Leichtathletik. London u.a., Hodder and Stoughton 1977. 267 S.

Dzorin Kiril, Chlebarov Dimitar: Komplexmethode zur Kontrolle und Bewertung der Sprünge in der Leichtathletik. Vapr. na fiz. Kult., Sofia 36 (1991), 6, S. 2-6

Ecker Tom: Grundlegende biomechanische Aspekte der Leichtathletik. Los Altos (Cal.), Tafnews Pr. 1985. 205 S.

Ernst Hanno,Geese Rolf: Trainingspraktische Diagnose- und Optimierungsverfahren bei Anlauf undAbsprung leichtathletischer Sprünge. Leichtathletik-Mag., Ahrensbök 3 (1983), 16, Lehrbeil., 60, S. 17-20

Fern Ed: Ed Ferns Flugschule. Mountain View (Cal.), Tafnews Pr. 1990. 80 S.,

Ganslen Richard V.: Tips für alle Sprungdisziplinen. Track & Field quart. Rev., Kalamazoo (Mich.) 81 (1981)

Gavietto E.: Training des Fosbury-Springers im Leistungssport. Amicale Entraineurs franc. Athletisme, Paris <1979>, 62, S. 21-26

Geese Rolf: Ansteuerung biomechanischer Einflußgrößen des Stabhochsprungs durch objektive ergänzende Schnellinformationen. in: Willi-Weyer-Akademie (Hrsg.); 4. Berliner Workshop Medien im Sport.

Geese Rolf: Stabhochsprung - zur Wahl des richtigen Stabes. Leichtathletik, Berlin 35 (1984), 44, Beil.- Lehre d. Leichtathletik, 25, S.1565-1566

Ginter Klaus-Dieter: Trainingsbegleitende Tests beim Flop zur Feststellung von Trainingsschwerpunkten. Leistungssport, Berlin 9 (1979), 5, S. 323-330

Gros H. J.: Biomechanische Parameter im Stabhochsprung. in- Mechling, Heinz Schmidtbleicher, Dietmar Starischka, Stephan (Red.),Aspekte der Bewegungs- und Trainingswissenschaft. Motorisches Lernen - Leistungsdiagnostik - Trainingssteuerung. Clausthal-Zellerfeld, Dt. Verein.für Sportwiss. 1986. S. 197-203

Gros Hans Josef,Terauds Juris: Möglichkeiten der Interpretation biomechanischer Kennlinien im Stabhochsprung. Leichtathletik, Berlin 34 (1983), 23, Beil.- Lehre der Leichtathletik, 23, S.755-758

Hillebrecht Martin: Stabhochsprung für Frauen?. Leichtathletik, Berlin 37 (1986), 17, Beil.- Die Lehre d. Leichtathletik, 14,S. 527-530

Holzapfel-Klocke Brigitte: Hochsprung im Grundlagentraining. Leichtathletiktraining, Münster 1 (1990), 5, S. 9-14

Hongfei Hu: Wie ich Zhu Jianhua trainierte. China Sports, Beijing 16 (1984), 2, S. 12-13

Hongfei Hu: Zhu Jianhuas Psycho-Training. Leistungssport, Münster 4 (1984), 5, S. 12

Houvion Maurice: Zur Perfektionierung der Stabhochsprungtechnik. Track and Field quart. Rev., Kalamazoo (Mich.) 85 (1985), 4, S. 34-47

Houvion Maurice: Die Vervollkommnung des Stabhochspringers. Educ. phys. Sport, Paris 34 (1984), 187, zahlr. Abb., 1 Tab., S. 49-64

Houvion Maurice: Die technischen Übungen des Stabhochspringers. Jeunesse et Sport, Magglingen 38 (1981), 7, S. 151-156

Hug Otto: Bericht über ein inneres Training im Stabhochsprung. Leistungssport, Münster 13 (1983), 5, S. 43-50

Jagodin V., Kurbatow W., Wolkow J.: Die Etappen der Technikschulung im Stabhochsprung. Leichtathletik, Berlin 30 (1979), 23, Beil.- Die Lehre der Leichtathletik,23, S. 726, 1 Tab., 24, Beil.- D.L.d.L., 24, S. 755-758

Jagodin Viktor: Stabhochsprung - Tendenzen und Möglichkeiten. Leichtathletik-Mag., Ahrensbök 2 (1982), 29, Lehrbeilage, 28, S. 21-24, 1Abb., 3 Tab., 30, Lehrbeilage, 29, S. 25-28

Jarver Jess (Hrsg): Die Sprungdisziplinen. Gegenwärtige Theorie, Technik und Training. Los Altos (Cal.), Tafnews Press 1981. 128 S.

Killing Wolfgang: Trainingsplanung für Nachwuchshochspringer. Leichtathletiktraining, Münster 3 (1992), 3, S. 27-32

Killing Wolfgang: Neue Variante in der Floptechnik?. Lehre d. Leichtathletik, Berlin 28 (1989), 36, 37, 38, S. 1277-1280;1309-1312; 1344

Knebel Karl-Peter, Krahl Hartmut: Bewegungsanalyse und Vorbeugung von Fußverletzungen beim Flop. Track & Field quart. Rev., Kalamazoo (Mich.) 81 (1981), 4, S. 40-41

Krahl H.,Knebel K. P., Steinbrück K.: Kinematographische Untersuchungen zur Frage der Fußgelenkbelastung und Schuhversorgung des Sportlers. Orthop. Praxis, Ülzen 14 (1978), 11, S. 821-824

Krahl Hartmut, Knebel Karl-Peter: Medizinische und trainingsmethodische Absprungphase beim Flop. Leistungssport, Berlin 8 (1978), 6, S. 501-506

Krempel Rolf: Zur Bewegungsbeurteilung und Fehleranalyse bei leichtathletischen Sprungbewegungen. in- Hahn, Erwin Schock, Kurt K. (Hrsg.), Beiträge zu Kognition und Motorik.Köln, bps-Verl. 1985. S. 149-155, 1 Abb., 9 Lit., ISBN 3-922386-18-0 =Betrifft Psychologie u. Sport. Bd. 14

Krempel Rolf W.: Zur handlungssteuernden Funktion der Eigenwahrnehmung beim Beobachten sportlicher Bewegungen. in- Hagedorn, Günter Karl, Herbert Bös, Klaus (Hrsg.), Handeln im Sport.Clausthal-Zellerfeld, Dt. Verein. für Sportwiss. 1985. S. 135-141, 1 Abb.,16 Lit., ISBN 3-923592-17-5 = dvs Protokolle. Nr. 18

Krjazev V. D.,Strizak A. P.,Popov G. I.,Bobrovnik V. I.: Biomechanische Analyse der Hochsprungtechnik von Weltklassespringerinnen. Teor. i Prakt. fiz. Kult., Moskau (1989), 9, S. 7-8

Kruber Dieter, Schmidt Gerhard: Zur Einführung des Stabhochsprungs mit dem flexiblen Stab. Konzeption eines neuen Anfänger-Lehrprogramms. Leichtathletik, Berlin 38 (1987), 12, S. 24-26

Kurschilgen Th.: Die Anfängerschulung im Stabhochsprung. Lehre d. Leichtathletik, Berlin 28 (1989), 32, 38; S. 1181-1184, 1216

Kurschilgen Th.,Pejic F.: Stabhochsprungschule Wattenscheid. Lehre d. Leichtathletik, Berlin 27 (1988), 36; 3738, S. 1363-1366;1393-1400

Kurschilgen Thomas: Stabhochspringen im Grundlagentraining I. Leichtathletiktraining, Münster 1 (1990), 5, S. 3-8

Kurschilgen Thomas: Stabhochspringen im Grundlagentraining II. Leichtathletiktraining, Münster 1 (1990), 6, S. 9-14

Kurschilgen Thomas: Stabhochspringen im Grundlagentraining III. Leichtathletiktraining, Münster 2 (1991), 2, S. 13-18

Kurschilgen Thomas: Stabhochsprungschule Wattenscheid. Leistungssport, Münster 19 (1989), 3, S. 40-47

Kurschilgen Thomas: Elektromyographische Untersuchungen im Techniktraining des Stabhochsprungs. Lehre d. Leichtathletik, Berlin 25 (1986), 3839, S. 1597-1604

Kurschilgen Thomas: Die funktionell-anatomische Analyse als Methode zur Optimierung des Krafttrainings des Stabhochspringers. Lehre d. Leichtathletik, Berlin 25 (1986), 30-31; 32, S. 1373-1380;1407-1410

Launder Alan: Der eingesprungene Einstich - eine Revolution im Stabhochsprung. Lehre d. Leichtathletik, Berlin 29 (1990), 16, S. 15-16

Lease David: Schnelligkeitstraining - eine Hilfe für die Sprungdisziplinen. Athletics Coach, London 23 (1989), 2, S. 11-14

Linthorne Nick: Die Fiberglas-Stabhochsprungstange. Mod. Athlete & Coach, Adelaide 27 (1989), Bd. 1, S. 15-19

Locatelli Elio: Technische und methodische Überlegungen zu den Sprüngen. New Stud. in Athletics, Rom 2 (1987), 2, S. 23-40

Locatelli Elio: Kraftkontrolle und -entwicklung bei jungen Springern <16 bis 19 Jahre> im Übergang zum Hochleistungstraining. Leichtathletik, Berlin 38 (1987), 32, Beil.- Die Lehre d. Leichtathletik 26(1987), 22, S. 1007-1010

Locatelli Elio: Technische und methodische Betrachtungen zu den Sprungdisziplinen. Leichtathletik, Berlin 39 (1988), 17, Beil.- Die Lehre der Leichtathletik 27(1988), 17, S. 539-542, 2 Abb., 4 Tab.; D.L.d.L. 27 (1988), 18, S. 571-574

Locatelli Elio, Astrua Mauro, Bernaschi Aldo, Cauz Ugo, Cavalli Enzo, Pitoni Giuseppe: Die Sprünge. Atleticastudi, Rom 15 (1983), 5, S. 93-186

Lohmann Wolfgang, Klimmer Hellmuth: Der technische Ausbildungsstand der Kinder und Jugendlichen im Flop und methodische Folgerungen für das Techniktraining. Leichtathlet, Berlin (1985), 15, S. 7-9

Lohre Günther: Vom Stabsprung zum Stabhochsprung. Hinweise zur Einführung des Stabhochsprunges für Mädchen und Jungen. Sportunterricht, Schorndorf 33 (1984), 6, Beil., Lehrhilfen f. d.Sportunterricht, 6, S. 90-91

Lötz Christophe (Bearb): Stabhochspringen nach Maurice Houvion. Leichtathletik, Berlin 34 (1983), 17, Beil.- Lehre der Leichtathletik, 17, S.549-556

Mansvetov V.: Über die Latte mit Sergei Bubka. Soviet Sports Rev., Escondido (Cal.) 20 (1985), 3, S. 127-130

Martin David E., Stones Dwight, Wszola Jacek, Greg Joy: Das Buch zum Hochsprung. 2. Aufl.. Los Altos (Cal.), Tafnews Pr. 1987. 224 S.

McGinnis Peter M.: Pete's Stichpunkte für perfekten Stabhochsprung. Track Tech., Los Altos (Cal.) (1989), 109, S. 3472-3474

McWatt Bish: Die Mechanik des Absprungs in den Sprungdisziplinen. Mod. Athlete & Coach, Adelaide 27 (1989), 2, S. 7-10

Meyfarth Ulrike: Abenteuer Wagnis und Risiko in meinem Sport. Reflexionen einer Sportlerin die sich um das Überschreiten ihrer jeweiligen Leistungsgrenzen bemüht. Sportunterricht, Schorndorf 29 (1980), 7, S. 270-272

Moore George: Eine Analyse des Absprungs beim Stabhochsprung. Track Techn., Los Altos (Cal.) (1978), 74, S. 2352-2354

Myers Bob: Training des vorletzten Schrittes n den Sprüngen. Lehre d. Leichtathletik, Berlin 29 (1990), 15, S. 16-17

Nigg Benno M: Die leichtathletischen Sprungdisziplinen - eine Übersicht. Lehre d. Leichtathletik, Berlin 30 (1991), 25, S. 15-18

Nikonov I.: Der Anlauf im Stabhochsprung. Leg. atlet., Moskau (1985), 2, S. 20-22

Nikonov I.: Stabhochsprung - moderne Technik. Legkaja atletika, Moskau (1985), 9, S. 6-8

Olszewski Roman: Die Einführung neuer Frauendisziplinen. New Stud. in Athletics. Rom 6 (1991), 3, S. 7-9

Paar Colin: Eine Analyse der Stabhochsprungtechnik Pierre Quinons. Track Tech., Los Altos (Cal.) (1988), 104, S. 3326-3327

Reid Pat: Geschwindigkeits-Flop-Springer und Schnellkraft-Flop-Springer. Athletics Coach, Halesowen 18 (1984), 3, S. 18-20

Reid Patrick: Die psychologische Seite des Hochsprungs. Track and Field quart. Rev., Kalamazoo (Mich.) 85 (1985), 4, S. 25-28

Reid Patrick: Hochsprung. New Stud. in Athletics, Rom (1986), 1, S. 47-53

Ritzdorf Wolfgang: Nutzung wissenschaftlicher Diagnostik für trainingspraktisches Handeln im Hochsprung. in: Jansen, Jan-Peters;Schlicht, Wolfgang;Carl, Klaus (Red.); Steuerung undRegelung des Trainings, Köln, Bundesinstitut für Sportwissenschaft 1988. S.69-82

Ritzdorf Wolfgang: Die Praxis des Krafttrainings im Hochsprung der Frauen. New Stud. in Athletics, Rom (1986), 2, S. 81-89

Ritzdorf Wolfgang, Conrad Anton, Loch Michaela: Intraindividueller Vergleich der Sprünge von Stefka Kostadinova bei den Zweiten Leichtathletik-WM. New Stud. in Athletics, Rom 4 (1989), 4, S. 35-41

Rutz Stanislaw: Entwicklung des Stabhochsprungs. Wroclaw, AWF 1977. 47 S., 36 Abb., 40 Lit. = Rozprawy Naukowe. Bd. 13

Steinacker Ulrich: Wesentliche Merkmale der Entwicklung der Anlaufgeschwindigkeit im Stabhochsprung. Lehre d. Leichtathletik, Berlin 28 (1989), 39, S. 1373-1375

Steinacker Ulrich: Schüler trainieren Stabhochsprung. in- Joch, Winfried (Hrsg.), Schüler-Leichtathletik. Bericht vom Symposium"Schüler-Leichtathletik" des Berliner Leichtathletik-Verbandes vom16.-18.10.1981. Niedernhausen, Schors-Verl. 1982. S. 103-105

Stones Dwight: Mein Training und meine Technik. Track & Field quart. Rev., Ann Arbor 77 (1977), 3, S. 13-19

Sutcliffe Peter: Biomechanische Analyse des Stabhochsprunges. Athletics Coach, London 32 (1989), 4, S. 3-15

Sutcliffe Peter: Stabhochsprungstäbe und ihre Pflege. Athletics Coach, Halesowen 20 (1986), 2, S. 18-20

Tenke Zoltan: Die primäre Bedeutung der Schnelligkeit und Technik bei der Vorbereitung für die Sprungdisziplinen. Track & Field J., Ottawa (Ont.) 39 (1991), o.A., S. 27-29

Ward Robert D.: Kinematische und kinetische Analyse des Absprungs beim Straddle. Track & Field quart. Rev., Ann Arbor 77 (1977), 3, S. 48-51

Wehmeyer Klaus: Mechanische Eigenschaften von Stabhochsprungstäben unter Sicherheitsaspekten. Ahrensburg, Czwalina 1986. 238 S., zahlr. Abb., Tab. u. Lit., ISBN3-88020-146-3 = Sportwissenschaft und Sportpraxis. Bd. 55

Westphal Gerd: Zur Methodik des Fosbury-Flops. Prax. d. Leibesüb., Frankfurt 12 (1971), 1, S. 5-7

Woznik Thomas: Diagnose und Ansteuerung der Stabhochsprungtechnik. Leistungssport, Münster 11 (1981), 6, S. 527-535

Young Warren,Marino Wayne: Die Bedeutung des reaktiven Sprungkrafttrainings in den Sprungdisziplinen. Mod. Athlete and Coach, Adelaide 23 (1985), 2, S. 11-13

Zacharias Thomas: Zeitgemäße Hochsprung-Methodik. Sportunterricht, Schorndorf 26 (1977), 5, Beil.- Lehrhilfe f.d.Sportunterricht, 5, S. 49-54

Laufbahn- und Sportbodenbeläge für die Leichtathletik aus der Sicht der Sportwissenschaften

D. Schmidtbleicher
Institut für Sportwissenschaften der Johann Wolfgang Goethe-Universität Frankfurt am Main
Ginnheimer Landstr. 39, D-6000 Frankfurt/Main 90

Dem olympischen „oitius-altius-fortius" hat man schon in den zwanziger Jahren unseres Jahrhunderts das Ende angekündigt, dennoch zeigt die Geschichte, daß in den meisten Sportarten und -disziplinen die Rekordentwicklung bis heute angehalten hat. Die Verbesserung der sportlichen Leistungen ist zum einen auf den größeren Kenntnisstand in den Sportwissenschaften zurückzuführen; zum anderen hat die technische Entwicklung von Sportgeräten, -schuhen und -anlagen einen wesentlichen Beitrag geleistet.
Diese technische Weiterentwicklung der Sportausrüstung im weitesten Sinne, verlief jedoch nicht immer unproblematisch. Das lag zunächst einmal daran, daß diese Weiterentwicklung primär unter Anwendung von ingenieurtechnischen Könnens- und Wissensstandards erfolgte. Die Frage, ob das neue Produkt auch für den Anwender akzeptabel ist, wurde erst gar nicht gestellt.
Neben der Orthopädie befaßte sich vor allem die Biomechanik mit den Wechselwirkungen zwischen den externen Einflußgrößen – Schuhe, Matten, Bodenbeläge – und den daraus resultierenden Reaktionen des neuromuskulären Systems (BATES et al. 1981; BRANDELL, WILLIAMS 1974; CAVANAGH et al. 1981; SCHMIDTBLEICHER et al. 1981; NIGG 1983).
Im Mittelpunkt der Betrachtungen stand und sieht der Sportschuh, aus, im wahrsten Sinne des Wortes, naheliegenden Gründen. Der Sportschuh ist im Idealfall „instrumenteller Bestandteil" der sporttreibenden Persönlichkeit und wird auch so wahrgenommen; er ist sozusagen „Teil des Körpers". Für die Laufbahn- und Sportbodenbeläge gilt dies prinzipiell in gleicher Weise. Allerdings fällt es dem Individuum wesentlich schwerer, diesen Zusammenhang zu erkennen. Das liegt nicht zuletzt daran, daß in der Alltagsmotorik die Bodenbeschaffenheit häufiger variiert als das Schuhwerk. Wahrgenommen wird die Wechselwirkung zwischen Mensch, Schuh und Bodenbeschaffenheit, wenn negative Einflüsse überwiegen. So wurden Mitte der siebziger Jahre spezifische Schmerzzustände – fälschlicherweise als Knochenhautentzündung am Schienbein diagnostiziert – mit der Einführung von Kunststofflaufbahnen in Verbindung gebracht.
Für dieses Schmerzbild verwendete man den Begriff des „Tartan-Syndroms" (PROKOP 1973) und machte dafür ursächlich die Kunststofflaufbahnen verantwortlich (HESS, HORT 1973; SEGESSER 1976). Wir wissen heute, daß mit großer Wahrscheinlichkeit eine negative Wechselwirkung zwischen dem Schwingungsverhalten der Kunststofflaufbahn, des Schuhwerks und des menschlichen Systems als Grund für die Entzündung des Sehnen-Knochenübergangs am M.tibialis anterior anzusehen ist.

Das bringt uns zu einer näheren Betrachtung der physiologischen und physikalischen Vorgänge, die für die oben genannten Wechselwirkungen verantwortlich sind. Von besonderem Interesse erscheint dabei die Überlegung, welche Bedingungen gegeben sein müssen, damit die drei genannten Faktoren (Mensch, Schuh, Laufbahn) leistungspositiv zusammenwirken.

Die Beinarbeit in leichtathletischen Disziplinen läßt sich in zyklische (Laufen) und in azyklische Bewegungsabläufe (Springen und Werfen) unterteilen. Beide Bewegungsklassen benutzen den gleichen Kontraktionstyp, nämlich den Dehnungs-Verkürzungs-Zyklus der Beinstreckmuskulatur (KOMI 1983), auch als reaktives Bewegungsverhalten bezeichnet (WERSCHOSHANSKJ 1972). Zur Diskussion steht hier ein Dehnungs-Verkürzungs-Zyklus, der in Abhängigkeit von den individuellen Gegebenheiten und der entsprechenden leichtathletischen Disziplin ein Leistungsoptimum aufweist, im Sinne des erzeugten vertikal bzw. horizontal wirkenden Impulses.

Untersucht man die physiologischen Gegebenheiten im Dehnungs-Verkürzungs-Zyklus, ergibt sich folgendes Bild: Bereits vor dem Bodenkontakt des Stand- bzw. Absprungbeins wird dieses aktiviert, d.h. die Muskulatur erzeugt Kraft, die der Dehnungsbelastung in der Landephase nach dem Auftreffen auf dem Untergrund entgegenwirkt. Es wird also ein aktivierender Muskel in der Anfangsphase der Landung entgegen seiner Arbeitsrichtung gedehnt. Diese Dehnung sorgt für zwei Effekte: 1. Die Widerstandskraft des kontrahierten Muskels gegen die Dehnung wird erhöht (short range elastic stiffness); 2. Es werden durch die rasche Verlängerung des Muskel-Sehnen-Systems die Muskelspindeln angesprochen, die ihrerseits Dehnungsreflexe auslösen und zu einer verstärkten Kontraktion der Muskulatur führen. Die reflektorische Aktivierung überlagert die willkürliche Innervation, was insgesamt für eine kräftigere und schnellere Kraftentfaltung sorgt, als dies bei maximaler willkürlicher Anstrengung möglich wäre. Das Resultat einer neuromuskulären Zusammenarbeit (short range elastic stiffness **und** verstärkte reflektorische Aktivierung) besteht in einer „relativ hart eingestellten" Muskulatur. Die Längenänderung des Muskel-Sehnen-Systems, d.h. die Dehnung, die in der Landephase auftritt, wird demnach auch von der Achillessehne aufgenommen. Sehnen reagieren aber, aus physikalischer Sicht, quasi ideal elastisch, d.h. die aufgezwungene Längenänderung kann – unter nur minimalem Energieverlust – zurückgegeben werden. Die Folge stellt ein **extrem ökonomisches** Verhalten des Sehnen-Muskel-Systems dar, wobei die Einstellung der „Muskelhärte" nur partiell willkürlich, hauptsächlich aber reflektorisch erfolgt. Die Sehne wirkt als Energiespeicher, der die beim Abbremsvorgang freiwerdende Energie – analog einem Gummiband – festhält und in der anschließenden Abstoßphase für die überwindende Arbeit zu Verfügung stellt (CAVAGNA 1970; NICHOLS, HOUK 1976; DIETZ et al. 1979; KOMI 1983; GOLLHOFER et al. 1984; KOMI et al. 1987).

Vergleichbar dem Muskel-Sehnen-System reagiert der Schuh. Hierbei ist von Bedeutung, ob es sich um Jogging-Schuhe, Spikes oder einen anderen Schuhtyp handelt. Die Speicherung und Umsetzung von elastischer Energie beim Schuh hängt zusätzlich von der Lauf- bzw. der Sprungtechnik ab.

Laufbahn- und Sportbodenbeläge weisen ebenfalls elastisches Verhalten auf. Die nachgebende Oberfläche wirkt wie eine Feder, die im Idealfall die Energie noch in der Stützphase an das menschliche System zurückgibt. Damit dieser Fall eintreten kann, müssen bestimmte Bedingungen gegeben sein. Die Qualität von Sportbodenbelägen läßt sich, aus der Sicht der Biomechanik, durch die Härte und die Dämpfung des Materials beschreiben. Die anfänglichen Bodenreaktionskräfte und die weitere Kraft-Weg-Relation, also Deformation und Rückstellkraft, wirken auf den Menschen zurück. Dieses Verhalten des Materials muß innerhalb rasch ablaufender Zeiträume auftreten, wenn es leistungspositiv wirken soll.

Die Stützphasendauer beim Sprint liegt bei rund 100 ms, beim Hochsprung sind es um 150 ms und beim Mittel- und Langstreckenlauf um 200 ms. Auch die vertikalen Bodenreaktionskräfte variieren sehr stark: Sprint 4-5faches Körpergewicht, Hochsprung 8-10faches Körpergewicht, Mittel- und Langstreckenlauf 1,5–2,5faches Körpergewicht. Damit wird klar, daß ein einziger Bodenbelag die unterschiedlichen Anforderungen nicht erfüllen kann. So bieten sich beispielsweise für Hoch- und Dreisprunganlagen Beläge an, die „weicher" ausfallen, also weniger hart sind und günstigere Dämpfungswerte aufweisen, verglichen mit der Laufbahn. Wird die Laufbahn „weich" ausgelegt, verringert sich zwar einerseits die Belastung und damit auch die Beanspruchung beim Aufprall des Fußes, andererseits führt dies zu einer erheblichen Verlangsamung der Bewegungsabläufe. Bei einer zu harten Laufbahn kehren sich die Verhältnisse um: die Belastung wird hoch, ohne daß jedoch die Bewegungsabläufe zwingend schnell werden. Da der Dehnungs-Verkürzungs-Zyklus des Muskel-Sehnen-Systems ein zeitabhängiges Leistungsoptimum zeigt, tritt der Idealfall dann ein, wenn das individuelle Leistungsoptimum zeitlich mit der Kraft-Weg-Relation des Bodenbelages harmoniert, ohne daß das Schuhwerk dabei stört. Das zeitabhängige Leistungsoptimum des Muskel-Sehnen-Systems kann durch Training verändert werden. Sogenannte „schnelle" Laufbahnbeläge sind demnach nicht für alle Athletinnen und Athleten schnell, sondern lediglich für diejenigen, bei denen die individuelle Ausprägung des Trainingszustandes mit den Eigenschaften der Bahn harmoniert. Dies gilt beispielsweise für die Laufbahn im Olympiastadion in Barcelona, auf der beim Weltcup 1989 die Spitzensprinter bestätigt haben, daß es sich um eine „superschnelle" Bahn handelt (Roger Kingdom, Sprinter USA).

Für den Mittel- und Langstreckenlauf würden sich „weichere" Laufbahnbeläge eignen. Aus ökonomischen Gründen erscheint dies jedoch nicht sinnvoll. Die gewünschte Belastungsreduzierung läßt sich nämlich auch über entsprechendes Schuhwerk erreichen, das zwischen dem Bodenbelag und dem menschlichen System interagiert. Mit anderen Worten: eine „schnelle" Bahn kann mit Hilfe des Schuhs zu einer „langsamen" Bahn werden, umgekehrt ist dies nicht möglich.

Obwohl dieser Beitrag das Problem der Laufbahn- und Sportbodenbeläge aus der Sicht der Sportwissenschaften behandelt, sollen einige zusätzliche Aspekte beleuchtet werden. Aus ökologischer Sicht ist zu fordern, daß die Beläge umweltfreundlich sind. Darunter fällt z.B. die Wasserundurchlässigkeit, um Ausschwemmungen zu vermeiden, ebenso wie die Forderung nach weitgehender Verwendung von Naturprodukten. Was die Qualität betrifft, ergeben sich neben der pauschalen Erwartung einer günstigen Preis-Leistungs-Relation weitere Merkmale: Langlebigkeit, Reparaturfreundlichkeit, gleichmäßige Härte und Dämpfung über die gesamte Fläche und geringer Abrieb. Aus Gründen der Unfallverhütung ist granulatfreier Belag vorzuziehen, da die Rutschgefahr deutlich reduziert wird.

Abschließend kann festgestellt werden: Die Auswahl der Laufbahn- und Sportbodenbeläge muß mit der gleichen Sorgfalt und mit den gleichen Qualitätsansprüchen erfolgen, mit der auch ein anderes Sportgerät ausgesucht wird.

Olympiastadion in Barcelona

Olympiastützpunkt Rhein-Neckar, Leichtathletikhalle Mannheim

Sporttitel von Meyer & Meyer

zu den Themen:

Laufsport

Van Aaken - Das van Aaken Lauflehrbuch
Van Aaken - Das Laufbuch der Frau
Bös - Handbuch Walking
v.d. Laage - Jetzt kommen die Chinesen
Diem - Tips für Laufanfänger
Kuhlmann - Das LaufLESEbuch
Lüchtenberg - Laufen in Schule, Verein
Lydiard - Jogging mit Lydiard
Lydiard - Running to the Top
von Schablowsky - Hilfe – mein Mann läuft
von Schablowsky - Zur Strecke gebracht

Langlauf

Jung - Schweizer Waffenläufe
Kleine - Langlauf in der Kritik
Sonntag - Mehr als Marathon Bd. 1
Sonntag - Mehr als Marathon Bd. 2
Thiemer - Langlauf ist unser Leben

Edition Leichtathletik

Bd. 1   Rahmentrainingsplan Grundlagentraining
Bd. 2   Aufbautraining-Sprint
Bd. 3   Aufbautraining-Lauf
Bd. 4   Aufbautraining-Sprung
Bd. 5   Aufbautraining-Wurf
Bd. 6   Aufbautraining-Mehrkampf
Bd. 7   Aufbautraining-Grundprinzipien
Bd. 8   Leichtathletik im Lebenslauf

Gymnastik/Körperarbeit

Blume - Akrobatik
Kirch - Handbuch Rock'n'Roll
Moegling - Handbuch Tai Chi Chuan
Ott/Schmidt - Aquagymnastik
Pieter/Heijmans - Taekwondo
Polet-Kittler - Yoga
Polet-Kittler - Tips für Yoga
Rosenberg - Handbuch Gymnastik und Tanz
Schmidt - Dehn- und Kräftigungsgymnastik
Schmidt - Rücken- und Rumpfgymnastik
Schwabowski - Rhythmische Sportgymnastik
Unger - Handbuch Kraftsport und Bodybuilding
Unger - Handbuch Muskeltraining

Baseball

Niedlich - Handbuch Baseball
Schmeilzl/Church - Baseballtraining
Voss - Regelheft Baseball

Basketball

Mikes - Handbuch Basketball
Neumann - Basketballtraining
Niedlich - Streetballtraining

Fußball

Bischops/Gerards - Handbuch Kinder- u. Jugendfußball
Bischops/Gerards - Tips für Kinderfußball
Bischops/Gerards - Tips Spiele m.d. Fußball
Jackschath/Cramer - Fußballpsychologie
Kollath - Fußballtechnik in der Praxis
Sneyers - Fußballtraining

Handball

Grage - Handballtraining

Hockey

Marx/Wagner - Hockeytraining

Volleyball

Fraser - Volleyball
Hergenhahn/Neisel - Volleyball
Papageorgiou - Handbuch Volleyball
Papageorgiou - Handbuch Leistungsvolleyball
Papageorgiou - Handbuch Beach-Volleyball

Tennis

Steinhöfel - Leistungstennis: Neue Trainingsformen

Tischtennis

Fellke/Östh - Nr. 1 im Tischtennis
Groß - Tips fürs Tischtennis
Hotz/Muster - Tischtennis

Badminton

Lemke/Meseck - Handbuch Badminton

Squash

Meseck - Handbuch Squash

Golf

Flanagan - Golf – Spiel mit Kopf

Radsport

Brüggenj./Kürschner - Handb. Mountain-Biking
Heßler - Radsport in Schule und Verein
Schmidt - Handbuch Radsport

Sporttitel von Meyer & Meyer
zu den Themen:

Rudern
Fritsch - Handbuch Rudersport
Fritsch - Handbuch Rennrudern

Segeln
Haass - Handbuch Segelsport

Duathlon
Hottenrott - Duathlontraining

Tauchsport
Lüchtenberg - Tauchsporttraining

Triathlon/Schwimmen
Aschwer - Handbuch Triathlon
Aschwer - Mein Abenteuer – Hawaii-Triathlon
Aschwer - Triathlontraining
Gambril/Bay - Handbuch Schwimmsport

Adventure Sports
Haetzel - The Big Race across America
Köppern - Bungee-Springen
Krohn - Beach Volleyball
Niedlich - Streetball
Schädle-Schardt - Klettern

Athleten und Trainer der Welt
Castella - Laufen – mein Leben
Coe - Running Free
Galloway - Richtig laufen mit Galloway
Hinault - Eine Radsportkarriere
Lydiard - Laufen mit Lydiard
Martin/Coe - Mittel- und Langstreckentraining
Sleamaker - Systematisches Leistungstraining
Waitz - Grete Waitz – Worldclass

Leistungstraining
Edwards - Leitfaden Trainingskontrolle
Geese/Hillebrecht - Schnelligkeitstraining
Neumann - Alles unter Kontrolle
Pampus - Schnellkrafttraining
Radcliffe/Farentinos - Sprungkrafttraining

Taping
Kennedy - Taping im Sport

Bewegungserziehung
Bischops/Gerards - Tips für Sportspiele
Bischops/Gerards - Tips für neue Wettkampfspiele
Bischops/Gerards - Tips für Sport in der Lebensmitte
Bischops/Gerards - Tips für Gesundheit durch Sport
Bischops/Gerards - Tips fürs Aufwärmen im Sport
Blume - Akrobatik mit Kindern
Diem - Auf die ersten Lebensjahre kommt es an
Dietrich - Die Großen Spiele
Dombrowski - Leichtathletik mit Grundschulkindern
Kapustin - Familie und Sport
Kapustin - Schule und Sportverein
Kapustin - Sport für Erwachsene mit geistiger
  Behinderung
Komar - Schwimmtraining für Kinder Band 1-3
Rheker - Spiel und Sport für alle
Stein - Kleinkinderturnen ganz groß
Zimmer - Bewegung, Sport und Spiel mit Kindern
Zimmer - Kinder brauchen Bewegung
Zimmer - Sport und Spiel im Kindergarten

Ernährung/Gesundheit
van Aaken - Programmiert für 100 Lebensjahre
Baumann - Psychologie im Sport
Hoberman - Sterbliche Maschinen
Jung - Sport und Ernährung
Meyer - Schlank
Rausch - Fit bis zum Umfallen
Shangold - Sportmedizin für Frauen
Williams - Rekorde durch Doping?

Edition Sport und Umwelt
Schemel - Handbuch Sport und Umwelt
Strasdas - Auswirkung neuer Freizeittrends auf die
  Umwelt

MEYER
MEYER
DER SPORTVERLAG
Von-Coels-Straße 390 • D-52080 Aachen
Telefon 0241/55 60 33-35
Telefax 0241/55 82 81

Edition Leichtathletik

Folgende Titel sind bisher erschienen:

Band 1
**Rahmentrainingsplan
für das Grundlagentraining**
ISBN 3-89124-097-X

Band 2
**Rahmentrainingsplan
für das Aufbautraining
Sprint**
ISBN 3-89124-140-2

Band 3
**Rahmentrainingsplan
für das Aufbautraining
Lauf**
ISBN 3-89124-141-0

Band 4
**Rahmentrainingsplan
für das Aufbautraining
Sprung**
ISBN 3-89124-142-9

Band 5
**Rahmentrainingsplan
für das Aufbautraining
Wurf**
ISBN 3-89124-143-7

Band 6
**Rahmentrainingsplan
für das Aufbautraining
Mehrkampf**
ISBN 3-89124-145-3

Band 7
**Rahmentrainingsplan
für das Aufbautraining
Grundprinzipien**
ISBN 3-89124-159-3

Band 8
Leichtathletik im Lebenslauf
ISBN 3-89124-200-X

MEYER & MEYER DER SPORTVERLAG
Von-Coels-Straße 390, D-52080 Aachen
Telefon 0241 / 55 60 33-35, Fax 0241 / 55 82 81